千年盐都产业转型的阵痛与蜕变

肖朝文 陈辉 谢实民 彭奎 王斯奕 ◎ 著

西南交通大学出版社

·成都·

图书在版编目（ＣＩＰ）数据

千年盐都产业转型的阵痛与蜕变 / 肖朝文等著. —
成都：西南交通大学出版社，2022.6

ISBN 978-7-5643-8762-4

Ⅰ. ①千… Ⅱ. ①肖… Ⅲ. ①地方经济 – 产业经济 –
转型经济 – 研究 – 自贡 Ⅳ. ①F269.277.13

中国版本图书馆 CIP 数据核字（2022）第 111124 号

Qiannian Yandu Chanye Zhuanxing de Zhentong yu Tuibian
千年盐都产业转型的阵痛与蜕变

肖朝文　　陈　辉　　谢实民　　彭　奎　　王斯奕　**著**

责 任 编 辑	赵玉婷
封 面 设 计	原谋书装
	西南交通大学出版社
出 版 发 行	（四川省成都市金牛区二环路北一段 111 号 西南交通大学创新大厦 21 楼）
发行部电话	028-87600564　028-87600533
邮 政 编 码	610031
网　　　址	http://www.xnjdcbs.com
印　　　刷	四川煤田地质制图印刷厂
成 品 尺 寸	170 mm × 230 mm
印　　　张	16.5
字　　　数	242 千
版　　　次	2022 年 6 月第 1 版
印　　　次	2022 年 6 月第 1 次
书　　　号	ISBN 978-7-5643-8762-4
定　　　价	98.00 元

图1 宋代发明的利用"冲击式顿钻法"钻凿的卓筒井

图2 全球第一口超千米深井燊海井（开凿于公元1835年，井深1001.42米）

图3 清朝咸丰年间，天车林立，盐厂密布，"盐都"美名远扬

图4 自贡第一个真空制盐示范车间

图5 1958年建立的鸿鹤化工厂

图6　20世纪80年代自贡釜溪河上举行的龙舟赛

图7　现在的釜溪河两岸

图8　自贡高新技术产业开发区

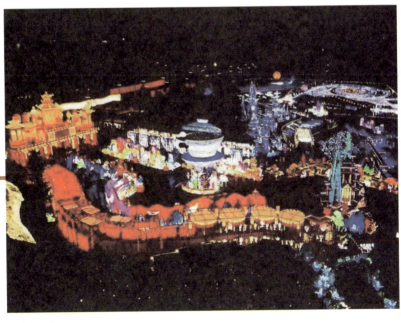

图9　自贡彩灯大世界

前　言

　　自贡被誉为"千年盐都""南国灯城""恐龙之乡"，是一座因盐而生、因盐而兴的城市。

　　盐业是串起自贡这片土地2 000年来发展过程的一根鲜明主线。自古以来，自贡以盛产井盐享誉天下，其盐业史肇始于东汉章帝时期（公元76—88年），鼎盛于清朝和民国时期，历时近2 000年不衰，这在世界产业发展史上都甚为罕见。

　　历史上，自贡因盐设县、因盐置州，1939年因盐设市，也因盐业的兴衰而兴衰。直到中华人民共和国成立初期，自贡也仅是一个以盐业生产为主的单一资源加工型的中等工业城市。中华人民共和国成立后，自贡历经"化工城"建设、"三线建设"和改革开放以来的发展积淀，形成了以机械装备制造、盐及盐化工、新材料为支柱的工业结构，成为四川综合加工制造业强市。在20世纪80年代初的辉煌时期，自贡工业经济总量占四川近7%，列第3位，经济地位仅次于成都、重庆。但在市场经济大潮的洗礼下，以国有经济为主导的产业体系表现出明显的不适应，出现了"千年盐都"不富、"南国灯城"不亮、"恐龙之乡"不飞的困难局面。从20世纪90年代末开始，自贡痛下决心实施盐业脱困、国有企业改制，城市经济逐步恢复发展，但长期积累的体制机制弊病和结构性矛盾并未根本消除，老工业城市走到了只有加快转型才能更好发展的关口。

一个区域、一座城市的转型发展一般为包括经济、社会、生态等多方面的综合性发展，是一个城市基于自身基础条件进行的战略性调整，涉及城市经营、主导产业选择、三次产业结构优化、城市功能完善、城市发展环境优化和区域城市化等多方面内容。相对于其他城市而言，老工业城市主导产业明显衰退、产业结构更加落后、发展速度滞缓、发展不平衡不充分问题更加严重，发展方式仍然比较粗放、受环保因素制约趋紧，转型发展更为迫切、更为艰巨。自贡是一座典型的西部老工业城市，一方面，中华人民共和国成立以来，自贡工业发展由弱到强，对城市发展影响深刻，赋予了这座城市独特而重要的地位和作用；另一方面，传统产业占比高、附加值低、科技含量不足，新兴产业培育不充分，与先进市州相比差距明显，给城市未来发展带来了很大的负担和束缚。

2017年4月21日，国家发展改革委等五部门联合印发了《关于支持首批老工业城市和资源型城市产业转型升级示范区建设的通知》，支持四川自贡等12个城市（经济区）建设首批全国老工业城市产业转型升级示范区，自贡成为四川省唯一入选的城市。该文件重点明确了推动全国老工业城市和资源型城市产业转型升级的总体思路、实施路径、重点任务和配套政策措施，指出将用10年左右时间，建立健全支撑产业转型升级的内生动力机制、平台支撑体系，构建特色鲜明的现代产业集群，并明确提出在具备条件的老工业城市和资源型城市建设一批产业转型升级示范区和示范园区。

被列为首批全国老工业城市产业转型升级示范区是自贡这座历史悠久的城市在新时代邂逅的重大历史机遇。自贡市按照市委、市政府提出的"加快建设全国老工业城市转型升级示范区，推动老工业城市向现代化城市跨越"的发展定位，近年来着力构建现代产业体系，聚力抓产业转型升级，发展基础进一步夯实，内生动力进一步增强，速度换挡、结构优化、动力转换加快实现，老工业城市产业转型升级取得了阶段性成效。与全国同类城市相比，自贡基础条件好、工作力度大、改革创新举措实、示范作用明显，并已初步形成了一批推进产业转型升级的典型经验做法。

破解老工业城市产业转型升级困难这一难题，具有重要的理论和实践意义。老工业基地和资源型地区是区域经济发展过程中的一个客观现象。我国共有 120 个老工业城市，262 个资源型城市，分布在我国东北部、东部、中部、西部等各个区域，数量多。如何调动所有城市的积极性，形成相互赶超、百花齐放的转型发展态势，对于中国经济未来整体的战略布局具有深远的影响。进入新发展阶段，在构建新发展格局方面，老工业基地和资源型地区发挥着独特的重要作用。如何推动其实现产业转型升级，同样是具有普遍意义的一个现实问题。同时，作为全国建设首批产业转型升级示范区之一，自贡的老工业城市转型模式有着一定的可复制性，自贡产业转型升级示范区在推进供给侧结构性改革、振兴实体经济、加快传统产业转型升级、培育新兴产业发展等领域的探索经验，将有利于示范带动、典型引路、以点带面、率先突破，为全国同类城市转型发展提供经验。

近年来，自贡紧紧把握"中国制造 2025""西部陆海新通道建设""成渝地区双城经济圈建设"等重要战略机遇，明确自贡历史发展方位，主动对接高质量发展新要求。推动实施"851"工程，紧密对接全省"5+1"现代产业体系，突出工业企业培育和项目引进，坚持协同发展、错位发展，聚焦壮大 8 大产业，建设 5 大产业基地。

特别是被列为全国首批老工业城市产业转型升级示范区以来，自贡紧紧抓住这一历史机遇，认真贯彻落实新发展理念，积极探索转型升级路径，以工业转型升级为突破口，以园区建设为依托，以创新驱动、全面开放为引领，同步推动产业转型、城市转型、治理转型。重点在于全力加快建设全国老工业城市转型升级示范区、西部内陆融入"一带一路"先行区和独具特色的国际文化旅游目的地，努力打造成渝地区双城经济圈中部老工业城市产业转型升级示范城市，全市上下勠力谋划转型突破、奋力追赶跨越，推动自贡驶上了转型发展的"快车道"。

今后自贡市还需要坚持"转型才能更好发展、后发也要高点起步"的取向，用好先行先试的政策机遇，着力在产业结构优化、城市深度转型、发展动能转换、区域协同发展等方面大胆试、大胆闯，坚定不移推进产业和城市转型升级，努力在全国老工业城市产业转型升级示范区建设中率先突围、争当先锋、做好示范，让自贡这座老工业城市不断焕发出青春活力和时代光彩。

本书以产业转型为切入点，从主导产业形成、三次产业结构优化、传统产业改造升级、新兴产业培育壮大等方面展示了自贡产业发展的历程、挑战与未来前景。全书从大的结构而言共分为三篇，历史篇：工业重镇的历史光耀；现实篇：正在演进中的自贡产业转型；未来篇：再造产业自贡，重铸盐都辉煌。第一篇是理论支持与逻辑起点，第二篇是现实基础与客观分析，第三篇是发展趋势与未来前景。全书剖析了自贡市老工业城市产业转型升级示范区建设情况和产业发展现状，客观总结了自贡产业转型升级所取得的进展和面临的问题，借鉴了国内外产业转型升级的成功经验和做法，并立足于党的十九大报告对我国经济已由高速增长阶段转向高质量发展阶段的重大判断，研究提出了推动自贡高质量发展落实在产业转型升级方面的新要求，试图从多角度、多维度理性架构自贡产业转型升级的科学路径,为老工业城市振兴和跨越式发展尽一份绵薄之力。

　　本书撰写过程中，因作者才疏学浅，视野局限，加之时间仓促，经验不足，收集掌握的资料又十分有限，疏漏在所难免，恳请读者指正。

肖朝文

2022 年 3 月

目　录

历史篇　工业重镇的历史光耀

现实篇　正在演进中的自贡产业转型

未来篇　再造产业自贡，重铸盐都辉煌

历 史 篇

工业重镇的历史光耀

第一章　产业转型升级的时代背景

第一节　产业转型升级的相关理论概述

当前，产业转型升级已成为全球共同趋势。无论是发达国家还是新兴经济体，都面临着迫切的产业转型升级压力。发达国家希望重振制造业，实行再工业化，其中以美国为代表，从奥巴马政府开始实施制造业回归，以解决美国日益严重的产业空心化；中国则更加注重供给侧结构性改革，大力振兴实体经济；更多的发展中国家则希望更广泛深入地加入工业化和全球化的进程，实现经济现代化和国家强盛。可以说，在全球化时代，产业转型升级已成为一个世界性的共同课题。

那么，从经济学上该如何理解产业转型升级呢？所谓转型升级，通常被定义为产业结构高级化，即产业向更有利于经济、社会发展的方向发展。其真正含义是指产业从低附加值向高附加值升级，从高能耗、高污染向低能耗、低污染升级，从粗放型向集约型升级。

产业结构转型升级中的"转型"，其核心是转变经济增长的"类型"，即把高投入、高消耗、高污染、低产出、低质量、低效益转为低投入、低消耗、低污染、高产出、高质量、高效益，把粗放型转为集约型，而不是单纯地转行业。转行业与转型之间没有必然联系，转了行业未必就能转型，要转型未必就要转行业。转型升级转的是经济、效益的增长方式，绝不是单纯地转行业。转型不能一味追求"高大上"，基础和要素禀赋结构不同，转型升级就应该遵循不同的路径，适合自己的才是最好的。目前，我国许多地方都在大力推进产业结构转型升级并取得了积极进展，但也存在一些误区，如一些地方认为转型升级就是淘汰传统产业转而发展新兴高端产业，对传统产业搞"一刀切"，一哄而上去追逐新兴高端产业。发展新兴高端产业固然是产业转型升级的重要途径，但不是唯一途径。一哄而上的结果只能是各地产业结构趋同，最终陷入"一哄而上—产能过剩—恶性竞争—经济衰退"的窘境。发展新兴高端产业，如果只停留在价值链低端的加工制造环节，其效益增长方式还是用人口红利换取低廉的加工费，就不是真正的转型升级；传统产业只要能在技术和管理上进行升级，老树上也能长出新芽，照样大有可为。

产业结构转型升级中的"升级"，至少包括两层含义，首先包括产业之间的升级，如在整个产业结构中由第一产业占优势比重逐渐向第二、三产业占优势比重演进；形成更加合理的三次产业结构和实现三次产业之间的有效互动。目前通常的做法是，在建立发达制造业的基础上，加快发展服务业，包括生产性服务业和生活性服务业，逐步提高服务业在三次产业中的比重，提高现代服务业在整个服务业中的比重，提高生产性服务业在现代服务业中的比重，推动特大城市形成以服务经济为主，以高端制造业特别是高端制造业的核心技术创新实体为精髓的产业结构，以此形成一、二、三次产业之间的合理分工和有效互动。其次包括产业内部的升级，即某一产业内部的加工和再加工程度逐步向纵深化发展，实现技术集约化，不断提高生产效率。如提升和优化工业特别是制造业结构，提高制造业的集约化、清洁化和精致化程度，并且形成大、中、小型制造业企业的有效竞争、分工和合作的产业组织结构。只有正确理解产业结构转型升级的这些内涵，才能在实践中避免出现偏差。

产业转型升级是一个深刻的系统性变革过程，涉及技术、体制、利益、观念等各个方面。而其中最关键的因素是要形成自主创新，特别是有利于实现核心技术创新的体制机制。从一定意义上可以说，产业转型升级的实质就是要从资源驱动、资本驱动的增长方式，转变为创新驱动的增长方式。技术创新不仅是为了进入高附加值的产业，获取更高的收益率，也是为了实现低成本和低价格优势。工业生产的本质就是通过技术创新，使科学发明成为大众产品：昨天的奢侈品成为今天的高端产品，今天的高端产品成为明天的大众消费品。汽车的普及、电视的普及、电脑的普及、手机的普及……商品越来越丰富，价格越来越便宜，这就是现代工业发展的逻辑。

当我们讨论整个产业的转型升级时，主要是在整体意义上关注其结构变化和总体演变方向，可以描述出一个大体一致的基本趋势。当然，虽然同为产业转型升级，但各国所处的具体国情和国际环境是不尽相同的，所以产业发展的具体路径和所要解决的主要问题也各有差异。发达经济体、新兴经济体、后发经济体，大国、小国，沿海国家、大陆腹地国家，情况千差万别。而且，各国经济开放的现状也很不相同，有的国家融入经济全球化的程度已经相当高，有的国家尚处于迈入经济全球化的过程之中，对于应对产业转型的策略也必然会有各自不同的选择。

　　"十里不同天，百里不同俗。"区域转型升级只能是"八仙过海，各显神通"，各具特色，而"没有两片完全相同的树叶"。如果一定要说所有地区会有什么共同的行动方向，那么，向产业链的高附加价值端攀升可能是其群体行为的共性之一。至于产业链的哪个附加价值端更高，各个企业通过转型升级可以或应该进入哪个具体的产业链环节，则是各有各的选择，各有各的招数。当然，节约能源资源、更高标准地保护环境，是所有企业和产业在做出战略选择时的"必选项"或"必答题"。具体到我国中西部地区的产业发展，如何转？怎样升？关键是找到适合自己的路。对于产业单一的地方，要尽早谋划产业的接续和新兴产业培育问题，增强经济发展的可持续性，避免"在一棵树上吊死"；对于具有一定产业基础，又处于产业链中低端的地区，则应向两端延伸——上游端的零件、材料、设备及研发，下游市场端的销售、传播、网络及品牌；对于传统产业占比较大的地方，在大力淘汰落后产能、化解过剩产能的基础上，要把精力放到提高传统产业质量和效益上来。在法律规范允许的范围内，只要能赚钱的产业就是好产业。经济发展的本质是为了积累社会财富，而不是为了看上去"高大上"。

第二节　我国产业转型升级的时代背景

我国经济已步入新时代，2021年经济总量已达114.4万亿人民币[①]，稳列世界第二大经济体。中国已经越来越不能主要依靠低价格的资源、低标准的环保和低水平的工资福利来维持产业竞争力。因此，产业转型升级不仅仅是短期现象，还是未来一系列中长期的趋势性变化。正确把握产业转型升级的背景，才能更好地以新战略、新思路应对产业转型。

首先，经济发展的新阶段倒逼我国产业转型。我国正从工业化中期向工业化后期过渡，供给端和需求端也因此发生了重大变化。在当前经济的大背景下，在供给端，人口红利下降、劳动力成本上升；在需求端，住宅和汽车等需求相对下降，与之相关的产业也开始出现分化，智能化住宅和新能源汽车将逐步取代传统的住宅和燃油汽车。资源环境不堪重负，人口红利优势逐渐消失，过去那种拼资源、拼环境、拼投资的老路再也走不通了，除了积极探寻新的发展路径，别无他途。

——从刘易斯拐点到来、人口红利的消失来看，首先受到影响的就是制造业。2021年，国家统计局公布的数据显示，我国人口的自然增长率仅为0.34‰，这在全球范围内都是非常低的数据。由此产生的结果是，劳动力供给资源减少，劳动力成本上升。不断加剧的用工荒和轮番上涨的工资，使得我国制造业的人工成本不断上涨，我国产品的价格优势逐渐削弱。到目前为止，因为劳动力短缺，普通劳动者的工资上涨速度非常快，已经超过了劳动生产率的增长速度。毫无疑问，劳动力缺失导致的劳动力价格上涨将倒逼企业选择低人工的方式，经济增长方式将由依靠廉价劳动力转变为依靠科技进步、管理创新、产业转型升级。

——从资源和环境约束强化来看，改革开放40多年来，我国经济持续快速增长，综合国力大幅提升，人民生活显著改善，取得了举世瞩目的成绩。

[①] 国家统计局：《中华人民共和国2021年国民经济和社会发展统计公报》，2022-02-28。

但也要看到，经济发展中不协调、不平衡、不可持续的问题日益凸显，资源环境约束不断强化。为破解我国经济发展中的资源环境瓶颈制约，必须加快转型升级，大力发展循环经济。

——从能源安全看，我国能源资源禀赋相对不足，人均能源资源拥有量在世界上处于较低水平，石油、天然气人均资源量仅为世界平均水平的 1/14 左右，即使储量相对丰富的煤炭资源也只有世界平均水平的 67%。2020 年，我国能源消费总量已达 49.7 亿吨标准煤，占世界能源消费的 26%左右，而同期我国国内生产总值占世界的比重大约为 18%。目前，我国单位国内生产总值能耗约为英国的 4 倍、日本的 3 倍、美国的 2 倍，世界平均水平的 1.5 倍。我国能源对外依存度不断提高，过去几年中国石油对外依存度分别为：2018 年 69.8%，2019 年 70.8%，2020 年高达 73.6%。2022 年 3 月，受俄乌冲突等因素影响，国际油价已突破每桶 140 美元，这给我国的能源供给安全带来巨大挑战。

——从资源约束看，我国人均资源占有量与世界平均水平相比，明显偏低，淡水仅为 28%，耕地为 40%，铁矿石为 25%，铝土矿为 11%。同时，我国资源利用效率不高，矿产资源总回收率只有 30%，比发达国家低约 20 个百分点[1]；2019 年，我国资源产出率初步核算约为 7 610 元/吨，仅是日本的 1/6，英国的 1/4，德国的 1/3，韩国的 1/2[2]。矿产资源方面，根据当年汇率计算，2021 年，我国国内生产总值占世界的比重大约为 17%，但消耗了全球 50%多的水泥，48%的铁矿石，45%的钢，44%的铅，41%的锌，40%的铝，39%的铜和 36%的镍[3]。随着工业化和城镇化步伐加快，主要矿产资源供需矛盾将更加突出。水资源方面，目前全国 600 多个城市中有 2/3 缺水[4]，大江大河特别是黄河、海河、淮河、辽河及西北内陆河水资源开发利用接近或超过

---

① 《空中云水资源是来自云端的"活水"》，载《中国气象报》2018-08-08；《我国多措并举严守耕地红线》，载《光明日报》2022-06-26；《三箭齐发，打破铁砂石困局》，载《光明日报》2021-11-17。
② 《"十三五"资源循环利用成果显著》，载《中国环境报》2021-02-19。
③ 《2035 年中国能源与矿产资源需求展望》，载《中国工程院院刊》2021-05-13。
④ 《节水治污，变废为宝》，载《人民日报》（海外版）2021-03-02。

水资源承载能力，而我国用水总量仍在不断增长。目前我国用水量已经接近合理利用水量的上限，水资源开发的难度极大。在水资源总量不足、水资源粗放利用、水污染严重的情况下，我国水资源短缺或将成为常态，如果不采取有力措施，未来有可能出现严重水危机。

——从生态环境看，我国环境污染和生态环境保护的严峻形势没有根本改变，一些地方生态环境承载能力已近极限，水、大气、土壤等污染严重，固体废物、汽车尾气、持久性有机物、重金属等污染持续增加。从温室气体排放看，近年来，我国碳强度实现了显著降低，但温室气体排放总量增长较快。在全球温室气体排放增量部分中，我国所占的比重较大，人均排放量也在不断上升。高消耗、高排放是造成环境污染和生态破坏的主要原因，发达国家 200 多年工业化进程中分阶段出现的环境问题在我国集中出现。只有加强节能减排工作、大力发展循环经济，才能尽快扭转我国生态环境总体恶化的趋势。

其次，我国工业大而不强、结构不合理、核心技术受制于人。当前经济发展正面临一些矛盾和问题，如结构调整与经济增长的矛盾、发展需求巨大与投资不足的矛盾、产业转型升级与企业动力不足的矛盾、要素成本上升与企业竞争力减弱的矛盾、区域优先发展与均衡发展的矛盾。综观这些矛盾，哪个不是难啃的硬骨头？如果我们拿不出有效的办法去化解，矛盾就会继续累积恶化，甚至产生新的矛盾，发展将难上加难。随着中美博弈加剧，中国要解决"卡脖子"的问题，必须走产业转型升级之路。我国与先进国家相比还有较大差距：制造业大而不强，自主创新能力弱，关键核心技术与高端装备对外依存度高，以企业为主体的制造业创新体系不完善；产品档次不高，缺乏世界知名品牌；资源能源利用效率低，环境污染问题较为突出；产业结构不合理，高端装备制造业和生产性服务业发展滞后；信息化水平不高，与工业化融合深度不够；产业国际化程度不高，企业全球化经营能力不足。推进制造强国建设，必须着力解决以上问题：提高创新设计能力，在传统制造业、战略性新兴产业、现代服务业等重点领域开展创新设计示范，全面推广应用以绿色、智能、协同为特征的先进设计技术；加强设计领域共性关键技术研发，攻克信息化设计、过程集成设计、复杂过程和系统设计等共性技术，开发一批具有自主知识产权的关键设计工具软件，建设完善创新设计生态系统；建设若干具有世界影响力的创新设计集群，培育一批专业化、开放型的工业设计企业，鼓励代工企业建立研究设计中心，向代工设计和出口自主品牌产品转变。也就是说，寻求和拓展产业国际竞争力的新源泉，实现从制造业大国到制造业强国的转变，解决"卡脖子"的问题，是中国产业发展最根本的战略方向。

再次，全球产业竞争格局正在发生重大调整，我国在新一轮发展中面临巨大挑战。国际金融危机发生后，发达国家纷纷实施"再工业化"战略，重塑制造业竞争新优势，加速推进新一轮全球贸易投资新格局。一些发展中国家也在加快谋划和布局，积极参与全球产业再分工，承接产业及资本转移，拓展国际市场空间。我国制造业面临发达国家和其他发展中国家"双向挤压"的严峻挑战，必须放眼全球，加紧战略部署，着眼建设制造强国，固本培元，化挑战为机遇，抢占制造业新一轮竞争制高点。在经济全球化竞争格局下，国际竞争力是最具决定性的因素——生存、发展、安全，甚至国家统一和领土完整，都必须以产业国际竞争力为基础。当前，中国产业经济最迫切的问题就是，必须从主要依靠低价格的资源投入、低标准的环境保护、低水平的劳动报酬和社会保障等，转变为主要依靠技术创新和制度优势。加快产业转型升级，是应对形势发展变化的迫切需要，是大势所趋，刻不容缓。谁动作快，谁就能抢占先机，掌控制高点和主动权；谁动作慢，谁就会丢失机会，被别人甩在后边。无论是立足当前，解决当下面临的矛盾和问题，还是着眼长远，为"十四五"发展及今后长远发展打下坚实基础，通过加快产业转型升级，推动产业结构和发展动力的转换升级，从而进一步提升产业整体实力和经济综合竞争力，都是关键之举，也是必由之路。在这一过程中，必然会遇到艰难险阻，拿出对策、攻而克之，转型升级就能向纵深推进，释放更多内生动力。

第三节　当前产业转型升级的共性特征

随着我国经济总量和规模的扩大，特别是经济发展阶段和内生条件的变化，我国经济在向形态更高级、分工更复杂、结构更合理的阶段演化的进程中，呈现出一系列趋势性变化。这些趋势性变化构成了产业转型升级的本质特征。

一、向产业链的高附加价值端攀升，是产业转型升级的最大趋势

实现转型升级，寻求更高附加值产业和更高附加值产业链环节，这是市场竞争的自然选择。"人往高处走，水往低处流"，不进则退，自然法则就是如此。企业是产业转型升级的最大主体，在现实中，向产业链的高附加价值端攀升，呈现全方位、宽领域的特点。

一些企业不断将主业产品的整个制造产业链做强，将技术、工艺、质量和售后服务做精，力图成为业内最具竞争力的专业化生产企业。如比亚迪汽车，其升级战略的方向是实现新能源汽车制造全产业链在集团内的一体化，即掌握新能源汽车制造全产业链的技术，以此形成本企业汽车制造的更强竞争力，实现对欧美传统燃油车的超越。企业转型升级的这种方式可以称为"基于全制造产业链技术优势的一体化战略"。

一些企业将生产能力在区域间转移，例如，加工制造业从东部沿海地区向中西部地区转移，采矿业向新探明储量地区转移。典型的案例包括富士康、华能集团等。而在向中西部地区推进的过程中，技术水平，特别是环保技术必须有显著提高，这种企业转型升级方式可以称为"基于比较优势的空间转移战略"。

一些企业通过不断增强竞争力而进入全球工分体系中具有更高附加值的产业分工环节。如立讯精密，以其卓越的产品成功进入苹果产业链。这样的

企业转型升级方式可以称为"向全球制造体系渗透的精致制造战略"。

一些企业在高技术和新兴产业中进入世界高端制造业竞争领域，例如华为、比亚迪等。另外还有众多太阳能、风能、核电、高端电子、生物工程等企业。这类企业又可采取从专业化分工的制造端进入、从组装端进入、从研发领域进入、基于某种制造优势而进入新兴产业等不同的策略。向这一方向转型升级的关键是核心技术上的创新。这一企业转型升级方式可称为"进入高端、新兴产业的新技术突进战略"。

从总体来说，中国企业的转型升级体现了中国工业化的推进和从要素推动向资本推动和技术创新转变的进步过程。各类企业转型升级的共同特点是更加依靠技术创新，尤其是基于自主知识产权的自主创新。

二、新一轮科技革命赋能产业转型升级，这是产业转型升级的最大引擎

新一轮科技革命源源不断地孕育新产业、新模式、新业态，催生大众消费新格局。信息技术以一日千里之势迅猛发展，为产业转型升级提供了现实基础。伴随着大数据、云计算、5G、人工智能的蓬勃发展，全球正加速进入数字经济时代，大数据与实体经济的融合也越发成熟。"中国制造2025""互联网+""工业 4.0"方兴未艾，利用大数据技术和人工智能，已成为推动产业转型升级的重要模式。大数据作为新一轮科技革命和产业变革的核心驱动力，贯穿产业的规划、招商、营销、运营、创新等整个过程，能够快速、高效地重新组合产业各要素，重构产业的产业链、生态链、价值链，是推动产业转型升级的新引擎。新一代信息技术与制造业深度融合，正在引发影响深远的产业变革，形成新的生产方式、产业形态、商业模式和经济增长点。各国都在加大科技创新力度，总体来看，主要工业大国发展新兴产业的重点与其科技创新强项和产业"长板"高度契合。其中，美国将布局重点放在人工智能、新一代信息技术、智能硬件、生物（医疗）科技、太空开发等方向；德国将优势集中在高端装备、工业机器人、智能制造解决方案等方面；日本

则深耕精密零部件、先进材料、机器人等产业，一批长期专注于关键原材料和核心零部件研发制造的日本企业在全球新兴产业链条上占据着难以替代的重要环节。

在数字经济时代，我们要充分发挥大数据、云计算、人工智能等新技术"助推器"的作用，深挖产业新模式，加速数据产业融合，构建"大数据+产业"的新体系，促使产业从资源依赖转向科技引领，从传统产业转向高质量发展，推动产业转型升级。产业转型升级的新机遇已然到来，一个更加自由、开放、多元的广阔空间正向我们敞开。面对这股势不可挡的大潮，我们该当何为？实践一再证明，未来永远属于那些冲上潮头、御浪而行的勇士。我们只有顺应变革、抓住机遇、乘势而上，才能在新一轮产业竞争中抢占制高点，赢得优势和主动。当下，我国在三维（3D）打印、移动互联网、云计算、大数据、生物工程、新能源、新材料等领域取得新突破，基于信息物理系统的智能装备、智能工厂等智能制造正在引领制造方式变革，网络众包、协同设计、大规模个性化定制、精准供应链管理、全生命周期管理、电子商务等正在重塑产业价值链体系，可穿戴智能产品、智能家电、智能汽车等智能终端产品不断拓展制造业新领域。我国制造业转型升级、创新发展迎来重大机遇。

三、推动产业政策转型的核心是正确处理政府与市场的关系，构建市场友好型政府

政府与市场的关系，是产业政策转型中必须面对的问题。其中，政府的作用主要在两方面：一是在供给侧，弥补市场不足，减少市场失灵，如对关键核心技术领域的投入，有助于减少企业早期风险；二是在需求侧，通过政府采购首台（套）等政策为新技术、新产品培育市场。但若政府有形之手伸得过长、过细，甚至直接干预企业运营，便会妨碍市场竞争、扭曲资源配置，造成不公平竞争。这也是"市场原教旨主义"者批评产业政策的根源。但这是否就意味着最好的"产业政策"就是政府无为而治呢？答案却是否定的。

日本和韩国都是推行产业政策较多并成功推动产业升级，顺利迈入高收

入水平的国家，它们的经验告诉我们，产业转型升级成功的原因不是单纯地抛弃政府有形之手，奉行"市场至上"，而是正确处理好政府与市场的关系，从针对具体产业的政策干预和市场保护措施转向最大限度地利用市场机制，在市场失灵领域提供基础设施和公共服务扶持。韩国政府在20世纪80年代中期以后，逐步减少对产业发展的直接干预，主要通过发布研究报告、规划等方式引导产业发展，其目的更多的是发挥导向作用。

通过不断适应市场经济发展的需要，及时调适产业政策理念和方式，将以往直接干预的产业政策支持方式，改为主要依靠市场主导、政府引导的做法，推动政府与市场关系由政府主导向市场主导转变。如日本政府从20世纪70年代开始，将产业政策的支持重点从特定产业发展本身转向产业发展的环境营造。我国深圳、合肥等地的经验也值得借鉴。如深圳市积极探索在市场起决定作用背景下更好地发挥政府作用的新途径，积极改善营商环境，主动做好配套服务，着力营造有利于新兴产业发展的生态环境和有利于人才创新创业的宜居城市，"顺势而为、顺水推舟、顺其自然"，让企业成为市场的主体，做有为、有效、有限的"三有"政府。合肥市积极推动产业政策转型，将原来以五大行业为主的选择性产业政策调整为以营造良好政府发展环境为主的功能性产业政策，着力推动扶持资金由分散向集中转变、由事后奖补向事中事前补助转变、由无偿补贴向有偿基金转变、由直接补贴企业向营造外部环境转变等"四个转变"，让"政府离市场远一点，企业离市场近一点"。

我国正处于产业转型升级的关键阶段，可以学习借鉴日韩和深圳等地的做法，调整产业政策支持理念和方法，着力构建市场友好型或增进型政府，充分调动市场主体发展新兴产业和推动产业转型升级的积极性、主动性和创造性。

第四节　产业转型升级对老工业城市加快发展的现实意义

如何推动老工业基地和资源型地区实现产业转型升级，是极具挑战的现实问题。2017 年以来，国家发展改革委、工业和信息化部等有关部门先后确定了 20 个老工业城市和资源型城市产业转型升级示范区，分布在东北、东中、西部等各个区域。经过几年来的实践探索，各地已经形成了一些亮点。

自贡 2017 年被列为全国首批老工业城市产业转型升级示范区，是四川唯一入选的城市。四年多时间来，自贡以科技创新为引领，通过改造传统产业，引进新兴产业，不断推动产业转型升级，成功创建以节能环保装备为主导的国家新型工业化产业示范基地和国家新材料高新技术产业化基地。2020 年，自贡市装备制造产业、先进材料产业产值总量预计突破 600 亿元，占规模以上工业总产值比重达 50% 以上。电子信息、通用航空等一批新兴产业从无到有，起步发展，全市战略性新兴产业产值占全市规模以上工业总产值的比重达 40%[①]以上。自贡的产业转型升级具有重要的实践意义。

一、有利于延伸拓展产业链，提高传统优势产业竞争力

老工业基地历史上因产业而兴，新时代发展也要依托产业振兴。"十三五"时期，自贡老工业城市转型升级示范区坚定不移地实施制造强市战略，提升传统优势产业竞争力，加快在振兴制造业上为老工业基地做示范。自贡市积极推动传统产业转型升级，加快新旧动能转换，"无中生有"拓展高端新兴产业，建设全国老工业城市和资源型城市产业转型升级示范区。

2017 年 12 月，位于自贡航空产业园内的凤鸣通用机场正式建成投运，并已获批开通至绵阳、新津、广汉和遂宁 4 条通用航线。在自贡航空产业园，已有捷克 SL600 轻型飞机、8 座螺旋桨飞机合资项目、瀚宇航空与燃机零部

---

① 《自贡市国民经济和社会发展第十四个五年规划和二〇三五年远景目标纲要》，2021 年 3 月，第 10 页。

件制造、四川大华通用飞机生产基地、中国民航飞行学院自贡分院等项目在建设中，签约项目 30 个、在谈项目 21 个，通航飞机零部件维修、航空零部件精密加工等 14 个项目入驻园区。

从"做盐"到"做飞机"，从纸上到"落地"，自贡以航空与燃机产业为引领，在寻求新旧动能的转换中，演绎着一个全新产业"从无到有"的故事，成为四川航空与燃机产业三大集聚区之一。自贡大力实施"633"转型升级行动，加快培育发展节能环保装备制造、新材料、航空与燃机、电力装备、生物医药、新能源汽车六大战略性新兴产业，大西洋焊接产业园竣工投产，石墨烯产业园一期开工建设；积极培育电子信息、石墨烯、页岩气三大潜力产业，智能终端产业园、石墨烯产业园等 20 多个项目相继引进和开工建设，填补产业空白。同时，加快改造提升盐及盐化工、食品加工、纺织服装三大传统产业，推进产业由低端向中高端、由制造向创造加速迈进，推动经济高质量发展。

二、有利于坚持加快创新平台和创新能力建设，培育新动能

拥有自立自强的创新体系，才能把发展的主动权掌握在自己手中。"十三五"时期，自贡老工业城市转型升级示范区坚持全面提升创新能力，努力在实施创新驱动发展的战略上为老工业基地做示范。

抓创新就是抓发展，谋创新就是谋未来。2020 年，中昊晨光被成功认定为国家技术创新示范企业，实现自贡市国家技术创新示范企业"零"的突破；自贡高新技术产业开发区 2020 年成功创建第二批省级院士（专家）产业园区，实现院士（专家）产业园区"零"的突破；华西能源、中昊晨光成功创建为 2020 年省级工业设计中心，实现工业设计中心"零"的突破。全市有省级以上创新平台 82 个，其中国家级创新平台 18 个，省级创新平台 64 个[①]，列全省第 3 位。过去的"十三五"时期，是科技创新持续"赋能"高质量发展的

---

① 自贡市统计局：《社会事业全面进步 人民生活持续改善——建党 100 周年自贡市社会发展成就综述》，2021 年 9 月 8 日。

5 年，也是创新驱动不断向纵深延展的 5 年。东锅公司世界单套最大干煤粉辐射废锅类型气化炉、国内首套 100 千瓦等级氢燃料电池供能系统相继研制成功，世界首台 660 兆瓦超临界循环流化床锅炉正式投运；中昊晨光利用有机氟材料技术，成功研制膨化聚四氟乙烯微滤膜平面防护口罩；兆强密封"耐酸碱、高速、分瓣式磁性液体旋转密封关键技术与应用"获国家技术发明奖二等奖。"十三五"期间，自贡市共实施省、市重大工业项目 256 个，推动了一批重大项目落地开工，一批重大项目建成投产，2016 年到 2019 年实现工业年均增速 7%。沿着"优二兴三"路径，自贡产业结构更加优化，一、二、三产业比重由 2016 年的 14.2∶46.3∶39.5 调整到 2020 年的 15.9∶38.9∶45.2。[①]

三、有利于推动城市更新改造，增强产城融合发展整体合力

老工业城市的老，不仅体现在产业老，还体现在城市老，老工业区和矿区分布集中。"十三五"时期，自贡老工业城市转型升级示范区加快补齐城市功能短板，努力在产城融合发展上为老工业基地作示范。自贡市引进总投资 100 亿元的灯饰照明产业园。项目总规划面积 3 平方公里，与中山市照明电器行业协会就灯饰研发制造、文化创意照明等方面加强合作，建设 3 大主体功能区、1 个综合配套服务区，力争 3 年建成，投产后年产值可达 200 亿元以上。在积极融入国家发展大格局的同时，自贡努力推动产城协调融合发展，以产业转型带动城市转型，以城市复兴促进产业振兴，产城联动发展新格局逐步形成。

四、有利于坚持高标准建设管理产业园区，促进产业集聚发展

产业园区是产业规模化和集约化发展的客观要求，也是建设现代产业体

---

① 自贡市统计局、国家统计局自贡调查队：《自贡统计年鉴 2021 年》，第 12 页。

系的核心依托。"十三五"时期，自贡老工业城市转型升级示范区加快建设用地集约、产业集聚的产业园区，努力在加快园区建设上为老工业基地做示范。

自贡努力推动产城协调融合发展，以产业转型带动城市转型，以城市复兴促进产业振兴，产城联动发展新格局逐步形成。做优园区载体，把园区作为转型升级的主战场，构建"两区多园"空间布局，规划面积扩展到170平方公里，已形成承载能力56平方公里，园区产业集中度达到66%。实施老工业区搬迁改造，出台土地收益返还、入驻园区扶持等政策，引导大西洋、海川等40余户企业"退城入园"，实现了企业装备智能化、产品高端化，综合实力和竞争力迈上新台阶；同时，将腾退出来的土地用于实施自贡老盐场1957、釜溪滨河文创公园等功能性项目，达到搬活企业、搬强产业、搬美城市的目标。

五、有利于深化区域合作，提升开放型经济水平

自贡坚持对内靠改革，对外靠开放，放开放活，深化区域合作，提升开放型经济水平，让自贡这座老工业城市转型升级势头更加强劲。

——引进来。围绕航空与燃机、电子信息、灯（光）等重点产业领域，自贡包装推出亿元以上项目200个，成功引进了投资100亿元的创新示范产业园、投资80亿元的集成电路硅片等重大项目，2020年引进到位市外资金910亿元，到位省外资金增速名列全省前茅。

——走出去。自贡抢抓"一带一路"机遇，以川润股份公司为代表的70余户企业与"一带一路"沿线50余个国家和地区开展经贸合作，2020年签订经贸和工程订单额逾10亿美元。拓展自贡灯会外展市场，2017年首次亮相G20峰会，先后在近20个国家和国内40多个城市"亮灯"，自贡灯会成功升级为"环球灯会"。

自贡以开放倒逼改革，对内着力打造良好的发展环境，实现优质高效的服务，在科技创新和成果转移转化应用、军民融合发展、低空领域开放试点

等重点领域先行先试，深度融入"一带一路"、长江经济带建设、成渝地区双城经济圈等。2020 年 7 月 30 日，中共自贡市委十二届十次全会提出"推动南翼跨越、再造产业自贡"的发展战略，全面融入成渝地区双城经济圈建设。全力推动老工业城市产业转型升级，先行先试推动产业协同发展。截至2020 年，自贡市经济和信息化局已与成渝及东部地区签署产业协同发展合作协议 8 个，推动自贡与成都达成合作事项 62 项，与重庆地区达成合作事项41 项，与川南地区达成合作事项 16 项，与重庆綦江区共建首批成渝地区双城经济圈产业合作示范园区。

第二章　千年盐都的历史沿革

第一节　自贡的历史溯源[①]

自贡历史悠久，因盐建镇、置县、设市。建市前，自贡地区分别归属荣县和富顺县。

远古时期，四川东、西部分属巴国、蜀国，荣县归蜀、富顺归巴。周慎靓王五年（前316年）秋，秦大夫张仪、司马错、都尉墨伐蜀。是年冬，蜀平，兼取巴。周赧王元年（前314年），秦惠王封子通国为蜀侯（蜀仍为侯国），置巴郡，时荣县境归秦之蜀国，富顺县域属巴郡治理。秦昭襄王二十二年（前285年），诛蜀侯绾，国废，改立郡，是为蜀设郡之始。荣县为蜀郡辖区。

汉武帝建元六年（前135年），分巴割蜀及新型地置犍为郡。犍为郡领江阳、南安、武阳、资中、符、南广、汉阳、朱堤、堂琅等县，富顺归为江阳、荣县境属南安县。

北周武帝天和二年（567年），析江阳县北部富世盐井及其附近地区置郡、富世县（以井名命县名），是为富顺境域立县之始。同期，在荣县境东部建公井镇（因附近有著名盐井曰大公井，故以井名命镇名），是为荣县境最早设立行政建制单位之始。

隋开皇二年（582年），原郡废，富世县隶属泸州。开皇十年（590年），南安县置大牢镇，十三年（593年）改镇为县，时荣县境在大牢县内。

唐武德元年（618年），割资州大牢、威远二县置荣州，治公井镇，公井由镇升县。

贞观元年（627年），分大牢置旭川县（因附近有盐井号旭川，取以为

① 本节资料来源：自贡市地方志办公室。

名），治今荣县城关。时荣州领县六——旭川、应灵、公井、威远、资官、和义，州治由公井移旭川。时荣县境主要为旭川、公井二县。贞观二十三年（649年），避唐太宗李世民讳，富世县改名为富义县。

北宋初年，富义县升富义监，隶属潼川路，荣州辖旭川、公井、应灵、威远、资官五县，隶属东川路。太平兴国元年（976年），避宋太宗赵光义讳，富义监易名为富顺监。治平元年（1064年），置富顺县（今县名始于此），隶属富顺监。

治平四年（1067年），旭川县改名荣德县。熙宁元年（1068年），富顺县废存监；四年（1071年），公井县废并入荣德县。南宋绍定六年（1233年），升荣州为绍熙府。

端平三年（1236年），绍熙府择地迁徙至鸿鹤镇（今自流井区鸿鹤坝）；宝祐六年（1258年），府废。

嘉熙元年（1237年），蜀乱。咸淳元年（1265年），富顺监徒治虎头城。南宋德祐元年（1275年），知监王宗义举城降元，监废，治所由虎头城迁回原地。

自贡在近两千年井盐发展的历史长河中，由盐业"因利所以聚人，因人所以成邑"，走过了因盐设镇、因盐建县、因盐置市的历程，因此享有"千年盐都"的美誉。1911年12月30日，在自流井井神祠遗址成立了自贡地方议事会。自贡地方议事会成立后，力促自流井、贡井脱离富顺和荣县而合并称为"新和县"，今天自贡市档案馆保存的1912年1月的议事录便真实地记载了这一历史。

抗日战争时期，沿海沦陷，川盐济楚，富荣盐场在保证转需民食和支援前线抗战方面显得十分重要。为了克服两县长期分治盐场的弊端，加速盐业经济发展，1939年8月，经四川省政府批准，划出富顺县第五区、荣县第二区两个紧密相连的主要产盐区，面积160.9平方公里，新成立市，市名取自流井和贡井之名，合称自贡市。同年9月1日，自贡市正式成立，隶属四川省政府。1949年12月5日，自贡市和平解放。解放初期，隶属川南行政公署。1952年川南行署撤销后至今，自贡市一直隶属四川省人民政府。解放后，随着经济、社会的发展，行政区划多次调整，1978 年 4 月荣县划归自贡市，1983 年 3 月富顺又划归属自贡市管辖。

　　1937 年抗日战争全面爆发后，沿海盐区相继沦陷，川盐奉令增产。在川盐中，自贡占举足轻重的地位。1938 年 2 月，四川盐务管理局向省政府报请设市。由于各界市民的强烈呼吁，经四川省政府批准，1938 年 6 月 16 日"自贡市政筹备处"正式成立，曹任远任主任；1939 年 8 月 8 日和 8 月 15 日，省政府召开第 330 次和第 331 次委员会，决定成立自贡市；8 月 22 日，四川省政府电令自贡市政筹备处，准予 9 月 1 日先行成立自贡市政府，正式批准成立自贡市。时面积 160.9 平方公里，人口 22.3 万，曹任远任自贡市第一任市长。自贡终于成为全国第一个因盐而设的省辖市，完成了它历史进程中的一次质的飞跃。

第二节　自贡的自然资源与风貌

　　自贡属四川省地级市，位于四川盆地南部；东邻隆昌市、泸县，南界泸州市、宜宾市，西与犍为县、井研县毗邻，北靠仁寿县、威远县、内江市；大地构造系杨子淮地四川台坳、川中台拱、自贡凹陷；属亚热带湿润季风气候；全市面积4 381平方公里，管辖4个区、2个县。根据第七次人口普查数据，截至2020年，自贡市常住人口约为249万人。

　　自贡境内有比较丰富的盐卤、天然气、煤等自然资源。现已探明的矿产主要有盐矿、煤矿等18种，开发利用的矿种主要有岩盐、烟煤、石灰岩、砖用页岩、陶瓷土、高岭土、矿泉水等12种，探明岩盐资源储量79.3亿吨，煤炭资源储量7 809万吨，自贡地区煤炭均属烟煤，主要分布在荣县北部和西北部、富顺县东南边缘。高岭土矿资源储量891万吨，石灰岩矿资源储量1.07亿吨，陶瓷用黏土187.7万吨。2010年年产矿石量1 089.84万吨，矿业产值6.76亿元，占全市工业总产值669.4亿的1.01%。　自贡有丰富的卤水、岩盐、天然气资源和较大储量的煤炭、石灰石、型砂、胶岭石等矿产资源。自贡地区卤水含有多种有用成分，主要产于自流井、兴隆场、邓井关3个背斜构造，现有地质储量508.25万吨。岩盐集中在威西盐矿及荣县高山盐体、自流井郭家坳盐体、大坟堡盐体和大山铺盐体。威西盐矿矿区面积为719.7平方公里，岩盐储量达174.64亿吨。其中自贡境内储量91 403万吨。矿层埋深863.31~1 741.86米，矿层南厚北薄，最大厚度48.48米，最小厚度1.33米，一般大于10米。岩盐矿石均为单纯的石盐，品位极高，成分单一，结构简单，易于大规模工业开采。自贡是四川天然气主产区之一，开采利用已有1 200多平方公里，探明储量695亿立方米，天然气资源主要蕴藏于威远背斜、自流井背斜、邓井关背斜和兴隆场背斜。现有天然气剩余可采储量27.95亿立方米[①]。

---

① 数据来源：自贡市自然资源和规划局。

土地方面，自贡市土壤在特定的气候、地形、母质、生物和人为综合作用下，形成 5 个土类，9 个亚类，25 个土属，70 个土种。高产土壤占 32%，中产土壤占 42%，低产土壤占 26%，紫色土类占土壤总面积的 50.08%，黄壤土类占土壤总面积的 13.73%，黑褐土类占土壤总面积的 0.71%。土地总面积大，耕地较少，分为：农用地 544.36 万亩①，建设用地 76.53 万亩，其他用地 34.98 万亩②。

水资源方面，自贡市境内河流分属岷江、沱江两大河流水系。西部越溪河、茫溪河属岷江水系，市境内流域面积 1 207 平方公里，其余河流属沱江水系，沱江水系在市境内有一级支流釜溪河、二级支流旭水河、威远河、长滩河、镇溪河等重要河流。全市流域面积在 5 平方公里以上的河流有 142 条，其中流域面积在 50 平方公里以上的河流为 17 条，河流形状多为羽毛状或树枝形。自贡水资源极度匮乏，水资源总量约为 16 亿立方米，是中国 50 个最严重缺水城市之一。全市人均水资源量 585 立方米、亩均水资源量 868 立方米，仅为四川省人均、亩均水资源量的 18.84%、23.5%。特别是人口稠密、厂矿集中、商贸繁荣的城市中心区，缺水问题尤为突出，人均水资源量仅为 307 立方米，占四川省人均水资源量的 9.7%。调查表明，自贡市企业全年平均缺水 5.36 天，是川南城市群之最。未预先通知的断电天数达 16.08 天，也是川南城市中最多的；通知断电天数达 5.68 天，排川南城市群第 2 位。水、电部门管理服务质量也有待改善。缺水已成为影响自贡经济发展和社会稳定的重要因素。同时水资源有效利用率低，如农业上大水漫灌的现象较为普遍，其灌溉用水有效利用系数仅为 0.38，低于全省水平③。

自贡市自然条件优越，处于中亚热带湿润季风气候区，根据自然景观和植物生态，具有某些南亚热带湿润气候属性。年平均气温 17.5℃至 18.0℃。冬暖、夏热、春早、秋短，雨量充沛④。

---

① 1 亩约为 666.67 平方米。
② 数据来源：自贡市自然资源和规划局。
③ 数据来源：自贡市水务局。
④ 数据来源：自贡市气象局。

动物方面，自贡有野生动物 46 科 300 余种，以蛇、蛙、鸟类等有益的野生动物种群数量居多，主要分布在森林较多的丘陵地区。全市有国家二级保护的野生动物 17 种：水獭、大灵猫、小灵猫、金猫、鸢、苍鹰、雀鹰、红角鸮、领角鸮、雕鸮、鹰鸮、斑头鸺鹠、长耳鸮、短耳鸮、黄喉貂、大鲵、胭脂鱼。其中常见的有水獭、小灵猫、金猫、鸢、苍鹰、雀鹰、红角鸮、领角鸮、雕鸮、长耳鸮、短耳鸮、胭脂鱼、大鲵 13 种。有省重点保护的野生动物 12 种：香鼬、豹猫、赤狐、普通夜鹰、小白腰雨燕、红翅凤头鹃、鹰鹃、小鹧鹠、宜宾龙蜥、中白鹭、董鸡、岩原鲤。其中常见的有香鼬、豹猫、赤狐、小白腰雨燕、红翅凤头鹃、鹰鹃、小鹧鹠、中白鹭、董鸡、岩原鲤 10 种。1990 年以来，全市境内鹭鸟数量急剧增加，已达数万只①。

　　植物方面，已知有高等植物 77 科 163 属 314 种，其中乔木 48 科 129 种，灌木 23 科 79 种。藤本 21 种，竹类 13 种，蕨类 30 种，草本 42 种。森林以人工松林为主，部分区域有成片针阔混交林。植被类型属川东盆地偏湿性常绿阔叶林。自然植被由亚热带常绿阔叶林、低山常绿针叶林、竹林组成。国家重点保护的野生植物有桫椤、银杏、楠木、油樟、香樟、苏铁、红豆树、厚朴、任豆、红椿、川黄檗、水杉等 18 种，其中桫椤面积为 49 万平方米，达 1.3 万余株。到 2010 年，全市森林面积达到 143.2 万亩，森林蓄积量达到 499 万立方米②。

---

① 数据来源：自贡市农业农村局、自贡市自然资源和规划局。
② 数据来源：自贡市自然资源和规划局。

第三节　深厚的历史文化

自贡是历史文化名城，有 2 000 年的盐业史，素以"千年盐都""恐龙之乡""南国灯城"而蜚声中外，形成了独具特色的盐文化、恐龙文化和彩灯文化，历史上被誉为"富庶甲于蜀中"的"川省精华之地"。全市拥有国家、省、市级文物保护单位 20 多处，省级旅游风景区 6 处。自贡恐龙博物馆是世界三大恐龙博物馆之一、国家首批地质公园之一；自贡灯会被誉为"天下第一灯"；自贡盐业历史博物馆既是全国重点文物保护单位，又是全国最早建立的专业博物馆之一，西秦会馆还是建筑精品。荣县大佛是当今世界第二大石刻佛像。燊海井是世界上第一口超过千米的井。富顺文庙是全国重点文物保护单位。龚扇、扎染、剪纸并称"自贡小三绝"。自贡市人杰地灵。历史上有陆游为官，近现代有变法维新"六君子"之一的刘光第，教育家、语言文字学家、革命家吴玉章，红岩英雄江姐（江竹筠），秋收起义总指挥卢德铭、红军高级将领邓萍，"跳水皇后"高敏等。所有这些都支撑了自贡人民智慧、倔强、开放、创造、团结、爱国等精神力量，铸就了千年盐都开拓敢为天下先、奉献不甘国人后的城市之魂。

一、井盐文化

自贡曾经是一座遍地盐井的都市，有近 2 000 年的井盐生产史，被誉为"千年盐都"。自贡在"煮卤为盐"，创造出内涵深邃、灿烂辉煌的掘井、采卤、制盐科技技术和经济财富的同时，积淀并形成独具特色的地域文化——井盐文化。

东汉章帝时期，自贡就开始井盐生产。宋淳熙元年（1174 年），陆游荣州"摄理州事"，入荣便写下"长筒汲井熬雪霜，辘轳呷哑官道傍"等诗句，赞咏当时自贡地区吸卤熬盐盛景，更以"荣州则井绝小，仅容一竹筒，真海眼也"，赞叹领先于时的盐井开凿技术。明代中叶，资本主义萌芽在自贡井盐生产中出现,并形成 19 世纪中国最大的手工工场。明正德年间(1506—1521年),全川盐税年征白银 7.15 万两,自贡既征 1.28 万两,占全川盐税 18%。至清咸丰、同治年间"太平天国运动"及抗日战争时期,自贡抓住两次"川盐济楚"的历史机遇,开创了盐业发展的"黄金时期",从而成就自贡因盐设市。自贡地区累计开凿盐井 1.3 万余口,产生了中国最古老的"股票"——自贡盐业契约(1732 年)。

1943 年,中国抗日战争处于艰苦之际,在冯玉祥将军的发动下,自贡市掀起两次节约献金高潮,创下当时全国个人、户平及城市三项最高献金纪录,支持全国抗战。

中华人民共和国成立后,盐业生产作为自贡的一大支柱产业,为国家贡献大量税收。同时,井盐文化得到不断发扬,盐业遗迹得到保护和开发利用。自贡井盐深钻汲制技艺被誉为"世界钻井技术之父",2005 年被评为首批国家级非物质文化遗产。

自贡境内盐业遗存众多。会馆类有西秦会馆、王爷庙、桓侯宫、炎帝宫、南华宫、贵州庙等,其中西秦会馆被评为国家 AAA 级旅游景区。据 20 世纪 50 年代普查,保存完整的盐井尚有 1 000 余口,其中,最负盛名的是富世井、大公井、自流井、燊海井(世界第一口超千米盐井)、东源井、小桥井、发源井(中国第一口岩盐井)和磨子井。天车是自贡古代盐业生产的一项重大发明,为"千年盐都"的象征和标志。20 世纪 80 年代后,大量天车在城市建设中消失。

2005 年后,自贡盐业历史博物馆相继被评定为国家二级、一级博物馆。至 2017 年年底,全市仅存天车 19 座,最高 55 米。盐商居住的宅邸,如胡慎怡堂、天禄堂、胡廷洁公馆等,都能见证当年的盐商文化。此外,还有大量祠堂、寨堡、牌坊、盐道及老街等盐业遗存。

二、恐龙文化

自贡恐龙化石众多,被誉为"恐龙之乡"。1915 年 8 月,美国地质学家劳德伯克（G. D. Louderback）在荣县、威远一带发现恐龙化石。1987年，在恐龙遗址现场建成自贡恐龙博物馆，为世界三大恐龙博物馆之一。

至1990年年底，自贡地区发现各类古生物化石点120处，其中恐龙化石点94处。1991年，自贡恐龙博物馆被评为"中国旅游胜地四十佳"并被列入世界地质遗产提名录。2001年，以中侏罗纪恐龙化石群遗迹为主体的自贡恐龙公园，被国土资源部批准为全国首批国家地质公园。

2008年，自贡地质公园成功加入联合国教科文组织世界地质公园网络。是年5月，自贡恐龙博物馆被评定为国家一级博物馆。2015年，自贡地质公司首次与中国国家地质公园网络中心联办中国世界地质公园网络10周年展览，建成国内首个360度全景网上地质公园。自贡恐龙博物馆经国土资源部批准成为"国家级重点古生物化石集中产地"和"甲级古生物化石收藏单位"，建立世界首个"侏罗纪地层与古生物研究中心"。2016年，自贡世界地质公园扩园被纳入联合国教科文组织的首次中期评估，是国内首家通过扩园评估的世界地质公园。至2017年年末，自贡地区已发现恐龙化石点100多处。以大山铺恐龙化石群遗址埋藏最丰富，化石富集区面积1.7万平方米，在2 000余平方米范围内发掘出200余个恐龙个体的上万块骨骼化石，完整和较完整骨架30余具。自贡恐龙化石先后在上海、西安、兰州等城市展出数十次。从1989年起，自贡恐龙化石走出国门，相继在日本、泰国、丹麦、美国、南非、澳大利亚、新西兰、韩国等国家展出，观众累计超过2 000多万人次，被外国友人誉为"一亿六千万年前的友好使者"。

三、彩灯文化

有近800年历史的自贡灯会，不断演绎着"半城青山半城楼，彩灯辉映碧水流"的盛景，并成就了自贡"中国灯城"的美誉。唐宋时，自贡地区已有新年燃灯、元宵节前后张灯结彩的习俗。南宋著名爱国诗人陆游曾有"一别秦楼，转眼新春，又近放灯"的咏赞。明清时期，这种张灯、放灯的习俗逐渐发展为一项大型民俗文化活动，有"狮灯""灯竿节"等。20世纪初，又逐渐形成节日提灯会、放天灯、舞龙灯、戏狮灯、闹花灯等民间习俗。

1964年，自贡市人民政府举办中华人民共和国成立后的首届灯会。"文化大革命"结束后，自贡灯会将传统灯会的制作和现代科技有机结合，把雕塑、绘画、书法、剪纸与灯展巧妙综合，融知识性、趣味性、思想性和艺术性为一体，开创出一种新兴大型艺术，大放异彩。至1986年，自贡共举办7届春节迎春灯会。1987年，自贡举办第一届自贡国际恐龙灯会经贸交易会。1988年10月，自贡市人民政府决定修建彩灯博物馆，历时3年在自贡彩灯公园内落成，占地面积2.2万平方米，建筑面积6 375平方米，成为自贡灯会常年展出地，其1992年被国家文物局批准命名为"中国彩灯博物馆"。该馆现为国家AAA级旅游景区（点），被中外旅游界专家誉为"最具东方文化神韵，极具开发潜能的博物馆"。

2000年后，自贡灯会被国家旅游局确定为全国两大民俗活动之一，列于40个民俗活动精品榜首，被文化部命名为"中国民间艺术之乡（彩灯）"。灯会规模由小变大，工艺由粗至精，灯具由个体发展为群体，布展由平面发展为立体，形成自贡灯会的独特风格，灯会也由单纯的娱乐型向娱乐经营型发展。2008年，自贡灯会被国务院正式列入国家级非物质文化遗产名录。

2016年年初，中国节庆文化活动与城市发展峰会暨首届中国彩灯文化峰会在自贡召开。是年举办的第二十二届自贡国际恐龙灯会经贸交易会，首次采用网格化模式划分布展区域，最终在2016年春节旅游人气盘点报告中排名全国第七。至2017年，自贡已在本地举办7届迎春灯会和23届国际恐龙灯会，先后在全球60多个国家和地区、国内500多个大中城市展出，吸引中外观众4亿多人。自贡国际恐龙灯会经贸交易会已成为融经济、文化、科技、旅游为一体的大节庆，已被打造为自贡对外开放的一张重要名片，被誉为"天下第一灯"。全市彩灯企业达600多家，常年从业人员达4万余人，年产值超20亿元。自贡依托彩灯产业已被认定为四川唯一的国家文化出口基地。

四、饮食文化

自贡为井盐之都,食盐为百味之祖,盐帮为美食之族。吃在四川,味在自贡。植根于巴蜀文化,结胎于川菜系列,伴随着盐业经济的繁荣与发展而形成的自贡盐帮菜,成为有别于成渝两地"上河帮""下河帮"菜肴的川南"小河帮"杰出代表。

清代中叶,火旺水丰的自贡盐场,常年聚集的盐商与盐工达 20 万人左右,按不同的社会分工被称为各种行帮。盐商有井帮、灶帮、笕帮、银钱帮、竹木油麻帮;盐工有山匠帮、锉井帮、辊子帮、烧盐帮、屠宰帮、车水帮、橹船帮等。百里盐场,市井繁华,酒肆林立,会馆密布。不同层次的饮食消费和嗜好,不同地域的饮食文化交融,使自贡逐步形成了独具风味的盐帮饮食文化。20 世纪 90 年代后,自贡盐帮菜得到进一步发展,各种名店、特色店、小吃店遍布市内大街小巷。

自贡盐帮菜分为盐商菜、盐工菜、会馆菜三大支系,以麻辣味、辛辣味、甜酸味为三大类别,以味厚、味重、味丰为其鲜明特色。除具备川菜"百菜百味、烹调技法多样"的传统外,更具有"味厚香浓、辣鲜刺激"的特点。盐帮菜善用椒姜,料广量重,选材精到,自种自配。煎、煸、烧、炒,自成一格;煮、炖、炸、溜,各有章法;尤擅于水煮与活渡。有代表性菜肴不下百种,如火边子牛肉、水煮牛肉、火爆黄喉、毛牛肉、李氏回锅肉、水煮肉片、牛佛烘肘、荣县羊肉汤、冷吃兔、鲜锅兔等。2017 年,全市餐饮业实现零售额 79.65 亿元。

五、儒学文化与佛教文化

富顺文庙是中国儒学文化的重要遗迹,建于北宋庆历四年(公元 1044年),专门用于祭祀孔子和教授儒学,文庙规模宏大,建筑精美,保存完整,为不可多得的文物建筑真品。文庙位于县城中心,坐北朝南,背靠神龟山,面向沱江,开启富顺重交好文之风气、文章兴盛之景象;千百年来,读书求仕和崇尚教育，成为自贡富顺发展经久不衰的风气。自李晃（富顺县出的第一个进士，1042 年）起到 1905 年废除科举考试制度，富顺共考中进士 238 名，举人 807 名，贡生 863 名，赢得"才子之乡"美誉。如今的富顺文庙以其博大精深的儒家文化内蕴、雄阔恢弘的建筑群落、精湛绝伦的绘画雕刻艺术和世界文庙最高的棂星门而独树一帜，每天游客不断。

自贡境内的荣县拥有集自然风光、历史文物、古建艺术、佛教文化为一体的荣县大佛文化旅游区，其于 2011 年被评定为国家 AAAA 级旅游景区。荣县大佛是世界第二大石刻佛像和世界第一大释迦牟尼石刻佛像。大佛依山凿成，头与山巅齐平，气势雄伟，雕刻精美，造型庄严圆满，形神俱备，历经千年而保存完整，是我国石刻遗存之艺术瑰宝。历史上荣县地区佛教氛围浓厚，垂像弘佛之风盛行，寺庙及造像遍布村落。从唐至今，荣县大佛、二佛和古佛沿城区旭水河岸毗邻相守，千年福佑，形成"一城三佛"的独特布局，形成独具地域特色的文化遗存。

六、其他文化

除了盐、龙、灯"大三绝"之外，自贡还拥有被喻为"小三绝"的龚扇、扎染、剪纸三样瑰宝。

龚扇为中国竹编精品，因龚氏世代编制而得名。清光绪年间，自贡竹编匠人龚爵五寓成都"篾火笼"，引竹编技法于"竹篾扇"中，独创一种线条清新流畅、竹丝晶莹光亮、造型高雅别致的工艺扇种。其子龚玉璋潜心探索，匠心独运，首次把名家书画移植于扇面。1982 年，龚扇作为四川出口工艺品在美国费城展销，被誉为"中国第一扇"，远销几十个国家和地区。2008 年，龚扇被国务院列为第一批国家级非物质文化遗产扩展项目名录。2014 年，龚扇竹编工艺厂被评为四川省第一批非物质文化遗产传习基地。

扎染古谓"绞缬"，即打绞成缬而染之意。清末民初，国外机印花布充斥市场，民间染缬逐步萎缩，年深日久，几乎绝迹。20 世纪 70 年代末，自贡艺人张宇仲深入民间学习，总结出一套针法染技，形成自贡扎染独特风格，所染人物、花鸟，形神毕肖，栩栩如生。产品有服装、壁挂、窗帘、头巾、台布、被套等。20 世纪 90 年代后，自贡扎染大批量远销日本、美国、加拿大、澳大利亚、泰国等国家。扎染技艺不断推陈出新，研制的棉、麻、丝、缎、皮革、绒等质地的多色套染，永隽雅秀、韵味天成，图案设计富于情趣，特色浓郁，主要品种有时装、领带、壁挂、手巾、长巾、窗帘、台布、床单等。2008 年，自贡扎染技艺被国务院列入第一批国家级非物质文化遗产扩展项目名录。

剪纸为自贡民间传统，主要为各种吉祥如意图案。20 世纪 40 年代末，鄂西人余曼白吸收民族绘画、金石书法、浮雕版画之养分，揉合南北各派剪纸风格之精髓，形成自贡剪纸的独特剪法。相比四川其他地区的剪纸艺术，自贡剪纸总体风格更为精雅细致，造型婉约，线条缜密，因此被誉为四川剪纸艺术两大流派（自贡剪纸、川北剪纸）之一。2009 年，包括自贡手工剪纸在内的"四川手工剪纸"被列入四川省非物质文化遗产名录。

第三章　自贡工业发展的历史脉络

第一节　因盐而兴到因盐设市的制盐经济时期

一、因盐而兴的两次"川盐济楚"

（一）第一次"川盐济楚"盐都初露头角

由于从清代开始实施引岸制度，盐专产专销不得跨区域进行自由交易，否则将以贩卖私盐治罪，因此自流井、贡井地区的盐场一直产销不大。两湖地区盐由淮盐负责供应。虽然川盐比淮盐具有更多竞争优势，如川盐色质较白、更干，川盐与两湖距离更近，运输便捷，川盐不论多少均计量。若无限制，川盐在两湖销量较淮盐将更胜一筹，具有更广阔的市场。

1851年太平天国运动爆发，太平军在南京建都，淮盐运送两湖受阻，清朝政府下令由川盐供给两湖，这为自流井、贡井地区的盐业迅速发展带来机遇，川盐在广阔的市场上初露头角。

李榕所著《自流井记》曾记载："井火至咸丰七八年而盛，至同治初年而大盛。极旺者，烧锅七百余口。水火油并出者，水油经二三年而涸，火二十余年犹旺。有大火，有微火，合计烧锅五千一百口有奇。"富义井厂如火如荼地生产着，明确工种分工，劳动力成倍增长，"担水之夫约有万""盐船之夫其数倍于担水之夫，担盐之夫又倍之"，光盐匠、山匠和灶头就有上万人。而金工、石工、杂工者达数百家。据《因盐设市》一书记载："自同治到光绪初年，富荣盐场已有盐井、天然气井707口，煎锅5 590口，年产食盐近20万吨[①]，占全川产额一半以上。"仅富义厂在旺季多则每日产盐量超过100万斤，在淡季少则每日达到80万斤。自流井、贡井地区产盐年收入

---

① 李榕：《因盐设市》，四川人民出版社2009年版，第12页。

大约在 500 万两银，光税银就达 170 万两，已超过整个四川地区盐税收入的 40%。

在第一次"川盐济楚"期间，以富荣盐为主的自流井、贡井地区的盐因质地纯正居奇，销量居川盐前列，已远超同为川盐产销地的犍为，得到了广泛好评，其不仅在省内 40 多个州、县获得赞誉，更是远销两湖、云贵地区。在钟永新撰写的《自流井研究系列》中专章描述过美国传教士弗吉尔·哈特（赫斐秋）①对自流井盐场的调查，弗吉尔调查统计后估算，1887 年自流井、贡井地区盐年产量在 19 万吨，每吨估值 260 美元，总产值 4 940 万美元。

第一次"川盐济楚"的兴起，也使得自流井、贡井地区资本主义萌芽较早，使自贡成为 19 世纪中国最大的手工工场。同时一批拥有井、笕、灶、号，集生产、运输、销售为一体的盐业家族和原始资本集团渐渐形成，赫赫有名、资产超过 100 万两的自贡盐商老"四大家族"——王三畏堂、李四友堂、胡慎怡堂、颜桂馨堂成为代表。

（二）第二次"川盐济楚"为设市奠定基础

抗日战争前，自流井、贡井地区盐场销产发展不平衡，滞销严重。为平衡销产关系，1930 年起政府要求限制生产，大量井灶缩减，整个地区盐场生产力急速下降。1935 年，四川盐政税统一，财政部盐务总署核定《富荣引盐产运销暂行办法大纲》，自此自流井、贡井地区的盐场开始商号合组联合办事处，将产销运统一负责，便于适应供销平衡，维持盐业发展。但后两年产量均未达到 300 万担，仍表现为滞销严重。

1937 年 7 月 7 日卢沟桥事变后，沿海地区相继沦陷，海盐外运中断，无法送达西南地区，各地区将希望寄于川盐。作为川盐产销中心的自流井、贡井地区临危受命，克服重重困难，富、荣两场大量复工，加紧生产，提高产、销、运量，供应区域西至云贵，北上陕西，东达两广地区，肩负起供应军需和民用 7 000 万人口食盐的重任，成为全国抗日战备的重要阵地。富、荣两场更是提出 1938 年产量比 1937 年的 327 万担增加将近一倍达到 637 万担的

① 李榕：《因盐设市》，四川人民出版社 2009 年版，第 12 页。

要求。

除此之外，自流井、贡井地区在 1938 年迎来了当时全国盐化工企业巨头的内迁。因抗日战争全面爆发，中国化工之父范旭东准备内迁他在天津的盐化企业，得闻自流井、贡井地区是川盐中心，盐卤资源丰富，范旭东便派唐汉三、肖建安等人实地考察准备内迁建厂事宜，后得盐务管理局的大力支持，多方奔走后选址张家坝附近购买王姓地基开始建厂。1938 年 9 月 18 日，原坐落于天津塘沽的久大精盐公司迁来自流井，成立"久大盐业公司自贡模范制盐厂"，久大制盐厂正式在自流井、贡井地区开始生产。蒸汽采卤机车与平锅技术的广泛应用大大提升了自流井、贡井地区的盐业产量。

抗战时期的第二次"川盐济楚"对自流井、贡井地区来说既是挑战又是机遇，为整个地区的盐业发展带来春天，也为建设奠定基础。

战前的自贡盐产量在四川盐产总数中的比重已下降至 45%，到 1939 年即上升到 54%。自贡盐税也急剧上升，其速度超过了盐产量的增长。1938 年自贡盐税比 1937 年增长了 96%，盐产量增长 40%；1938 年到 1941 年盐税增长 7.5 倍，而盐产量只增长 15%。抗战期间，自贡盐税占川盐税收 80% 以上。①

二、因盐设市的盐业经济

（一）建市前的自流井盐税一枝独秀

自古以来，税收对国家而言就是重要的政治权力表现，也是地方财政重要的收入来源。清政府在镇压了太平天国运动后，被迫下放了中央对地方督抚的征税权力，而盐税收入高，成为地方财政收入的主要经济来源。四川是盐业大省，盐税也占据四川收入的重要部分，而以自流井所在地的自流井、贡井地区盐税缴纳在全省占据榜首。表 3-1 是 1915—1939 年，自流井、贡井地区设市前整个自流井、贡井地区盐税收入的统计表。从表 3-1 可以看到自流井、贡井地区的盐业发达，盐税收入在全川一枝独秀，占据大半壁江山，盐业经济繁荣，这也为自流井、贡井地区因盐设市奠定了坚实的经济基础。

---

① 政协自贡市委员会：《因盐设市纪录》，四川人民出版社 2009 年版，第 274 页。

表 3-1　1915—1939 年自贡设市前地区盐税收入统计表

年度	四川省盐税收入/银元	自贡地区盐税收入/银元	自贡盐税占四川盐税比重/%
1915	693.9		
1916	1 027.6	607.2	59
1917	998.0	579.2	58
1918	1 057.4	654.5	62
1919	1 068.0	644.5	60
1920	1 195.1	785.4	65
1921	1 112.3	664.1	60
1922	1 229.8	772.9	63
1923	1 191.8	718.2	60
1924	1 256.3	778.7	62
1925	1 032.8	628.1	61
1926	1 160.9	753.6	65
1927	1 411.0	984.3	70
1928	1 206.7	778.0	64
1929	1 227.2	790.0	64
1930	949.8	596.9	60
1931	1 202.2	613.6	51
1932	1 348.6	808.7	60
1933	1 065.0	566.9	53
1934	1 253.9	598.2	48
1935	1 771.4	1 232.2	70
1936	2 272.5	1 372.9	60
1937	2 685.1	1 545.1	58
1938	3 273.5	1 820.0	56
1939	3 473.9	2 101.7	60

（二）建市后的盐业经济为国家经济发展做贡献

在经历了两次"川盐济楚"后，自流井、贡井地区盐业经济发展迅速，盐税也为抗战提供了重要的保障，这些都为自贡设市奠定了雄厚的经济、政治基础。于是在 1939 年 9 月 1 日，自贡市政府在抗战时期成立了，也成为继成都、重庆后四川省设立的第三个市。

抗日战争时期四川盐业克服万难，发展迅速。1939 年，四川盐务管理局更名为川康盐务管理局，以加强管理，防止奸商不顾国家安危囤货居奇。后自贡以富、荣盐场为主的盐场产业为规范和促产而改组。盐业作为重工业，在市政府与商会的促进下，自贡盐业开始由经济部直接监管。

自贡建市后，随着科技进步，自贡盐业从单一制盐业扩展到盐化相关产业，特别是 20 世纪 40 年代制盐技术的突破让自贡的制盐工艺得到飞跃。建市后自贡相继成立了自贡市三一化学制品厂、自贡市清河酒精厂、自贡市永久化铁厂、自贡市华孚炼油厂、自贡市利华炼油厂、隆圣化学工业股份有限公司等一大批化工业厂。

自贡盐业在大力发展自身的同时，也为抗战时期的国家盐税收入做出了卓越贡献。盐业税收从抗战初期的 3 000 万元增加到后来的 5 000 万元[①]以上，占全省盐税收入的 80% 以上。自贡的井盐保障了抗战时期的民生，自贡的盐业经济更是为抗战提供了不竭的经济动力（见表 3-2）。

表 3-2　抗战时期以自贡为中心的川盐产量与全国总产量比较统计表

年别	川盐产量/担	全国产计量/担	川盐占全国盐产比/%
1937	7 727 000	42 661 932	18.11
1938	9 111.000	22 567 435	40.37
1939	10 271 000	20 654 683	49.73
1940	9 725 000	24 440 860	39.79
1941	10 068 000	19 178 680	52.49
1942	9 349 000	21 768 225	42.95
1943	8 669 000	25 080 168	34.57
1944	8 533 000	16 605 268	51.39
1945	8 462 000	13 234 901	63.94
合计	81 915 000	206 192 160	39.72

---

① 此处"元"为法币单位。

第二节　以化工城和三线建设为重点的工业体系构建时期

一、跨上千里马，奔向化工城

（一）中华人民共和国成立后自贡盐化工的复苏

自贡在全国属于解放较晚的地区之一，于 1949 年 12 月 5 日和平解放。抗战胜利后，由于国民政府的管理不当及淮盐的复苏，自贡盐滞销，造成大量井灶停产。1949 年，自贡市的食盐产量较 1948 年的 21.77 万吨，锐减约 45%，仅有 12.05 万吨①。而相关的化工产业更是遭受重创，大量衰落。国民政府管理混乱、贪腐严重，物价飞涨、民不聊生，人民生活在水深火热之中，自贡人民极力地盼望着中国共产党领导下的新中国的到来。

自贡市在中华人民共和国成立后的第一个五年计划间，百废待兴，盐化工也开始复苏。1950 年，久大制盐股份有限公司快速恢复了盐化相关产品的生产，氯化钾、硼砂、硼酸等化工原料小批量开始生产。1952 年，自贡市在中华人民共和国成立后新建的第一个建设单位——自贡制盐新厂——投资建设，该厂利用久大盐厂原在张家坝的厂址进行新建，极大地扩张了自贡的生产规模、提高了产量。1952 年冬，为改良工艺、提高生产效率，轻工部重庆工业试验所和西南化工部化工局联合派出工作组，与自贡市盐务局组成调查组，提高了氯化钾和硼砂回收率。研究工作历经 3 年半，提交了大小实验报告 40 余份。1956 年，经改良后的"硼钾联产"工艺正式投入生产。同年 9 月，由国家投入 1 232 万元，自贡新华一厂新建机械化和半机械化的硼砂、氯化钾联产车间，运用冰冷冻却结晶法进行生产，次年该工程正式投产运营。

（二）响应国家"二五"计划开展化工城建设

1958 年，中国开始实施第二个五年计划。为响应党中央提出的"鼓足干

---

① 政协自贡市委员会：《建设化工城纪略》，四川人民出版社 2009 年版，第 38 页。

劲、力争上游，多快好省地建设社会主义"的总路线，自贡市委也根据省委"充分利用盐卤、天然气资源，把自贡建设成为化学工业基地"的指示，号召全市人民"跨上千里马，奔向化工城"，提出三年建成化工城的目标。

1. 化工城建设得到众多领导的关心和鼓励

在 1958—1960 年化工城建设期间，多位国家、省部级领导的关心和鼓励，给自贡市人民增强了干劲和信心。

1958 年 3 月 27 日，中共中央主席毛泽东同志前往隆昌气矿视察，同时对随行人员关心道："自流井的天然气烧盐跑掉了炭黑。"次日，市委领导召开紧急会议，就毛主席的关心作出重要部署，研究如何合理利用炭黑。

1960 年 5 月 7 日，国家主席刘少奇同志亲临自贡市视察了大坟堡盐厂、贡井盐厂、张家坝化工厂，指出"自贡很好，大有希望，很有前途""现在基本上是坛坛罐罐、土办法，土办法先上马，慢慢就好了，将来要办大工厂，搞洋的"。刘少奇同志的讲话为自贡市化工产业指明了由小到大、由土到洋的发展方向。

与此同时，在三年建设间，时任中共中央委员吴玉章同志、化学工业部部长彭涛同志、轻工业部部长李烛尘同志、共青团中央书记处第一书记胡耀邦同志等国家、部委领导先后来自贡视察化工产业建设。[①]

2. 化工城建设奠定自贡工业体系基础

自贡 1958—1960 年化工城建设期间，带动了全市化工产业的发展，为自贡从单一制盐产业到建立多元化工业体系奠定基础。

（1）调整组织机构

1958 年 7 月，自贡市委将自贡市制盐工业公司纳入自贡市人民委员会的序列，改革为自贡市化学工业局，主要负责管理全市的化学及制盐工业。为加强各制盐企业对化工发展的重视，将各盐厂的厂名增加"化工"二字，即"××化工制盐厂"。

---

① 政协自贡市委员会：《建设化工城纪略》，四川人民出版社 2009 年版，第 7 页。

（2）参与化工城建设的部分企业

自贡市鸿鹤坝化工厂：

1958 年，国家投资 2 800 万元，在不到两年的时间里建成了年产 8 万吨纯碱、500 吨烧碱、2 200 吨二氯甲烷、800 吨三氯甲烷的我国内陆第一座纯碱厂——鸿鹤坝化工厂。

邓关盐厂：

1958 年，在邓关黄坡岭地区探明大储量的天然气和黑卤，为充分利用当地天然气、黑卤资源，国家在次年就地投资 1 032 万元，用不到一年时间建成了年生产能力达 25 万吨的西南第一的井矿盐厂——邓关盐厂。

自贡炭黑厂：

1959 年，根据四川省化工厅"为充分利用自贡邓井关的天然气资源，建立炭黑厂一座，以满足橡胶工业发展的迫切需要"的指示，自贡在次年建成了总规模 2 万吨的化工部、四川省的重点企业——自贡炭黑厂。

张家坝制盐化工厂：

1952 年 12 月，成立自贡市张家坝制盐新厂筹备处，同时列入国家第一个五年计划重点项目。历时 5 年，该厂区成立了公私合营企业利民制盐有限公司第一厂、国营自贡制盐工业公司化工厂。1957 年，建成的氯化钡车间年产 2 700 多吨，并第一次走出国门，成为自贡市第一个出口创汇的化工企业。1959 年，该厂定名为张家坝制盐化工厂。在化工城建设期间，该厂大力推动了自贡从单一盐产业向多元化盐化工产业的发展。

除上述部分重点企业外，一系列盐化工工厂正在快速拔地而起。1961 年1 月，自贡市就 1960 年兴办化工的总结为：全市 4 个区和粮食、文教、承建、商业等行业，以及市属 6 个化工制盐企业，先后建起化工小土群 1 948 个，经过整顿、巩固、提高，已定型初具生产规模的有 114 个，有职工 2 583 人。其中：酸碱厂 7 个、肥料厂 20 个、农药厂 15 个、化工厂 50 个。生产品种 1 464种，经过整顿后，日常生产的产品有 115 种。产品产量 39 422 吨（其中化肥30 257 吨），比 1959 年增长近 1 倍，区和行业的化工总产值 1 190 万元，比 1959 年的 267 万元增长 3.5 倍。

化工城三年建设期间，带动了整个自贡盐化工产业多元化发展，1960 年全市工业总产值比 1957 年增长 14.3 倍，化工产品由 1957 年的 8 种发展到 60 种；化工产值占盐业（含化工）总产值的比重由 1957 年的 22.46%提高到 1960 年的 83.89%。[①]

二、激情燃烧的自贡三线建设

（一）三线建设前的自贡经济概况

1964 年，自贡工业总产值完成 1.61 亿元，比 1963 年增长 2.6%。产能提高快，原盐年产 676 935 吨，纯碱 45 503 吨，炭黑 2 122 吨，氯化钾 7 736 吨，溴素 422 吨，硼砂 2 156 吨，天然气 51 278 万立方米，水泥 24 388 吨。同时，产品质量普遍提高，仅原盐一级品率已从 1963 年的 65.53%提升到 96.87%。主要原料、燃料消耗大幅下降，仅炭黑耗气便由 1963 年的 58 715 立方米降低到 11 375 立方米。地方工业可比产品总成本大幅下降，较 1963 年全年降低 1 061 万元，降低率达到 17.8%，远超省上下达的 10.32%的任务[②]。

1964 年，在化工城建设后的自贡具有多元化的盐化工产业，成为四川省的第三大城市，辖区内有自流井、贡井、大安 3 个城市区和 1 个郊区，28 个公社和 1 个农场，共有人口 56 万，而城市人口已超过 25 万。

（二）三线建设在自贡的具体实施

20 世纪 60 年代的中国四面受敌。1964 年 5 月到 6 月，中共中央及毛泽东等领导同志做出了三线建设的重点战略决策，同年 8 月中央书记处会议做出了进行"备战备荒为人民"的三线建设决定。三线建设横贯 3 个五年计划，历时 17 年，涉及中国中西部 13 个省、区、市，国家累计投资 2 052 亿元。

西南局三线建委配合国家各部委要求，确定将四川的三线建设划分为重

---

① 政协自贡市委员会：《建设化工城纪略》，四川人民出版社 2009 年版，第 13 页。
② 《三线建设纪实》，四川人民出版社 2009 年版，第 7 页。

庆、成都、自贡、渡口四个片区，成立片区三线建设领导小组，而自贡专区包括自贡专区、宜宾专区、内江专区三地市。

1964年下半年，自贡市委开始响应国家号召，积极配合国家部委的研究规划工作，重新调整工作，根据自贡的工业实际情况，将工作重心放在开展自贡的三线建设筹备工作，总投资2.93亿元。市委确定了迁建原则：除在规划用地、地方建材、施工队伍、厂房等方面千方百计尽量提供一切便利条件之外，还充分利用现有基础，节约成本，土洋结合，提高效率，尽快投产，早日实现三线建设的战略目标。为此，做出如下安排[①]：

一是安排一批内迁企业项目充分利用自贡市关、停企业旧址，以加快建设速度，大大节约成本。如自贡铸钢厂、自贡机床厂（1967年1月，更名为长征机床厂）、自贡中国电焊条厂等。

二是将一批对口的内迁企业项目安排到市属正常生产企业，这可促进原有企业产品全面升级换代，满足新的需求。如自贡高压阀门厂、自贡机一厂、764厂等。

三是新建一批内迁项目。如东方锅炉厂、东新电碳厂、化工部晨光化工研究院、化工部炭黑设计研究所等。在此基础上，经与国家有关部门研究，逐个达成协议，于1965年开始陆续内迁。

在党中央、国务院、西南局以及四川省三线建设委员会的领导下，中央有关部属内迁企事业单位遵循全国一盘棋的原则，分别对自贡地区多次进行勘察选点，以确定三线建设在自贡地区的建设项目。1965—1966年，国家先后安排内迁自贡市范围内的企事业单位有东方锅炉厂、东新电碳厂、自贡机床厂、硬质合金厂（764厂）、自贡高压阀门厂、自贡机一厂、自贡铸钢厂、自贡炭黑设计研究所、晨光化工研究院、华东化工学院西南分院（代号652工程）等22个，以及自贡市为之配套建设的自贡机床附件厂、自贡标准件厂、自贡无线电器材厂等企业15个（详见表3-3）。

---

① 《三线建设纪实》，四川人民出版社2009年版，第11页。

表 3-3 1965—1966 年先后内迁到自贡市范围内的企事业单位

系统	单位	内迁情况
一机部(11个，实为10个)	1.东方锅炉厂	（下设 5 个分厂），由哈尔滨、上海等锅炉厂部分内迁到自贡新建
	2.东新电碳厂	由哈尔滨电碳厂部分内迁到自贡新建
	3.高压阀门厂	由上海阀门厂、上海良工阀门厂各一部分内迁到自贡阀门厂
	4.自贡机械一厂	由杭州制氧机厂一部分对口内迁到自贡机械一厂
	5.自贡铸钢厂	由上海中华冶金厂对口内迁到自贡铸钢厂
一机部(11个，实为10个)	6.自贡焊条厂	由上海中国电焊条厂内迁到原自贡电机厂，定名为自贡中国电焊条厂
	7.长征机床厂	由北京第一机床厂部分内迁到自贡机床厂（改名自贡长征机床厂）
	8.自贡大型空分设备厂	1967 年迁出至简阳
	9.红旗运输机械厂	由天津对口内迁到大型空分设备厂第一分厂
	10.自贡工业泵厂	由省、市决定从市属企业抽调部分干部、工人、技术人员利用大型空分设备厂第三分厂（铸造）筹建为自贡高峰铸铁厂（后为自贡工业泵厂）
	11.自贡空压机厂	由于重庆空压机厂要上新产品，将一个车间迁到自贡新建设为自贡空压机厂
冶金系统（1个）	12.自贡硬质合金厂	由湖南株洲硬质合金厂一分为二，内迁到张家坝制盐化工厂原 784 车间（有色金属）基础上，新建为自贡硬质合金厂，也称 764 厂
化工部系统（2个）	13.晨光化工研究总院	（下设 4 个分厂），由化工部从北京、天津、上海等地科研单位、工厂企业的有机化工、塑料制品等尖端部分内迁到富顺邓关地区，新建晨光化工总厂（现改为晨光化工研究院）
	14.自贡炭黑设计研究所	由东北抚顺炭黑设计研究所全迁到自贡新建
二轻系统（4个）	15.自贡电筒厂	由上海汇明电筒厂内迁到自贡，新建为自贡电筒厂
	16.自贡南华锯条厂	由上海南华锯条厂内迁到自贡，组建为自贡南华锯条厂
	17.自贡制钉厂	由上海业成五金厂内迁到自贡，新建为自贡制钉厂

系统	单位	内迁情况
	18.自贡可锻铸铁厂	由上海部分对口厂内迁到自贡原贡井锅厂（后定名自贡管件厂）
建材工业系统（2个）	19.四川平板玻璃厂	由北京玻璃设计院，内迁到自贡建玻璃设计院、平板玻璃厂合一的一个企事业单位。后来因地理位置、交通条件原因，设计院大部分迁到安徽省，留下部分人员建设为四川玻璃厂
	20.自贡油毡厂	建材部决定由天津油毡厂支援技术，四川省建设厅负责建成自贡油毡厂
地质部系统（1个）	21.第七普查大队	—
教育系统（1个）	22.652工程	前身由上海华东化工学院一分为二，内迁到自贡新建上海华东化工学院自贡分院（后来高教部决定，大部分教职工返回上海总院，留下部分人员和校舍交四川省新建四川省化工学院，后改名为四川轻化工大学）

地方配套服务的企事业单位有[①]：自贡型砂矿（后撤销）、自贡内燃机配件厂、自贡启闭机厂（现改为水泵厂）、自贡永安冲床厂（后改为郊区农机厂）、自贡机床附件厂（后改为东碳二分厂）、自贡标准件厂、自贡低压电器厂、自贡无线电器材厂（后改为无线电一厂）、自贡农机厂、自贡电瓷厂（由贡井碗厂扩建）、自贡高压容器厂（机一厂分出）、自贡无线电二厂、自贡镀锌铁丝厂、自贡灯泡丝材厂、自贡舒平箱板厂。

（三）三线建设在自贡的经济贡献

从1964年到1980年，三线建设彻底改变优化了自贡产业发展结构，为自贡成为工业城市奠定了坚实的基础，同时科研院校的迁入也增加了自贡的科研力量。

---

① 《三线建设纪实》，四川人民出版社2009年版，第11页。

第三节　改革开放以来探索奋进、艰难前行的追赶时期①

"化工城"建设和"三线建设"时期，自贡的现代化、多元化工业体系得以建立，但因为历史原因，自贡工业的高速增长并未如期而至，工业经济在艰难曲折中前行。直到党的十一届三中全会和十二大的胜利召开，实现了全党工作重心的转移，开启了以经济建设为中心的改革之路，自贡的产业发展，特别是工业产业发展迎来了探索奋进、策马扬鞭的追赶时期。

一、蹉跎岁月的艰难前行

1966 年至 1976 年，自贡的工业发展基本处于无序状态，工业生产出现急剧下滑，地方经济发展速度大幅下降。1967 年，自贡轻工业生产值比上年下降 4.14%②，次年继续下降 15.11%；重工业产值下降 33.9%。农业生产也出现急剧下滑，1968 年，粮食和油料分别比上年减产 7.13% 和 18.14%，1969年又比上年减产 21.83% 和 32.53%，整个农业生产几乎倒退了近 20 年，只相当于 1950 年的水平。自贡的工业支柱制盐业也在这个时期发生严重减产，其产能只相当于 1954 年水平，整整倒退了 25 年。经济效益更是大幅下降，1968年，全市工业企业全员劳动生产率比 1965 年降低 38.1%。

1968 年后，内迁到自贡的"三线"企业开始逐步建成并投产，自贡的机械、冶金、建材等新兴产业开始在困难时期艰难前行，生产能力开始提升，同时也使自贡工业生产下降的趋势得以缓解，工业经济在艰难曲折中推进。到 1970 年，自贡市工业总产值为 2.67 亿元，比 1965 年增长 44.07%，年均增长 7.58%。到"四五"末期，即 1975 年，工业总产值达到 5.83 亿元，比1970 年增长 118.35%，"四五"时期年均递增 16.95%。从 1966 年到 1975 年，自贡工业总产值年均增长 12.16%，比全省平均值高 2.08 个百分点，其中轻

---

① 第三节经济数据以 1980 年不变价计算。
② 自贡市经济研究所：《自贡市情（1949—1983）》，1985 年版，第 108 页。

工业产值达到 3.21 亿元，年均增长 8.35%，比重降为 54.93%；重工业产值达到 2.62 亿元，年均增长 20.32%，比重上升为 45.07%。1976 年，由于人为破坏，自贡工业产业出现了停滞和下降，经济出现下滑，好在持续时间并不长，次年（1977 年）经济发展基本恢复正常。

1966 年到 1976 年，全市工农业总产值平均递增 5.4%[①]，其中，农业总产值年均递增 2.8%；工业总产值年均递增 10.66%；社会商品零售总额十年增长了 66.26%，年均递增 4.73%；财政收入仅增长 39.18%，年均递增 3.06%。在这段艰难的岁月里，自贡的产业发展，特别是工业产业的发展在曲折中前行，在困难中奋进，保持了宝贵的年均超 10% 的增长，保证了自贡在这段特殊时期的总体经济发展高于全省、全国平均水平，为改革开放初期的高速增长奠定了基础。

二、改革初期的策马扬鞭

1978 年 12 月召开的党的十一届三中全会，作出了把党和国家的工作中心转移到经济建设上来、实行改革开放的历史性决策。在经济上有计划地进行了国民经济的调整和经济体制的改革，经济关系趋于健康合理，各方面的积极性得以发挥，自贡市经济和社会事业发展进入了一个新的历史时期，其产业的发展也逐步加速，策马扬鞭追赶失去的岁月，呈现出中华人民共和国成立以来少有的繁荣景象。

1977—1984 年，全市工农业总产值增长 136.9%[②]，年均增长 11.39%。其中，农业总产值增长 109.3%，年均递增 9.67%；工业总产值增长 153.2%，年均递增 12.3%。特别是 1982 年、1983 年和 1984 年，工业总产值分别以 10.3%、13.5%、17.9% 高速增长，3 年净增产值 4.6 亿元，超过了前 32 年增长总数的一半。同时，经济效益也显著提高。1984 年，全民工业企业全员劳动生产率达 1.12 万元/人，比上年提高 15.5%；全市工业产品销售收入增长 18.4%；实

---

① 自贡市经济研究所：《自贡市情（1949—1983）》，1985 年版，第 108 页。
② 自贡市经济研究所：《自贡市情（1949—1983）》，1985 年版，第 109 页。

现利润增长 21.4%；上交利润增长 32.1%，实现了生产与效益的同步增长。1984 年全市粮食产量达 21.95 亿斤，比 1976 年增产 8.75 亿斤，约相当于前 27 年增长的总水平。主要农副产品大幅增长，8 年间油料（黄红麻、蚕茧）、甘蔗、出栏猪分别增长 11.4%、21.8%、15.2%。农村村镇集体经济发展迅速，1984 年，农村专业户达到 8.3 万户，占全市农户比例的 16%。1978—1983 年，农村乡镇企业产值翻了一番，年均增长 15.5%，1984 年更是大幅增长 25.7%，产值达 1.92 亿元。1983 年，用于人民物质文化生活所需要的非生产性建设投资的比重上升到 46.6%。1984 年，社会商品零售额达到 6.46 亿，比 1976 年增长 143.8%，年均增长 11.78%，城乡居民储蓄存款年末余额达到 1.64 亿元，比 1976 年增长 8.61 倍。1984 年，全市国内生产总值达到 14.83 亿元[①]，从改革开放的 1978 年到 1984 年，年均增长 10.3%。

三、工业经济在调整与改革中不断壮大

"三线建设"后，自贡工业得到很大发展，但轻重工业发展比例失调，1965—1970 年，轻工业产值仅增长 6.1%，[②]而重工业产值却大幅增长 1.75 倍。因此，"四五"期间，自贡工业产业开始进行结构调整，以 1971 年的长山盐矿为代表的轻工企业开始兴建，5 年共投资 2 亿元发展轻工业，加快了轻工业发展步伐，到 1975 年全市新建、扩建、改建了酿酒、酿造、糖果、肉类加工、饮料、调味、制茶及丝绸、染织、针织等一批国营工业企业。1983 年进一步调整产业结构，在固定投资上重点安排纺织、建材等轻工业的投资，促进轻工业的比重提升，1981—1985 年，基建投资 3.58 亿元中的 3.03 亿元均用于自贡纺织厂等 254 个轻工项目。产业结构调整有效促进了自贡工业产业的均衡发展，产业出现多行业同步增长的有利局面。

1978 年十一届三中全会提出了对国民经济"调整、改革、整顿、提高"

---

① 《自贡解放五十年》编委会：《自贡解放五十年》，四川科学技术出版社 1999 年版，第 6 页。

② 《自贡解放五十年》编委会：《自贡解放五十年》，四川科学技术出版社 1999 年版，第 39 页。

的方针，根据这个方针，自贡工业产业结合实际，从 1979 年开始对企业进行了经济体制改革的试验，主要以扩大企业自主权为主，进行多种形式的让利、优惠、扶持性的改革试点。第一批试点选择了 7 家工业企业，分别是硬质合金厂、鸿化厂、东碳厂、焊条厂、铸钢厂、锯条厂和长山盐矿，被确定为自贡首批实行"计划利润留成、增长利润分成"的扩权企业，其后铸钢厂还被作为全省实行"独立核算、市场调节、国家征税、自负盈亏"的"以税代利"改革试点企业。次年，又有炭黑厂、长征机床厂、工农民商场、大安区工矿贸易公司等一批工商企业被纳入扩权或"微利包干"试点。到 1981 年，自贡市开始对化工、盐业、电子、建材、一轻 5 个行业和自流井区实行全行业（地区）利润上缴包干、超收分成的承包试验。企业内部也在同期推行了企业领导体制改革，1980 年年底，自贡市在铸钢厂、电瓷厂和可锻铸铁厂 3 户企业中开始进行"党委领导下的厂长（经理）负责制"的企业领导体制改革试点。其后，随着企业领导体制改革的全面推开，企业自主权进一步扩大。1982 年，全市工业企业增至 1 517 户[①]，4 年间增加了 298 户企业。一系列的企业改革激励了企业的自主活力，有效调动了企业的积极性，促进了产业的健康发展。

① 《自贡解放五十年》编委会：《自贡解放五十年》，四川科学技术出版社 1999 年版，第 37 页。

第四节　工业重镇的历史光耀[①]

一、体制改革，工业产业再上新台阶

1984年，党的十二届三中全会正式通过了《中共中央关于经济体制改革的决定》，按照中央的部署，自贡市城市经济体制改革的帷幕由此全面拉开。

首先是大规模地进行企业"两权分离"改革，根据1984年《国务院关于进一步扩大国营工业企业自主权的暂行规定》，自贡市制定了10方面50条贯彻实行意见，鼓励企业技术进步和新产品开发，扩大企业产品自销权，部分企业获得直接对外经营权。企业内部全面推进领导体制改革，到1985年年底，全部大中型企业和60%以上的其他市属国营企业都采用了厂长负责制，"以岗定资、差异分档、职级相应、劳酬相符"等积极的按劳分配改革不断推进。到1990年，根据国务院制定的搞活国营大中型企业的20条措施，市委、市政府又制定了30条配套政策，按照《中华人民共和国全民所有制工业企业法》的要求，落实了企业自主权，巩固了企业承包经营责任制，进一步减少了指令性计划范围。一系列的改革措施，使大中型企业在投资与分配等方面拥有了相当的自主权，在生产和经营方面也更加自主，企业活力得到前所未有的发挥。

其次，针对中小企业，1985年自贡市作出了《以城市为重点，以搞活企业为核心，进一步推动我市城乡经济体制改革的决定》，当年就选定了129户小型国营企业，推行"国家所有、集体经营、照章纳税、自负盈亏"的经营方式，选定了3户小型国营企业以及2户外贸企业进行租赁承包试点，极大地推动了小型企业的自主经营。针对乡镇企业，1985年自贡市推行了"一包三放"政策，即对企业承包，允许"带资入厂"分红、"补偿贸易"、"合资经营"，充分发挥农民办乡镇企业的积极性。1984—1988年，自贡市乡镇

---

① 第四节经济数据以1990年不变价计算。

企业总产值年均增长 47.7%[①]，达到 10.33 亿元，1988 年乡镇企业总产值首次超过农业总产值。

1984 年，自贡市逐步放开人才流动政策，并开始每年召开人才交流洽谈会，人才交流市场雏形逐渐形成。1985 年起全市范围内对新技术性工人的招工从招收固定工改为合同工，实行全社会公开招考、择优录取，改变了统包统招的就业制度，促进了人才特别是产业技术性人才的自由流动。自贡市1983 年推动工业品分级管理，允许工业部门对 106 种主要工业品在一定范围内自销，打破了按地区、行政区组织货源的限制。1985 年，全市实行价格双轨制，改为对一般工业品价格实行价格监督，产品价格可议购议销，根据市场情况对化工、机械、一轻、二轻、商业等部门所属的 91 种主要工业品进行价格浮动调整，此举对于调动企业积极性起到了极大的推动作用。

一系列的改革措施，有效实现了企业的"两权分离"，"责、权、利"得以有机结合，企业自主活力增强，新产品的研发、生产工艺的改进、产品结构的调整都促进了产业的升级换代。价格与人才的改革，促进了市场的活跃，加之 20 世纪 80 年代，市场工业品的供不应求，自贡工业产业迎来了黄金发展期。

二、产业结构调整，工业重镇崛起

随着经济的发展，自贡市产业结构不断调整。1952—1964 年，第一产业农业占比最高，第三产业其次，第二产业最小。到 1965 年，第二产业比重超过第三产业，工业产业出现第一次结构性升级，1964—1974 年产业结构保持了"一、二、三"的产业顺序。1975 年，自贡工业产业开始崛起，这一年，第二产业超过第一产业，占比位居首位，虽然在 1992 年第三产业超过第一产业，形成了"二、三、一"结构，但工业产业排名第一的位置，一直持续了43 年，直到 2018 年才被打破（见图 3-1）。

---

① 《自贡解放五十年》编委会：《自贡解放五十年》，四川科学技术出版社 1999
年版，第 75 页。

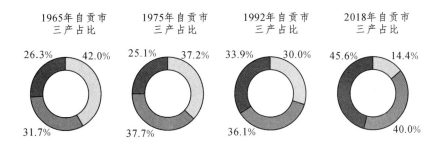

图 3-1　自贡市历史上四次产业结构调整统计图①

1957 年时，自贡市支柱产业分别是食品、制盐、纺织，主要以轻工业为主，轻重工业占比为 76.4∶23.6②；1975 年支柱产业调整为机械、制盐、食品，轻重工业占比为 55∶45；1978 年，化工产业崛起，支柱产业调整为机械、制盐、化工，并得以"老三样"称谓，长期占据支柱产业前三。1978 年，自贡轻工业产值为 6.45 亿元，重工业产值达 7.06 亿元，轻重工业占比为 47.7∶52.3，重工业首次超过轻工业，工业重镇初显端倪。

进入 20 世纪 80 年代，自贡工业产业发展在结构调整中快速前行，形成了一批布局集中且具有一定市场优势的大中型企业。传统产业制盐业在这个阶段实现了产业转型，"以盐为主、盐化并举"的转型方针成功实施，自贡的盐业开始走向一业为主、多种经营的发展轨道。例如：通过兼并重组，形成了四川久大盐业集团公司；自贡鸿鹤化工股份有限公司成长为全国八大制碱厂，其小苏打生产装置是当时亚洲最大的，甲烷氯化物和固体烧碱产量居全国第一，已经成长为自贡化工产业的龙头企业，其产品纯碱、烧碱、氯化铵、小苏打、磷酸氢钙等，远销日本、韩国、澳大利亚、新加坡、新西兰等 20 多个国家和地区；国家大型一档企业东方锅炉股份有限公司是国家大型火电设备制造厂、大型机电产品生产基地，与全球 30 多个国家的 100 多个公司

---

① 自贡市统计局、国家统计局自贡调查队：《自贡统计年鉴 2020》，第 31-35 页，相关数据整理所得。

② 《自贡解放五十年》编委会：《自贡解放五十年》，四川科学技术出版社 1999 年版，第 11 页。

建立了良好的合作关系，其拳头产品电站锅炉已出口东南亚、中东地区；自贡硬质合金厂是国内第二大、全球第六大硬质合金生产企业，是国家硬质合金、钨钼制品科研、生产、出口基地，其 50% 以上的产品出口，远销 30 多个国家和地区；四川大西洋集团有限公司的"大西洋"牌焊条，已成为美国、英国、法国、德国、挪威船级社认可的出口免检产品，年均出口 400 吨；长征机床厂自主研发生产的数控铣床，达到了当时的国际水平，多次获得省、部级科技奖项，填补了当时我国数控高精制造业的空白，被国家列为替代进口的优质产品，全国推广；四川聚酯股份有限公司为西南地区最大的聚酯生产基地；自贡飞球集团公司的机械精加工产品在国内外市场都享有较好的声誉；四川玻璃股份有限公司生产的钢化外墙玻璃，大量应用于国内外的高层建筑；以无线电厂为龙头的电子产业，在 20 世纪 80 年代末期已经可以生产收音机、电视机、电冰箱等家电产品；以纺织厂为主的纺织工业和众多中小企业组成的轻工食品工业企业，其轻工产品也极大地丰富了市场。自贡的工业产业发展已经逐渐形成了产业集群效应，产业的外向性发展格局已经形成，一座工业城市屹立在了川南。

三、工业发展助推自贡跻身"三甲"

1978 年，中国经济面临着全面调整、改革。当年 4 月，荣县全境从内江地区划归自贡市管辖。1983 年 3 月，富顺县全境由宜宾地区划归自贡市管辖。同时，郊区更名为"沿滩区"，至此，自贡市 4 区 2 县的格局形成，总面积为 4 372.6 平方公里，总人口 277.6 万人。

1985 年，自贡农业总产值达 15.33 亿元[①]，年均增长 8.64%，粮食总产量突破百万吨，达到 106.12 万吨。农村经济的稳定发展，成为 20 世纪 80 年代自贡社会稳定、市场繁荣、经济高速增长的一个重要保障。

1986 年 11 月 30 日，自贡市被批准为对外开放城市。同年 12 月 8 日，

---

① 《自贡解放五十年》编委会：《自贡解放五十年》，四川科学技术出版社 1999 年版，第 5 页。

自贡市被国务院列为第二批"中国历史文化名城",这是社会对自贡魅力的充分认可,也是自贡的一张亮丽名片。从 1987 年开始,自贡市将自贡灯会正式命名为"自贡国际恐龙灯会经贸交易会","灯会搭台、产业唱戏",市场活跃度进一步提升。借此东风,自贡企业积极寻求新兴市场,产品开始打入国际市场,自贡出口商品已发展到 16 个大类,130 余个品种,百万元以上产品达到 30 个。

1988 年,自贡工业总产值创新高,达到 41.74 亿元,约为 1978 年 13.75 亿工业总产值的 3 倍。当年全市国内生产总值达到 27.77 亿元①,1984—1988 年年均增长 10.7%;居民收入大幅度提高,职工工资总额年均增长 18.5%,城乡居民购买力年均增长 20.3%;1988 年,社会消费品零售额达到 13.37 亿元,是 1978 年 2.85 亿元的 4.69 倍;1990 年,城市居民人均可支配收入达到 1 725 元,人均消费性支出达到 1 421 元,人民生活水平得到极大提高。

自贡的城市建设在 20 世纪 80 年代也迎来了高速发展期。城市道路在改建的基础上,逐渐向高标准、美化方向发展。1979 年改建人民路,铺筑混凝土路面;1980 年拓宽檀木林大街;1982 年完成交通路改造;1985 年拓宽滨江路行车道,并加宽人行道,有效改善了滨江路交通拥挤状况;1987 年修建富台山隧道;1989 年修建"三·八"立交桥;1990 年改造全长 1 500 米②、宽 24 米的同兴路,使同兴路全线通车,形成市区内小坏线。公共设施在 20 世纪 80 年代也获得了快速发展,1986 年 9 月,耗资 3 050 万元、耗时 4 年的引水工程顺利竣工,建成了总长 31.4 公里,管径 1.2 米的"长—葫"水库引水工程,自来水水质达到国家一级饮用水标准,从此结束了自贡人民长期饮用咸水的历史。1984 年开建城市民用气化工程;1989 年建成 8 个超大型储气罐,日输出天然气 4.8 万立方米③,市区形成长达 30 公里的 7 条主干输气

① 《自贡解放五十年》编委会:《自贡解放五十年》,四川科学技术出版社 1999 年版,第 7 页。
② 《自贡解放五十年》编委会:《自贡解放五十年》,四川科学技术出版社 1999 年版,第 123 页。
③ 《自贡解放五十年》编委会:《自贡解放五十年》,四川科学技术出版社 1999 年版,第 125 页。

管道，全市居民通气率达到 70.9%。公共交通起步早，发展迅速，自贡市于 1963 年 3 月就成立了公共汽车公司，到了 20 世纪 80 年代，已经不能适应经济发展，群众乘车难矛盾突出。1982 年，非公共交通企业允许进入公共交通产业；1985 年，允许单位自备车辆参与城市交通营运；次年，沿滩区运输公司、大安运输公司、市运输机械厂等单位以及个人车辆相继投入公共交通。到 1990 年，公共交通车辆数已达到 412 辆，每万人拥有公共交通车辆 9.9 标台。

自贡 20 世纪 80 年代工业产业的高速发展，促进了地方经济的高速增长，也带动了城市的发展，当时其不管是工业经济总量，还是其他经济统计数据、城市发展标准等都大步超前于四川省的大多数城市，进一步确定了清末民初就建立起来的"成（成都）、渝（重庆）、井（自贡）"三足鼎立的四川工业产业发展格局，工业重镇的历史光耀照耀着千年盐都的繁荣与辉煌。

现 实 篇

正在演进中的自贡产业转型

第四章　自贡工业的困局与反思①

自贡工业在 20 世纪 80 年代高速发展，促进了自贡工业现代化进程，特别是 1984 年到 1988 年，工业总产值年均增长 15.4%，1988 年工业总产值达到 41.74 亿元，财政收入达到 3.44 亿元②，在四川省仅次于重庆与成都，排名第三。自贡进入了改革开放以来最好的发展期，但经济规律有其特殊性和必然性，自贡工业最大的危机已经悄然而至。进入 20 世纪 90 年代，自贡迎来了自改革开放以来经济发展的一个低谷，工业发展陷入周期律困局，"失去的十年"带来的是产业发展的停滞与阵痛。

第一节　历史与现实的巨大反差

1989 年春节，全市人民过得喜庆而热闹，大家怀着极大的信心，准备迎接新一年经济的蓬勃发展，没想到产业发展的历史车轮并没有像大家想象的那样滚滚向前，而是突然放缓了前进的速度。

一、宏观调控，经济增速放缓

1988 年，自贡工业总产值创新高，达到 41.74 亿元，全市生产总值达到 29.10 亿元，1984 年至 1988 年年均增长 10.7%。全市居民收入大幅度提高，职工工资总额年均增长 18.5%。社会需求迅速扩张，1984 年至 1988 年，全市固定资产投资年均增长 23%，社会集团消费年均增长 18%，城乡居民购买力年均增长 20.3%。随着经济高速发展，社会需求过快增长，造成建材、机

---

① 第四章经济数据以 1990 年不变价计算，GDP 以当年价格计算。
② 自贡市统计局：《自贡市百年奋斗史 盐都大地掀新篇——建党 100 周年来自贡发展历程综述》，2021-08-16。

电等产品供不应求，加上国家超量发行货币，通货膨胀开始出现，1987年和1988年全市零售物价增幅分别达到10.6%和23.2%①，巨大的市场压力直接导致经济关系趋于紧张。在保增长和稳物价的矛盾下，自贡市根据中央的部署，从资金源头入手，开始控制固定投资规模，控制集团消费。1989年至1991年国有单位固定资产投资年均下降7.3%，1989年、1990年对社会集团的零售额分别下降2.6%、0.5%，零售物价从1988年的高峰回落到1991年的6%，基本完成稳物价的经济治理整顿任务。虽然需求增长得到了控制，物价趋近于合理区间，但市场需求开始出现回落，整个市场出现疲软，经济增长速度减慢，1991年全市工业总产值为49亿元，1989年至1991年年均增长仅5.2%②，比前5年回落10个百分点。1991年，全市国内生产总值为40.21亿元，年均增长5.2%，出现了改革开放以来经济发展的一个低谷。

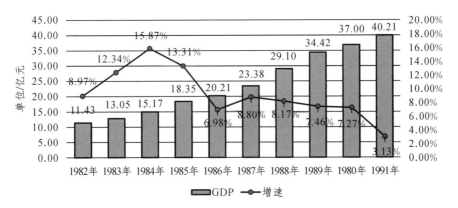

注：GDP按当年价格计算，增速为实际增速。

图4-1　自贡市1982—1991年GDP及增速统计

---

①　《自贡解放五十年》编委会：《自贡解放五十年》，四川科学技术出版社1999年版，第8页。

②　自贡市统计局：《自贡统计年鉴2015》，第32页，统计数据整理所得。

二、产业结构调整，支柱产业淡化

到 1994 年，自贡第三产业首次超过第一产业，形成了"二、三、一"的产业结构占比。工业产业的结构性权重进一步加大，自 1977 年自贡重工业超过轻工业，到 1998 年重工业和轻工业的比例已经达到 68.5∶31.5[①]。三大支柱产业也经历了四次重大调整：第一次是在 1965 年，从之前的食品、盐业、纺织调整为盐业、食品、化工；第二次调整是在 1975 年，三大支柱产业变为机械、盐业、食品；第三次调整是在 1985 年，机械、盐业、化工成为自贡的"老三业"，并支撑了自贡 20 世纪 80 年代的高速发展；第四次调整出现在 1996 年，机械、化工、建材工业占自贡市生产总值（GDP）比重分别为 8%、8%、5%，成为新的三大支柱产业，这次调整直接导致千年盐都的制盐业开始走向没落，加之每个支柱产业 GDP 占比都不高，真正的支柱产业未能完整形成。工业产业的重轻工比例失调，支柱产业的频繁换位调整，也导致经济结构未能实现逐渐升级。

三、市场经济改革，盐业未能跟上时代的步伐

1992 年，党的十四大提出建立社会主义市场经济体制的战略构想，市场关系逐步走向开放、自由，市场需求关系开始发生根本改变。1992 年开始，自贡的四大盐厂（大安盐厂、贡井盐厂、自流井盐厂、邓关盐厂）相继出现亏损，1993 年自贡市的第二大化工厂——张家坝化工厂开始出现亏损。本着做大做强的产业发展模式，自贡最大的盐厂大安盐厂，在连续亏损 2 年的情况下，上马了当时全国最大的年产 30 万吨的真空制盐设备，产能的进一步提高，并未能带来自贡盐业产业的历史飞跃，也未能在市场中形成优势地位，反而形成大而不强的不利局面。至 1999 年，自贡盐业企业连续 8 年亏损，自贡传承千年的制盐业陷入发展困局。

---

① 《自贡解放五十年》编委会：《自贡解放五十年》，四川科学技术出版社 1999 年版，第 11 页。

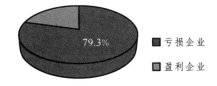

1998年自贡市企业亏损占比   1999年自贡国有企业亏损占比

图4-2   20世纪90年代末期自贡企业亏损占比统计

■ 亏损企业
▨ 盈利企业

四、国企改革未竟全功，下岗潮出现

1994年国企改革的大幕被拉开。1995年9月28日，中共十四届五中全会通过了《中共中央关于制定国民经济和社会发展"九五"计划和2010年远景目标的建议》，对国有企业改革提出了新的思路，宣布实行"抓大放小"的改革战略。全市掀起了一场国有企业改革潮，自贡市委在当年制定了《自贡市第二次创业发展纲要》，号召全市人民发扬"团结奋进、负重自强、实现小康、进入大城市"的总体目标。到1997年，共组建各类股份制企业1 600余户[1]，其中上市公司3户，对11户企业实施破产清算，3户实施兼并，4户实施减员增效，组建和完善了5个企业集团，跨地区、跨行业、跨所有制的企业并购工作也取得了一定进展。但自贡的国企改革未竟全功，各项改革未能真正实现企业的产品利润提升，反而导致部分具有优势市场基础的企业，因为资产重组，错失产品市场占有最佳窗口期。到1998年，全市各类停产半停产企业达316户，亏损企业137户，亏损面55%，比全省高12.8个百分点，亏损额2.41亿元。企业出现大量下岗职工，从1995年到1998年，据不完全统计，全市共有8万职工下岗、失业。

在自贡近2 000年的盐业发展史中，曾出现"卓筒井"的技术变革，曾出现蒸汽采卤机车的工业文明，曾发明了高效率的真空制盐设备，曾两次"川盐济楚"拓宽市场。自贡直面了每一次产业发展的挑战，也抓住了每一次产

---

① 《自贡解放五十年》编委会：《自贡解放五十年》，四川科学技术出版社1999年版，第26-28页。

业发展的机遇。谈起自贡因盐兴市的历史，每个自贡人都会引以为傲，但经过 20 世纪 90 年代"失去的十年"，我们不得不接受一个现实，我们的盐业产业已经衰落，我们的工业产业陷入困顿，产业发展遇到了极大的历史挑战。

第二节　自贡工业存在的主要问题

自贡的工业产业在"三线建设"后，多门类工业产业结构开始形成。在传统制盐产业的基础上，化工、机械、设备装配等重工业迎来了高速发展期，建材、照明、五金、纺织等配套轻工业也发展迅速，新材料、无线电、半导体等新兴产业也有所起步。但过快的工业产业发展，也遮掩了产业发展过程中的诸多矛盾。直到20世纪90年代初，这些问题和矛盾开始显现。

一、轻重工业发展比重失衡

自贡的轻重工业发展比重失衡经历了一个缓慢的发展过程，主要分为以下几个阶段：

中华人民共和国成立初期。自贡的工业产业主要以制盐产业为主，1949年前后，自贡轻重工业比例为 84：16[1]，轻工业占绝对主导地位。"一五"期间（1953—1957 年），为快速恢复国民经济，自贡市委提出了"重点扶持，分期恢复"的方针，全市基本建设投资 3 447.8 万元，其中 73.4%用于盐业，到 1957 年，全市生产总值达 2.36 亿元[2]，5 年年均增长 7.3%。单一的工业产业结构保障了自贡"一五"计划的全面完成，为自贡市经济建设创造了良好的开端。

"化工城建设"时期（1958—1960 年）。第二个五年计划开始实施，四川省委做出了"把自贡变成为化学工业基地"的决议，自贡市委提出了"骑上千里马，奔向化工城"的口号。工业产业迅速向化工产业倾斜，兴建鸿鹤化工厂、邓关盐厂、炭黑厂，扩建张家坝化工厂，这些骨干项目的实施，使自贡市化工工业开始崛起，纯碱、烧碱、盐酸、硫酸等新产品的开发，使化

---

[1] 自贡市统计局：《自贡统计年鉴 2015》，第 307 页，数据整理所得。
[2] 注：增加值为当年价。

工产品由 8 种增加到 21 种①，1961 年化工产值比 1957 年增长 6 倍，一度超过了盐业产值，自贡的工业产业首次出现了双产业结构。但由于当时"大跃进"的激进做法，违背经济规律，1958 年到 1961 年累计投资 1.53 亿元，大部分用于收购土法上马的"大跃进"产品，其中就包括兴建的钢铁厂，其生产的 10 万吨生铁严重不达标，基本成为废铁，不仅造成巨大的损失，市场上也未形成有效供应，1962 年全市生产总值为 2.11 亿元②，比 1957 年下降 37%。

国民经济调整和"三线建设"发展阶段（1961—1966 年）。针对"大跃进"时期的问题，1961 年自贡市委提出了"恢复农业、调整重工业，发展轻工业"的思路，其中 1961 年至 1963 年对 68 个工业项目进行了清理，保留了原盐、化工及相应的机械修配等 33 个项目，调整了 35 个项目，主要工业产品产量快速回升，在此期间自贡市成功投产二氯甲烷，填补了中国有机化工原料生产的一项空白。1965 年，全市生产总值达 3.06 亿元，比 1962 年增长 66.2%。1965 年到 1966 年年底，自贡工业迎来了最大的一次历史机遇，"三线建设"全面铺开，一共有 21 个企事业单位内迁到自贡，其中就包括 10 个机械工业企业、4 个轻工企业、2 个建材企业、1 个冶金企业、1 个地质勘探企业、2 个化工生产研究单位、1 所高等院校。"三线建设"使自贡引进了实力强大的经济、技术和管理力量，也引入了大批高素质的产业工人。在此基础上，为配合内迁企业的产业配套，自贡还兴建了电子、纺织、电力装配等配套产业。自贡市工业产业结构发生了根本性变化，打破了较为单一的盐化产业结构，初步形成以制盐、化工、机械为主，兼有冶金、电子、建材、轻纺等多行业、多门类、多品种、协调发展的工业产业体系。在这个时期，机械工业发展迅速，到 1966 年其产值比 1964 年增长了 2.5 倍，成为自贡继盐业、化工之后的第三大支柱产业。到 1967 年，三大支柱产业占自贡市工业总产值的比重已达 18.2%③，工业结构开始向重工业偏移。到 1975 年，轻工业产值达 3.2 亿元，比重下降到 54.93%，重工业产值达 2.6 亿元，比重上升到

---

① 自贡市经济研究所：《自贡市情 1949—1983》，1985 年版，第 216 页。
② 自贡市统计局：《自贡统计年鉴 2015》，第 32 页。
③ 自贡市统计局：《自贡统计年鉴 2015》，第 309 页，相关数据整理所得。

45.07%，轻重工业趋于平衡。

改革开放后的高速增长期（1978—1988年）。1978年12月，中共中央召开十一届三中全会，否定"以阶级斗争为纲"，作出了把党和国家的工作中心转移到经济建设上来、实行改革开放的历史性决策。1978年，自贡轻工业产值为6.45亿元，重工业产值达7.06亿元，重工业首次超过轻工业。以此为转折点，自贡经济也开始进入一个全新发展时期，到1984年，全市生产总值达到14.83亿[①]，年均增长10.3%，基本恢复到了"文化大革命"以前的水平。1985年开始实行价格双轨制，并对自贡市的化工、机械、一轻、二轻、商业等部门所属的91种主要工业品进行了价格调整，产品价格有所提高，特别是重工业产品，极大地推动了企业的生产积极性，使重工业比重超过轻工业，成为自贡工业高速发展的领头羊。到1988年，自贡市工业总产值达41.74亿元[②]，1984年至1988年年均增长15.4%。工业产业的高速发展，有效地增加了自贡经济发展活力，经济总量迅速增加，人民生活水平相应提高，1988年全市生产总值达到27.77亿元。1984年至1988年年均增长10.7%，居民收入大幅度提高，职工工资总额年均增长18.5%。同时，双重体制并存，重工业结构性占比越来越高，也导致以重工业为主、轻工业为辅的发展模式的产生。

轻重工业比重失衡，工业发展阵痛期（1989—1999年）。随着20世纪80年代自贡工业产业的高速发展，进入90年代后，自贡的重工业比重进一步提高，到1998年重工业和轻工业的比例已经达到68.5∶31.5，重工业产值已超轻工业一倍以上。1992年市场经济体制改革拉开序幕，计划经济时期的政府定价权被打破，自贡市重工业产业的产品受到市场严重冲击，重工业企业的固定资产配置比重远高于轻工业企业，企业转型困难，轻重工业发展比重失衡，自贡工业产业结构不平衡的弊端显露无遗。

---

① 自贡市统计局：《自贡统计年鉴2015》，第32页。
② 《自贡解放五十年》编委会：《自贡解放五十年》，四川科学技术出版社1999年版，第7页。

二、成本高企、效益低下

自贡工业在 1978 年开始复苏，因为历史原因，当时市场需求旺盛，工业产品供不应求，自贡轻重工业企业加足马力，不断追求产能的提升，所有的技改项目都是围绕提高产能的，盲目地快速增产并未带来企业效益的提高。相反，粗放的管理模式、低素质的产业工人、陈旧而落后的制造设备，使得全员劳动生产率低下，资金利用率不高，成本高企，企业利润增长缓慢、效益低下，特别是与同省的先进市、地比较，差距明显。到 1983 年，地方国营工业企业每万元资金实现的税利低于重庆、攀枝花、泸州，全省排名第 5 位；资金利税率不仅低于泸州，而且低于内江、南充、达县，在全省仅排第 7 位；利润增长率才 30.1%[①]，比新兴工业城市攀枝花低 247.5%，比老工业城市万县低 26.3%，比涪陵低 46.4%，比乐山低 36.5%，比达县低 151.3%，全省排名第 8 位；上交利润增长率为 14.5%，比乐山低 43.43%，比南充低 38.6%，比雅安低 275.9%。原燃材料消耗减低率和可比产品成本减低率两项指标当年完成得很差。一边是盲目的产能提升，一边是成本的不断增加，造成企业效益不断降低，最终导致了自贡市传统支柱产业盐业的衰落。

自贡盐业进入 20 世纪 60 年代以后，得到较大的投资，迎来了一次高速增长期。1967 年，国家投资 89.78 万元，在贡井盐厂建成自贡市第一座年产 3 万吨的生产性真空制盐车间。到了 70 年代，又先后投资 2 287 万元，在盐业系统建成 6 座真空制盐设备。到 1985 年，自贡产盐突破百万吨大关，达 100.1 万吨[②]，约占全国井矿盐产量的 40%，占全省井矿盐产量的 2/3。到 1990 年，盐产量达到 144 万吨，比 1950 年增长 10 倍。但大部分盐业企业在 90 年代仍使用 70 年代的设备，占比高达 80%，制造工艺简陋，技术落伍，维修成本日益增高，产品单一且多为化工初级原材料，利润远低于外省同行企业，市场优势地位开始削弱。到了"八五"期间（90 年代中期），随着省内

---

① 自贡市经济研究所：《自贡市情 1949—1983》，1985 年版，第 194 页。
② 《自贡解放五十年》编委会：《自贡解放五十年》，四川科学技术出版社 1999 年版，第 45 页。

外盐业发展迅速，市场快速进入饱和期，自贡盐业开始出现严重产能过剩，盐业企业整体亏损。后经过强化市场销售、开拓新兴市场，关停小型真空制盐厂、停采黄黑卤，组织效益减产、年产规模控制在 100 万吨以下，大力发展非盐产业等措施，盐业企业的亏损面有所收窄，但仍未能实现盐业的扭亏为盈，自贡盐业开始退出支柱产业行列。到 1997 年，久大盐业集团公司累计欠银行利息已高达 1.67 亿元，每年仅利息支付就高达 2 000 万元，企业负担加剧，盐业产业步入衰退期。

"三线建设"时期的内迁企业虽然极大地丰富了自贡的产业结构，但由于当时企业内迁主要是立足于防备战争，而不是着眼于地区生产力的合理布局和区域经济的形成，加之后来"三线建设"因"文化大革命"原因未能按原计划完成配套产业链的内迁与建设，使得自贡工业产业结构在技术结构、就业结构、人才结构、企业组织结构以及所有制结构方面留下了诸多隐患。在 20 世纪 80 年代高速增长期，这些隐患都被市场上对工业品的极大需求所淹没。但到了 90 年代，随着市场的开放，"三线建设"企业"两头在外"的弊病开始显现。所谓"两头在外"有两层含义：其一是指产品原材料在外，需通过长途运输到自贡市进行生产；其二是指产品多为外销型产品，需通过长途运输到省外甚至沿海城市进行销售。"两头在外"极大地提高了企业的生产成本，不仅体现在运输成本高昂，还体现在时间成本高企，产品生产周期太长，在市场竞争中处于不利地位。效益的下降、企业负担的增重，导致企业无力开发新产品，成本高企、效益低下、在市场竞争中处于劣势，这是促使大部分"三线企业"最终倒闭的主要原因。

三、"抓大放小"新兴产业错失发展契机

"三线建设"时，自贡市除内迁了 21 个企、事业单位外，还自主建设了自贡标准件厂、自贡无线电器材厂、自贡高压容器厂、自贡镀锌铁丝厂等 15 家为内迁企业提供配套服务的企业，从 20 世纪 60 年代的创建到 80 年代的兴起，多元化的城市工业体系逐渐形成。1995 年 4 月，全国试点企业集团工作

会议对推进企业集团试点工作作出部署。1996年5月，国务院批转《国家计委、国家经贸委、国家体改委关于深化大型企业集团试点工作的意见》，加快了企业集团的组建步伐。自贡市培育企业集团开始于1991年四川久大盐业（集团）公司的成立。到1996年，全市市级以上正式批准登记注册的企业集团共有8个，其中涉及工业的有5个，即久大集团、鸿鹤集团、川玻集团、大西洋集团、飞球集团。1997年，四川省委、省政府在全省企业中筛选出37户企业作为"扩张型企业"重点扶持，加快发展。自贡市鸿鹤、川玻、大西洋3个集团入选。中央和省采取的一系列政策措施，有效地刺激了集团企业加快扩张的欲望，对配套企业及相关产业进行兼并、合并成为当时集团企业最主要的扩张手段。集团企业利用优化资本结构的政策和契机，大力推动资产重组，加快资本扩张和经营扩张：大西洋集团通过输入资金、技术、管理人才等方式，实施了对市内市外相关企业的跨地区、跨行业、跨所有制的兼并收购；鸿鹤集团采取承债式兼并、租赁经营、联合等途径，与部属科研单位、盐业企业及同行业小型企业联营，实现了产业链的兼并收购；川玻集团则利用市场优势完成了对原轻工系统的南华锯条厂等企业的兼并重组。大型集团企业在政策性优势下，对其配套和产业链关联密切的中小企业实行了兼并，短期内对中小企业形成利好，但同时也阻断了中小企业直接面对市场的发展契机，并在后期集团企业发展困难时成为"断尾"企业。

除了大型集团企业的强势扩张外，中大型企业开始实行股份制改革。自贡市企业股份制改革实施较早，1987年2月，市政府就批准了自贡铸钢厂作为全市第一家进行股份制试点的企业；同年3月又批准了长征机床厂实行股份经营责任制试点。1988年，又批准了东碳厂、高压容器厂开展股份制试点。1993年11月，"东新电碳"股票作为自贡市第一家上市公司的股权在上海证交所挂牌交易。1995年11月，"川长征"正式上市，1996年12月"东方锅炉"上市交易。到1996年，自贡市已设立有限责任公司618户，在粗放且过热的股份制改革下，除少数上市的大型企业外，多数股份制企业存在股本金不实、股本结构不合理、公司治理结构不健全的情况，在股权结构、管理体制、设立程序、股东权益、收益分配等诸多方面都极不规范。后在国务院、四川省政府的要求下，自贡市对全市设立的各类股份制企业进行了整顿，对其不合规的进行了撤并、重组、改制。在企业股份制改革的过程中，因缺乏对股份制经济规律的认知，大多数企业股份制改制并不成功，不仅未能为企业带来优质的资产注入，反而导致许多股份企业资产管理混乱，甚至出现国有资产流失现象，导致从事生产的资金链出现断裂风险，企业市场竞争性被削弱，错失市场发展良机。

中小企业的承包责任制改革实际上要早于大型企业集团改革和企业股份制改革。1987年，自贡分别采取了资产经营、股份经营、租赁经营、亏损包干、微利包干、上缴定额利润、全员承包、发展改造总承包等10种经营责任制形式，推动承包制的进一步发展。到1988年，全市113户市属预算内国有企业中有110户实行各种形式的经营承包，但由于承包责任制本身的缺陷，企业经营过多地注重眼前利益，企业负盈不负亏的状况时有发生，甚至导致部分中小企业国有资产流失，企业可持续发展能力受到较大影响，市场竞争力急剧下降，成为最早破产和倒闭的企业。

1996年到1998年，企业亏损面已经从中小企业蔓延到大型企业，根据国务院及省政府"抓大放小"的经济政策，大型企业与集团企业开始了二次重组兼并改制，市政府通过优化资本结构，减免债务利息，对银行贷款实施5到7年内停计新息等大规模资金支持，完成了鸿鹤集团对大安盐厂的划转承债式兼并、川玻集团对南化锯条厂的划转承债式兼并、川商集团对自贡昌盛集团的划转承债式兼并等，被兼并企业的银行贷款债务由兼并企业担保分年偿还本金。虽然在当时由优势集团企业兼并困难企业，既为困难企业休养生息、走出困境提供了一条捷径，也为困难企业的职工再就业提供了一定保障，缓解了下岗分流兼并破产的难点和突出矛盾，但同时也增加了兼并企业的负担，大量的资金与政策对大型企业的倾斜，也导致政府很难再有资金实力扶持中小企业。1996年，自贡市对亏损严重、扭亏无望、资不抵债、无力偿还到期债务的铸钢厂、无线电四厂、镀锌铁线厂和制钉厂4户市属国有工业企业依法宣告破产还债；次年又有制革厂、毛巾床单厂、无线电三厂、合成材料厂和第二玻璃厂5户企业宣告破产；1998年，又有轻工机械厂、低压电器厂和肉联厂被列入破产企业名单。"三线建设"后发展起来的诸多配套中小型企业，包括一些较有发展潜力的电子新兴产业等，在前期受到企业改制带来的负面影响，在后期又受"抓大放小"的形势影响，加之自身未能及时把握市场契机，大浪淘沙后相继走向了衰亡。

四、企业管理粗放、科技创新能力低下

自贡的工业产业能在 20 世纪 80 年代高速增长，和同期的科技创新密不可分。80 年代初，自贡的传统产业盐业就已经拥有了自己的井矿盐设计研究所，3 家厂办科研所、《全国井矿盐技术》编辑部、全国井矿盐检测中心、四川省盐业中专学校、自贡盐业技工学校等行业科研单位，系统内还建立了盐业学会和盐业技术咨询服务中心。既有地质勘察、钻井勘探、采卤输卤、真空制盐、盐卤综合应用的成套技术，也拥有盐业设备设计、制造、安装、监测的全套技术力量。1980 年，自主研发的年产 10 万吨的真空制盐设备在张家坝制盐厂投产，使我国制盐技术进入全球先进行列，日本、韩国、德国、法国等国家相继组织考察团到自贡考察。1983 年在加拿大多伦多召开的国际学术会上，自贡井矿盐设计研究所的论文《中国四川自流井薄层盐岩水溶开采技术的发展》得到高度评价。自贡盐业在 80 年代中期还参与了当时轻工业部盐务总局的井矿盐技术装备政策、质量标准、能耗标准等行业标准的制定工作，可见当时自贡的盐业科技创新能力极其强大。自贡化工产业在 80 年代注重产品质量，并投入大量人力、物力从事新产品的开发，到 1983 年已能生产化工用品 12 个大类 189 个小类，氯甲烷产量居全国第一、纯碱产量全国第四，在全省首创氟制冷剂生产，纯碱、小苏打获化工部优质产品称号，农用氯化铵化工部行检全国质量排名第一。自贡的机械行业在"三线建设"后起步，在 1978 年改革开放后，成为自贡工业行业中增速最快的；80 年代时经过科技创新，产品市场竞争力大幅度提高；到 1983 年已有机械工业企业 387 个[①]，能生产 50 个门类，820 个品种规格，其中 16 个门类的传统产品在全国

---

① 自贡市经济研究所：《自贡市情 1949—1983》，1985 年版，第 192 页。

处于领先地位。获国家、省、市科技成果奖 55 项，当年机械工业总产值为 1.62 亿元，比 1980 年增长 50%。科技创新不仅使自贡的支柱产业处于市场优势地位，也促成了自贡工业 20 世纪 80 年代的高速增长。

到 20 世纪 90 年代后，全国工业产品经历了一个由供不应求到供过于求的"过山车"式的变化，自贡的工业产业盲目追求大而全的发展模式，大部分科技投入都用于了大型生产设备的技改，其目的是单纯地扩大产能。创新技术的应用、新产品的研发几乎都处于停滞状态、产品创新开发周期越来越长，甚至从新产品上市率上讲，比 80 年代还有所退步。加之后来的国有企业改制，导致许多企业管理模式多次更改，不仅未能建设现代化企业管理制度，反而管理越发粗放，管理内耗越发严重，生产效率不增反降。市场经济体制改革后，自贡工业企业对开拓市场都缺乏基本的认知，未能及时开拓市场、创新市场。90 年代，自贡工业发展管理粗放，创新能力低下，未能及时把握市场机遇，导致了自贡工业大而不强、多而不精的不利局面的形成。

第三节　自贡工业陷入困局的原因分析与反思

到 1999 年世纪交替之际，党的十五大提出的经济结构战略性调整开始，与此同时，亚洲金融危机进一步加深，国内外需求减弱，外部经济环境极其复杂，加之自贡国有企业改革进入攻坚期，工业作为自贡三大产业中占比最高的产业，陷入了发展困局，自贡经济发展从 1989 年到 1999 年增速明显放缓。纵观自贡工业产业从 20 世纪 80 年代的高速增长到 90 年代发展滞后，受到了诸多因素的影响，可以从历史性、共性和个性三个方面来分析。

一、历史性原因

20 世纪 80 年代自贡工业的高速发展，促使自贡经济发展和财政收入增长较快。到 1987 年，我国实行递增包干上解的财政体制，省级财政在核定自贡的上解基数和增长比例时，基本采用了 80 年代高速增长的年均增长值，核定基数明显高于全省平均值。特别是进入 90 年代后，自贡工业开始出现不同程度的发展滞后，在盐化产业相继出现亏损的前提下，税收上解额并未能得到及时的调整，很长一段时间内，高额的上解财税负担极大地限制了自贡 90 年代初期的固定投资。1991 年，自贡地方财政收入达 4.16 亿元[①]，上划和上解 2.41 亿元，占比高达 58%。

从 1988 年到 1992 年，净上划及上解支出占财政总收入比重均超过了 50%，从 1994 年到 1998 年，净上划及上解支出占地方财政一般收入的比重已经超过 65%（见图 4-3）。长期的财税压力严重影响了自贡的地方财政收入，对企业生产的积极性、经营的效益性都带来了严重的影响。

---

① 《自贡解放五十年》编委会：《自贡解放五十年》，四川科学技术出版社 1999 年版，第 503-505 页。

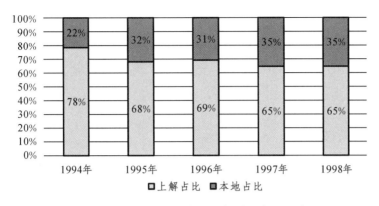

图 4-3　1994—1998 年自贡上解财税占比统计①

1994 年，国家实行税制改革，取消盐税，改为资源税，同时将盐纳入增值税征收范围，盐业税负大增，按同口径计算，税改后每吨盐平均承担税额比税改前增加 24.83%。这次的税制改革让已经全面亏损的自贡盐业进一步雪上加霜。

20 世纪 80 至 90 年代，四川省重点投资发展的区域是成都市及川北新兴城市地带，中央及省级重大基础设施和大型产业项目几乎未考虑自贡，对自贡的产业投资严重不足。以自贡的传统产业盐业为例，在中华人民共和国成立前，自贡盐业的产业投入主要靠资本家的市场资本融入，特别是 1938 年范旭东将天津的久大精盐制造厂内迁到当时的自流井地区，并投入资本建立了工业现代化的制盐业；中华人民共和国成立后，对盐业最大的一次产业投入是在"化工城建设"和"三线建设"时期，为了进一步提高化工原材料化工用盐的产能，自主研发了真空制盐设备。真正进入高速发展期的 80 年代，却并未有较大的产业投入，加之上解财税压力加大，其盐业产业的资金投入与产出严重不成比例。1950—1990 年，国家累计投入自贡盐业建设资金仅为 4.5 亿元，但同期自贡盐业上缴国家的利税总额高达 27.8 亿元，是国家投入的 6.18 倍。

---

① 自贡市统计局、国家统计局自贡调查队：《自贡统计年鉴 2020》，第 101-103，相关数据整理所得。

历史性的因素导致自贡产业对外形成了蒸蒸日上的繁荣局面，而实际从20世纪90年代开始已经严重出现投入不足，税收高企，生产成本同步提高，产业利润开始出现负增长，市场竞争力急剧下滑，市场优势地位已经荡然无存，自贡工业发展陷入困局已成必然。

二、共性原因

1987年，我国的国内生产总值（GDP）增长达到11.6%，位于该周期的波峰阶段，但是前期的高速增长直接导致经济严重过热，社会总需求大于总供给，国民经济主要比例结构失衡，导致1988年出现通货膨胀，1988年居民消费价格指数达到18.8%。到了1989年，GDP增速从两位数下降为一位数，全年增长仅4.2%[①]，首次出现GDP增长率低于目标增长率。随后国家大力压缩固定资产投资规模，努力增加有效供给，整顿商品流通秩序，提高利率，实行保值贴补，稳定存款；收缩信贷规模、控制货币发行、控制职工货币收入的过快增长。对涨价过猛的商品（如农业生产资料）实行专营，清理皮包公司，稳定部分生产资料和生活必需品的价格等，并开征特别消费税，征收预算外调节资金等，通过一系列的宏观调控手段，有效地遏制了经济增速的放缓。1991年经济增速迅速反弹，达到了9.3%的增速，基本恢复正常经济增速。但到了1993年，通货膨胀进一步恶化，居民消费物价指数涨幅达到14.70%；1994年进一步加剧，高达24.10%。为此，国家实施"软着陆"宏观调控，进一步采取适度从紧的货币政策，中国的经济增速从1992年的14.2%快速回落。1998年中国又遭遇亚洲金融危机的冲击，到1999年，GDP增速已经下滑到7.7%（见图4-4）。自贡同期经济发展也出现了不同程度的萎缩，全社会固定资产投资额从1995年到1999年的五年间相继出现不同程度的负增长；城市居民人均可支配收入1998年为4 526元[②]，比1997年的4 598元下滑72元，首次出现负增长，城市居民人均消费性支出1998年只有3

---

① 国家统计局数据库查询所得。
② 自贡市统计局：《自贡统计年鉴2015》，第132页。

527 元，比 1997 年的 4 071 元下滑 544 元。从产业层面来讲，宏观经济政策对高度依赖银行信贷资金、实施外延发展的产业，无疑是严重打击，自贡的工业产业，不管是传统的盐化产业，还是当时已经迅速发展的机械制造业，基本上都是外向型经济，产品的市场多在中国的东北部地区，加之过度依赖银行信贷，对国家宏观调控与政策变化应对不足，未能及时把握市场的变化，从而出现了工业产业的发展困局。

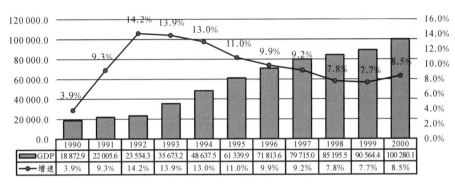

	1990	1991	1992	1993	1994	1995	1996	1997	1998	1999	2000
GDP	18 872.9	22 005.6	23 554.3	35 673.2	48 637.5	61 339.9	71 813.6	79 715.0	85 195.5	90 564.4	100 280.1
增速	3.9%	9.3%	14.2%	13.9%	13.0%	11.0%	9.9%	9.2%	7.8%	7.7%	8.5%

图 4-4 1990—2000 年中国 GDP 统计图①

三、个性原因

首先，自贡的区域性劣势无力承担高速增长的工业产业的发展。1983 年 3 月，富顺县全境由宜宾地区划归自贡市管辖。同时，郊区更名为"沿滩区"，至此，自贡市 2 区 2 县的格局形成，总面积为 4 381 平方公里，总人口 277.6 万人。在后来的城市发展中，自贡的人口有所增长。到 2018 年，自贡市户籍人口突破 320 万，城市人口突破 100 万，主城区面积超过 100 平方公里，成为四川省五个"双百"城市之一。但是自贡的区域性劣势仍然长期存在，在四川省的 21 个地市州中，自贡是地理面积最小的一个地级市，总人口虽有所增长，但增速明显低于周边城市，特别是 2000 年以后，大量人员外出务工，常住人口不增反降。到 2021 年第七次人口普查时，自贡常住人口下降到 248.9

---

① 根据国家统计局相关数据查询绘制。

万[①]，在全省排名第 15 位，占全川常住人口比重从 2010 年的 3.33%下降到 2.98%。

自贡早期的盐业发展确实维持了近百年之久的"蓉渝井"三足鼎立之格局，但当我国进入工业大发展时期后，特别是到 20 世纪 90 年代后期，自贡的传统产业，无论是盐业，还是化工、轻工、建材、食品，都存在大量同类、同质产品。在彼此均不具有独特性的情况下，区位就成为竞争中相当重要的影响因素。自贡地处川南，且不属于铁路、水路、航空枢纽，按照当时的交通运输条件，采购销售的物流成本均处于较高水平，并不具备面向全省、全国的竞争力。本地市场容量是"内需"，是弥补对外竞争区位缺陷的重要因素，但自贡地理面积不足全省的 1%，人口只有全省的 3%，无论是地域面积、人口数量，还是人均财富，均无法支撑当时诸多企业的共同发展，区域性劣势开始突显，自贡"化工城建设"和"三线建设"后的多门类工业发展已经超出了自贡的承载范围，工业产业的可持续发展受到了巨大挑战。

其次，自贡早期的工业发展，导致创新不足、发展观念固化。进入 20 世纪 90 年代，与发展较快地区相比，自贡相关企业在当时视野不够开阔，发展理念滞后，缺乏前瞻性布局。一是企业对经济发展新形势认识不够深刻，对新技术、新产业、新动能缺乏理解和热情，尤其在商业模式、管理创新上缺乏大胆革新意识，缺乏超前谋划未来的眼界和魄力，使得企业可持续发展能力较弱。二是政府部门对企业转型发展系统性研究不够，主动谋划关联产业集聚思考研究不足，缺乏对区域资本、市场、人才、土地等要素的整合，对上反映问题不多，向上争取相关政策不够，没有尽全力投入相关工作。自贡的传统产业盐业有近两千年的发展历史，但从技术状况、工艺设备、作业方式来看，都局限于传统模式，未能集中力量提升创新能力，延伸产业链。

最后，体制机制僵化，不能适应新的环境。从市场环境看，20 世纪 90 年代是改革开放后的黄金时代，大量民营企业崛起。但对于老工业基地来讲，国有企业仍占据绝对主流，体制机制不活，对外受残存计划经济体制束缚，

---

① 根据第七次全国人口普查相关数据整理所得。

对内权责约束机制不对等，开放性、灵活性、激励性、创新性缺乏，加上历史负担沉重、资产质量差、效益低下、改制成本高，缺乏与民企的竞争力。传统盐业在长期的专营体制下，"食盐专营、产销分割"制度导致食盐生产企业在价值链中分配到的价值过低，制盐企业盈利能力严重不足。同时，工业盐的销售也必须通过盐运公司进行，增加了销售环节的各种成本，这些因素是导致制盐业走向衰败的主因之一。体制机制改革推进缓慢，缺乏对市场的把握，导致企业与政府错失良机，没有尽早进行体制改革转向调整；相应的产业政策激励作用不够，产业转型吸引力度不强；政府对技术创新引导性和服务深度不够，缺乏系统规划和有针对性的培育指导，主动服务企业意识还未建立。总体而言，20世纪90年代自贡的政府和企业自主改革意识不强，改革力度不够，产业错失转型升级机遇期，也是导致自贡工业产业发展陷入困局的原因之一。

四、反思与启示

纵观自贡的工业发展历程，有其兴盛与繁荣，也有其停滞与衰落。

第一个阶段：产业的兴起与繁荣期。从汉末魏晋时期的手工卤盐的兴起，到北宋年间卓筒井技术的创新性革命；从两次"川盐济楚"，到范旭东带来资金和现代化技术；从"化工城建设"到"三线建设"，初步构建多元化工业产业体系，工业产业迎来了高速发展。我们可以得到一个启示：产业转型升级伴随着自贡的兴起与繁荣。

第二个阶段：产业的停滞与阵痛期。这个时期从1989年开始至1999年结束，是自贡"失去的十年"。自贡工业在20世纪80年代高速发展后，90年代开始进入产业发展的衰落期，不幸掉入产业发展的周期律陷阱①。自贡许多工业企业思想保守、缺乏革新意识，体制、机制不灵活，不能适应市场经济的转型发展；缺乏创新机制、科技研发投入薄弱，产业大而不强，多元

---

① 产业生命周期律包括初创期、成长期、成熟期、衰落期四个阶段，该理论来源于1982年戈特（Gort）和克莱珀（Klepper）创建的产业生命周期论。

化产业结构被打破，错失转型升级机遇期。我们从惨痛的教训中也得到了珍贵的启示：市场经济下未能及时转型升级导致了自贡产业的停滞与衰落。

自贡的产业发展已经来到了产业生命周期律的衰落期，自贡产业何去何从，已经成为所有自贡人的困惑与忧虑，产业的转型升级已经势在必行。

第五章　产业转型的环境分析①

历史进入 20 世纪与 21 世纪的跨越阶段，随着改革的深入，全国上下，尤其是东部沿海地区，新兴产业、高新技术产业发展如火如荼，城市发展日新月异。四川省的绵阳、德阳、广汉以及毗邻的宜宾、泸州等地区经济发展步伐明显加快，千年盐都自贡的经济发展面临着严峻的挑战。如何从传统的盐业中走出来，如何调整产业结构，如何重铸支柱性产业，如何寻找新的经济增长点，在一系列改革措施中探索、不断前行，自贡产业转型升级的蜕变已悄然来临。

第一节　自贡产业转型的比较优势

自贡的经济长期依赖于工业产业的发展，不管是历史上两次"川盐济楚"的盐业发展鼎盛时期，还是"三线建设"后 20 世纪 80 年代的产业高速增长期，其产品都以外销型为主，是典型的外向型经济。自贡产业的转型升级也必将以更广阔的市场为前提，精确定位自贡产业的比较优势，形成市场领先地位，这是其产业转型升级的重要战略谋划。

一、老工业基地城市，工业优势明显

自贡作为一个老工业城市，工业产业门类齐全，涵盖了化工、机械、建材、纺织、食品等多个产业类别，机械装备制造、盐及盐化工、新材料产业市场优势地位明显，是四川综合加工制造能力最强的地区之一。

得益于完善的工业基础，自贡 2001—2005 年"十五"期间，工业产业发展迅速，工业经济开始止跌回升，实现了五年五大步发展目标，不仅在省内，

---

① 第五章经济数据以 2000 年不变价计算。

甚至在全国老工业城市中，工业发展的各项指标均明显占优。2001年，自贡工业总产值增速达20%①，利润翻番，一举使自贡工业经济正增长；2002年，工业总产值首超200亿元，规模以上企业总产值超过100亿元，传统产业盐业也结束了多年连续亏损局面；2003年，实现产值利润增长"双二十"；2004年，增加值和利润总额分别增长41.1%和70.3%，增速创新高；2005年，完成工业总产值257亿元，是2000年的3.5倍，"十五"期间工业总产值年均增长28.6%；完成工业增加值77亿元，是2000年的3.5倍，"十五"期间工业增加值年均增长28.1%，超计划16.6个百分点。

工业产业的持续性高增长，也极大地改善了产业的运行质量。2005年，利税总额首次超过20亿元，是2000年的4.9倍；"十五"期间，年利税总额增长37.2%，超计划27.2个百分点；实现利润总额13.5亿元，是2000年工业利润总额（0.13亿元）的100倍；"十五"期间工业利润年均增长151.2%；工业经济效益综合指数达到136，比2000年提高62.1个百分点。

自贡的工业产业在"十五"期间还实现了产业结构调整和优化。全市工业累计完成技改投资达45亿元，是2000年的1.8倍，年均增长24.2%。累计开发新产品565项，2005年新产品产值达到72亿元，占工业总产值的比重达28%，比2000年提高11.7个百分点，实现了产业结构和产品结构的阶段性调整、优化。机械、盐化、化纤、有色新材料、农产品加工等支柱产业增加值占全市工业的比重达到了80%。"十五"期间，通过国有企业改组改革，大量城镇集体所有制企业退出公有制序列，由2000年的192户减少为2005年的64户。工业的优势发展，也提高了城市竞争力，2005年全市工业合同利用外资7 086万美元（实际到位外资6 783万美元），实施招商引资项目323个。企业规模开始发展壮大，到2005年末，规模以上工业企业达到300户，比2000年净增104户，年销售收入达10亿元以上的企业（集团）有4户，其中东方锅炉股份有限公司成为全市首家销售收入超70亿元、利润超8亿元的企业。

---

① 自贡市统计局：《"十五"期间自贡工业经济发展概况及未来发展思路》，载《四川省情》2005年12期，第14页。

相对于周边的工业城市，自贡相对完善的工业体系，有利于工业产业集群的构建，有利于打造全产业链发展模式，面对产业的转型升级，工业优势是自贡最大的比较优势。

二、千年盐都得天独厚，盐矿资源丰富①

自贡不仅是一个老工业城市，同时也是一个资源型城市，属于四川西南矿产资源区，主要以盐卤、天然气、岩盐、页岩气、石灰石、煤等非金属矿产为主。

自贡市早期制盐主要以盐卤制盐为主，其盐卤资源主要集中在自流井、兴隆场、邓井关三个背斜构造地质板块。1949—1983 年，自流井采卤 4 897 万立方米，兴隆场采卤 319.4 万立方米，邓关井采卤 3 858 万立方米。自贡的卤水类型主要是黄卤和黑卤，其内不仅富含 $NaCl$，还聚集了 B、Br、Li、Sr、Ba、I、K、Mg 等元素，并且含量已达到工业提取标准，卤水除盐以外的衍生品市场前景广阔。到 20 世纪 90 年代，自贡的卤水层水位明显下降，卤水开采逐渐进入保护开采模式。2000 年后，自贡的盐业矿产主要以岩盐矿为主，到 2010 年已勘探查明的岩盐矿产资源储量超过 60 亿吨，其中 $NaCl$ 储量 55.80 亿吨，占四川省最大岩矿——威西岩矿资源储量（186.74 亿吨）的 32.13%。岩盐矿产量 615 万吨（盐矿产品出口总量突破 100 万吨）、天然卤水产量（以卤折盐）缩减到 20 万吨。自贡的盐矿资源完成了从卤水到岩盐的转型升级。

自贡的天然气资源最早属于盐卤伴生资源，主要作为炼制食盐的能源使用。1966 年 1 月，国家重大科研课题"压缩天然气汽车"项目在自贡通过鉴定，同年中国第一辆天然气能源（CNG）汽车在自贡诞生。1988 年，中国第一个天然气汽车专业科研单位——自贡市天然气汽车研究所成立；1989 年，中国第一个天然气汽车加气站在自贡正式运营。从 20 世纪 80 年代开始，天然气广泛应用于自贡市民用行业，1984 年开建城市民用气化工程，1989 年市

---

① 部分数据来源于《四川省自贡市矿产资源总体规划（2008—2015）》。

区已形成长 30 公里的 7 条主干输气管道，日输出天然气 4.8 万立方米，全市居民通气率达到 70.9%。自贡除了盐伴生天然气外，近几年正在积极探索页岩气的开采与运用，其中荣县留佳镇页岩天然气开采已实现日产天然气 6 万立方米。

除盐矿与天然气外，自贡还出产煤、石灰岩、砂砾石等非金属矿产。到 2010 年，累计查明煤炭资源储量 7 809.83 万吨，现有矿山企业共 319 个，其中，大型矿山 1 个、中型矿山 6 个，小型矿山和小矿 312 个。到 2010 年，自贡市能源（煤）总产量超过 400 万吨、建筑用砂砾石产量 50 万吨、水泥用石灰岩产量 360 万吨、建筑石料用石灰岩产量 60 万吨、砖瓦用页岩产量 75 万吨、高岭土产量 20 万吨、建筑石料用砂岩（水泥配料用砂岩）产量 20 万吨、建筑用砂产量 3 万吨、玻璃用石英砂产量 3 万吨、陶瓷用黏土（水泥用黏土）产量 1.5 万吨、膨润土产量 1.5 万吨、铸型用石英砂（岩）产量 3 万吨。

自贡丰富的盐矿资源对传统盐化工产业的转型升级提供了强大的资源保障，具有较强的比较优势。

三、工匠精神传承，人才具有相对优势

自贡的盐业产业拥有近两千年的悠久产业历史，现代化工业开始于 20 世纪 30 年代。1939 年 9 月，自贡因盐设市，是全国建市最早的一批地级市，下辖 9 个区，当时城市面积为 160.9 平方公里①，人口为 23.5 万，其中有近 4 万产业工人从事盐业生产。1949 年 12 月，自贡和平解放。1950 年，自贡行政区划改为 4 个区，分别是自流井区、贡井区、大安区和郊区（后更名为沿滩区），其中自流井区、贡井区、大安区属于城市区，也是盐业生产区，城市人口中劳动力超过 80% 均为产业工人，其中直接在盐厂工作的产业工人超过 3 万人。1978 年 4 月，荣县全境从内江地区划归自贡市管辖。1983 年 3 月，富顺县全境由宜宾地区划归自贡市管辖，至此形成自贡现今 4 区 2 县行政区划，全市面积 4 328 平方公里，人口 277.6 万人，其中非农业人口 50.7

---

① 自贡市经济研究所：《自贡市情 1949—1983》，1985 年版，第 5 页。

万人。2018 年，自贡成为四川第 5 个"双百"城市，城区人口达到 116.4 万人，城市建成区面积达到 124 平方公里。自贡是一个城市化率和产业化率都比较高的城市。

自贡在手工卤盐时期对劳动力的需求极大，产业工人属于最为庞大的群体，在生产劳动过程中，产业工人充分发挥了任劳任怨、开拓创新的工匠精神。不管是"冲击式顿钻法"的发明，还是卓筒井生产流程的改进，都充满了产业工人的智慧。"三线建设"不仅为自贡带来了多元化的工业产业，更为自贡带来了丰富的具有高新技术的产业工人，因"三线建设"而内迁的职工总数超过 1 万人，具有本科学历的职工人数超过 800 人，高知识分子（教授）人数超过 100 人。高素质的产业工人、高学历的企业员工，加上内迁企业设备、规模、科技含量上的优势，极大地助推了自贡产业的发展，其工业产业的生产效率提高了 45.6%。直到 20 世纪 80 年代，自贡产业工人在城市人口中的占比在整个四川也仅次于重庆和成都。

得益于自贡工业产业的高速发展，自贡的职业技术教育在全川都名列前茅。20 世纪 80 年代，自贡大型企业大部分都建有自己的技工学校，每年都会为企业输送高质量的产业工人。除此之外，自贡还在 1982 年首创中学职业高中班，自贡市在 4 所学校试办职业高中班 5 个，招生 160 人；1983 年，将 5 所中学改制为职业中学；1985 年又有 8 所中学改制为职业中学。1990 年，自贡市高中段教育中，职业技术学校，包括中专、职业高中、技校学生规模已达 1.49 万人，占高中段学生总数的 49.96%[1]，职业技术教育与普通高中在校生之比保持在 1∶1 水平。随后几年，自贡的职业技术教育发展迅猛。到 1996 年，全市有各类职业技术学校 41 所，设专业 52 个，在校生 1.62 万人，其中自贡市釜溪职业高级中学以全省评定总分第一进入国家级重点职高行列，中等职业技术教育与普高在校生比例连续 4 年稳定在 7∶3 左右，自贡培养的技术性产业工人开始输出到沿海地区。2006 年，自贡市建立自贡职业技术学校，原自贡市工业学校、自贡市农业学校、自贡市财经学校和自贡市职

---

① 《自贡解放五十年》编委会：《自贡解放五十年》，四川科学技术出版社 1999 年版，第 225 页。

工中专、自贡市釜溪职业高级中学相继并入。至今该学校已是国家级重点中职学校、拥有 3 个省级重点专业，2 个国家实训基地，在校中职学生 7 700 余人。加快发展的现代职业教育推进了人力资源的结构性改革，具有相对的比较优势，有利于推动自贡产业转型升级。

四、历史文化底蕴丰富，新兴产业具有增长优势

历史悠久的卤盐制造、厚重的工业文明铸就了千年盐都的城市繁华，自贡历史文化底蕴厚重。

自贡的彩灯文化源于唐宋年间，史志上载："正月人日之后，各祠庙皆燃火树，各门首皆点红灯，新年灯火甚盛，一城数亭，一亭各式，其高数重，构栋雕镂，嵌灯如星，一亭燃四五百灯，辉丽万有，西人来观亦欣然，京邑所不及也。"可见在当时自贡地区的迎春灯会已经闻名遐迩。现今自贡灯会规模由小至大，品种由少至多，工艺制作由粗至精，布展由平面发展为立体，灯组由静至动，加之现代声光效技术的广泛应用，其规模之宏大、构思之精巧、制作之精细、灯景交融、层次迷离、以为奇观，自贡得"南国灯城"美誉。1987 年自贡举办第一届国际恐龙灯会经贸交易会，以灯为媒，举办了工业产品展销、物资交易、商品展销订货、经济技术洽谈、科学技术成果展示交易等 5 大类 109 个交易会，全国 29 个省、市、自治区近 3 万名客商来到自贡观灯和参加交易会，经贸成交总额达 5.6 亿元[①]，开创了文化旅游与地方产业的融合发展。近年来，自贡灯会已成为对外文化贸易的国家战略品牌，28 户企业和 10 个项目入选中宣部、商务部年度"国家文化出口重点企业和重点项目"，数量居全省第一，文化出口额连续 7 年保持近 70% 的增速，其中自贡彩灯占据 90% 的国际市场份额，年出口达 2 000 多万美元，先后在国内 500 多个大中城市和 60 多个国家及地区展出，观灯游客累计超过 4 亿人，彩灯文化贸易出口居全省传统文化产品出口前列，彩灯展览贸易额居全国第一。2018

---

① 《自贡解放五十年》编委会：《自贡解放五十年》，四川科学技术出版社 1999 年版，第 279 页。

年 6 月，自贡入选首批 13 个国家文化出口基地之一，也是四川唯一入选的基地。2018 年，总投资 275 亿元，占地面积 9 773 亩的自贡市"中华彩灯大世界"开始兴建，第一期彩灯主题公园已于 2019 年开园，2021 年实现灯展常态化，不再局限于只有春节可观灯，除制作周期外，一年有 10 个月可入园观灯。建成后的彩灯大世界将是全国最大的，集文化创意设计、彩灯制作、彩灯会展、彩灯主题公园、红色旅游、酒店度假、休闲游乐、智慧生态社区、城市配套等一体的彩灯全产业链基地、国家 AAAAA 级景区和大型国际文化艺术旅游综合体。

自贡的盐卤资源不仅吸引了来自晋、陕、粤、赣、黔、鄂、湘等省的投资者、经营者来这里开设井灶钱庄票号，而且吸引了周边及贵州、云南的劳动者来这里作工。当时常年聚集在盐都的盐商与盐工已达 20 万人左右，按不同的社会分工被称为各种行帮。百里盐场，市井繁华，酒肆林立，会馆密布。不同层次的饮食消费和嗜好汇集，不同地域的饮食文化交融，使自贡逐步形成了独具风味的盐帮菜系。盐帮菜的弘扬与发展，催生了一座有盐有味城市的蜕变。

1984 年，在自贡的大山铺地区，发现大规模恐龙化石群遗址，于当年在发掘现场建立自贡恐龙博物馆。该馆是我国第一座专业恐龙博物馆、世界三大恐龙遗址博物馆之一，馆藏化石标本几乎囊括了距今 2.05 亿—1.35 亿年前侏罗纪时期所有已知恐龙种类，是目前世界上收藏和展示侏罗纪恐龙化石最多的地方，被美国《国家地理》评价为"世界上最好的恐龙博物馆"。

随着中外游客的慕名而来，恐龙博物馆逐渐声名远播，名扬四海。迄今已接待中外游客约 1 200 万人次，受到国内外观众的极大赞誉。自贡恐龙化石还赴上海、珠海、广州、北京、福州、大同、重庆、深圳等国内 70 多座大中城市展出，所到之处同样备受欢迎，共计接待国内观众近 1 000 万人次。从 1989 年起自贡恐龙走出国门，巡游天下，相继在日本、泰国、丹麦、美国、南非、韩国、澳大利亚、新西兰等国家的 29 座城市展出，观众累计超过 2 000 万人次。2008 年，以恐龙化石群遗址为主的自贡世界地质公园被联合国教科文组织正式批准，这是四川省第二个世界级地质公园，也是中国首个以城市名命名的世界级地质公园。AAAA 级景区恐龙博物馆及世界地质公园不仅成就了自贡恐龙之乡的美誉，也是自贡一张亮丽的名片。

自贡上千年的盐业史造就了辉煌的产业文明，世界上第一口超千米深井——燊海井就是典型代表。这口盐井开凿于清道光三年（1823 年），历时 13 年凿成，井深 1 001.42 米，每天喷出万余担的黑卤，日产天然气 8 500 多立方米，烧盐锅 80 多口，到 1940 年每天还自喷黑卤 10 000 多担，产天然气 4 800 到 8 000 立方米。[1]燊海井从建成至今已经生产了快两个世纪，直到今天燊海井仍沿用古法制盐。燊海井低压火花圆锅制盐是一种古老的传统制盐工艺，制盐的主要原料为黄卤、黑卤、盐岩卤三种，燃料为燊海井自产的低压天然气，制盐的锅灶采用圆锅灶，亦称瓮笼灶。制盐工艺共分为四大流程：一是提清化净，将卤水排放入圆锅中烧热，随后把准备好的黄豆豆浆按一定比例下锅，分离出杂质，以提高盐质。二是提取杂质。三是下渣盐、铲盐。四是淋盐、验盐。1988 年，经国务院批准，燊海井正式被列为全国重点保护文物，2018 年，燊海井景区被正式列为国家 AAAA 级旅游景区。以燊海井为标志的中国钻井技术在当时遥遥领先世界，它向世界昭示了盐都儿女的勤劳智慧，是所有盐都人的骄傲，也是自贡千年制盐史的活化石。

自贡千年盐都的产业文明，带来了自贡的开放性，地方官吏、开明乡绅、热心盐商积极创办县学、书院、私塾，力图通过学堂"兴民德、开民智、鼓民力"，更多的新文化、先进思想不断地影响着盐都儿女。自贡诞生了被誉为四川历史上"睁眼看世界"第一人的宋育仁，有戊戌变法六君子之一的刘光第、同盟会的元老吴玉章、秋收起义总指挥卢德铭、长征著名将领邓萍、英雄儿女江姐（江竹筠）等诸多革命先烈。1911 年 9 月，在吴玉章、龙鸣剑、王天杰等的领导下，荣县宣布独立，成为中国第一个脱离清王朝建立军政府的县级政权，因荣县起义早于武昌起义 15 天，被誉为辛亥"首义实先天下"。2009 年，经中央批准同意，中央宣传部、中央组织部、解放军总政治部等 11 个部门联合评选了"100 位为新中国成立作出突出贡献的英雄模范人物"，

---

[1] 数据由自贡市燊海旅游开发有限责任公司提供。

自贡的卢德铭、邓萍、江竹筠位列之中。自贡丰富的红色旅游资源是周边城市很难企及的，也是自贡发展新兴旅游业的比较优势。

源于唐宋时期的彩灯文化、独特的盐帮菜系、保留完整的古盐厂、闻名中外的恐龙化石群以及丰厚的红色传统，造就了自贡得天独厚的文化旅游资源，新兴服务业比较优势明显，未来可期。

第二节　自贡产业转型面临的挑战

自贡产业的发展有其兴盛的繁荣，也有其衰落的阵痛，产业的转型升级也一直伴随着城市的发展。在新时期，自贡既有老工业城市的产业底蕴，也存在老工业城市产业发展的共性矛盾，自贡的产业转型升级面临诸多挑战。

一、传统产业负重前行，举步维艰

自贡早期的传统产业以盐业为主，中华人民共和国成立后化工产业发展迅速，"三线建设"后机械产业异军突起。盐业、化工、机械三大产业长期占居支柱性产业地位，同时也形成了以盐化、机械产业为主的，以有色金属加工、通用设备制造和建筑材料为辅助的传统工业产业。到如今，自贡的支柱产业虽然加入了新材料、新能源、节能环保、食品产业等，但传统产业仍占据了半壁江山。

自贡传统产业受历史原因影响，都有较重的负担。早期大量的企业办社会，导致传统产业在改革初期转型困难，后在政策支持下，虽然进行了副业剥离，但未能真正实现减员增效。副业剥离后的富余人员大量回流到主业部门，人力成本进一步增加，加之社保改革的遗留问题、企业职工的老龄化问题，传统产业企业人力成本负担较重。

自贡的传统产业多为重工业，改革开放后，企业投入主要靠银行贷款，不管是盐业的大型真空制盐设备，还是化工业的制碱生产设备，都属于重资产，其一次性投入成本高，回收周期长达十几年，甚至几十年。传统企业的资产负债率高居不下，长期负重前行。

自贡传统产业多属于高能耗、高污染产业，在新时期的环保标准下，企业既需要加大投入改造生产线，降低能耗，又需要新增环保设备，处理工业废水、废气、粉尘等污染。企业生产成本长期高企，负担较重。

自贡传统产业受地域和市场容量限制，基本都为外向型企业。不管是盐化产业生产的化学原料，还是机械产业的加工配件，抑或有色金属冶炼和压延加工业生产的金属胚胎产品，其产品多为产业链中的上游初级产品，技术含量低，生产工艺简单，市场同质化率高，竞争激烈，受市场波动影响较大。加之产能大多过剩，仓储、运输成本较高，市场竞争能力严重不足，企业很难获得较好的利益增值，生产经营负重前行，举步维艰。

二、新兴产业发展缓慢，难担重任

在产业转型升级过程中，准确把握市场走向，发掘新兴市场，引入新兴产业，是老工业城市产业转型升级的重要战略决策。自贡在产业转型升级过程中不断引入新兴产业，并促使其发展，但发展速度未能达到预期，新兴产业想要成为新的支柱性产业，并起到产业引领作用，还面临诸多挑战。

从20世纪90年代开始，自贡就积极引入新兴产业。1990年国家投资6 124万元建设了年产7 500吨涤纶短纤维的自贡化纤厂；1991年争取到国家"八五"时期重点建设项目——四川聚酯工程，总投资12.8亿元，1997年8月建成投产。1998年，自贡纺织行业企业有25个，其中国有企业7个，集体企业18个，从业职工9 364人，实现工业总产值8.5亿元，拥有固定资产13.8亿元，年生产聚酯切片6.6万吨、涤纶长丝0.5万吨、涤纶短丝2.25万吨、纱5.04万吨、服装200万件、制鞋100万双[①]，织袜150万双，形成了聚酯—化纤—纺织—针复制—服装鞋帽较为完备的纺织工业体系。轻纺织业是自贡"三线建设"后引入的第一个新兴产业，前期发展较好，但后期在市场竞争中未能取得领先地位，特别是聚酯行业整体转型时，自贡聚酯厂（四川聚酯股份有限公司）未能及时转型升级，最终被市场淘汰。随着四川聚酯工程和自贡纺织行业的龙头企业的衰落，自贡的第一个新兴产业轻工纺织业最终未能真正形成产业规模，未能成长为自贡的产业支柱。

"十二五"后，自贡更加注重新兴产业，特别是战略性新兴产业的引入。

[①] 《自贡解放五十年》编委会：《自贡解放五十年》，四川科学技术出版社1999年版，第50页。

自贡通用航空产业园自 2013 年与中航工业签订协议、规划建设开始，到 2016 年首架"自贡造"轻型飞机试飞成功，实现了从"提卤制盐"到"造翼飞天"的突破。2017 年，凤鸣通用机场建成取证；2019 年，获批为省级开发区，并启用"川协 5 号"空域；2020 年，获批全省首个通用机场国际航空运输航协三字代码（ZKL），获批全国首批、西南唯一的民用无人驾驶航空试验区。为加快航空产业的发展，市政府制定航空产业园招商引资引智 25 条，设立规模为 20 亿元的航空与燃机产业发展基金，全力引进培育通航企业，园区现已落地中电科特飞、腾凤无人机等重点产业项目 32 个。①但相对而言通用航空产业的市场还处于孕育期，具有产业前期投入高、发展周期长、变现能力不足等特点，短期内还很难担当产业转型升级的大任。

2020 年 7 月，自贡作为全国首批、川渝唯一，成功入选国家首批骨干冷链物流基地。这是自贡"十三五"期间重点引入的战略性新兴产业。自贡国家骨干冷链物流基地位于西南（自贡）国际陆港核心区域内，占地面积 2 423 亩。该基地主要包括川南农产品电商物流园、西南农商（国际）物流港、西南冷链智慧物流港、自贡南铁路物流基地、自贡保税物流中心（B 型）、川南现代粮食物流中心、川南海鲜及冷冻食品配料电商物流园等 7 个物流项目，于 2022 年建成并投入使用。自贡冷链物流产业有着较高的长期预期，但在短期内还有物流集散区建设、市场培育等问题，相对昆明成熟的鲜切花冷链市场等，自贡的冷链物流产业还需迎接更多的挑战。

新兴产业，特别是战略性新兴产业，大部分还处于产业生命周期论的发展期，虽然自贡的新兴产业发展整体还在培育孕育期，但一定要把握好新兴产业带来的市场机遇，加快新兴产业发展，占据新兴产业市场领头地位，力争成为自贡新的支柱性产业。

三、创新能力不足，转型升级路径单一

在自贡早期的产业发展，特别是传统制盐业的发展中，并不缺乏创新精

---

① 材料由自贡航空产业园提供。

神，不管是"卓筒井"创新技术的应用，还是"真空制盐"的发明，都充分体现了创新能力。但进入20世纪80年代后，受当时特殊时期的市场需求刺激，产品几乎不愁市场销路，自贡进入了产业高速发展期，在当时，提高产能成为所有企业技术革新的唯一动力，长期的计划经济模式让自贡的企业淡忘了市场的竞争性。进入90年代，特别是市场经济改革后，自贡的企业故步自封、保守观望，甚至不敢直面市场竞争，体制机制的改革推行缓慢，市场意识薄弱，地方保护意识长期存在，开放程度明显不足，错失了市场经济改革初期的宝贵发展期。在这样的历史条件下，自贡传统产业的创新思维和沿海城市有较大差距，产业创新能力不足。

首先，体制机制创新上动力不足。有一定的守旧思想，加之容错机制不健全，故在其产业的整体转型升级上持观望态度，不愿主动创新。哪个产业发展困难，若有大型企业在其中，就出台相应政策，给予适当扶持，治标不治本。而对有一定发展潜力的新兴产业，因多为小型企业，就不闻不问，任其自生自灭。很少从市场角度出发，从产业发展规律出发，深入研究适合本地产业转型升级的实践路径，产业发展规划实践价值缺失，最终导致产业转型升级多为"打补丁"模式。

其次，企业自我创新能力不足。有些传统产业企业发展困难，习惯拖欠债务，寻求政府解决问题，而不从产品本身找问题，不从市场竞争中寻找根源。加之传统产业企业负担较重，投入产品研发的资金非常有限，产品研发创新能力严重不足。缺乏对新兴市场的创新开拓能力，单纯追求自身市场份额，不断降低产品价格，利润率严重下降。企业创新能力不足，易导致企业形成恶性循环，转型升级难度进一步增大。

新一代信息技术正在推动新一轮科技革命，产业的数字化融合、智能工厂的建设、科技创新能力的提升，都是产业转型升级的关键。自贡的传统产业企业全面推动"两化"互动的屈指可数，有不少企业还保持着较为原始的生产线，普工仍是企业主要的劳动力，生产力低下，生产效率提升有限，产业转型升级很难实现跨越发展。

2020年，全市规模以上工业研发经费投入强度仅为0.94%，低于全国

（2.23%）、全省（1.87%）的平均水平，与绵阳（6.52%）、德阳（2.9%）、成都（2.66%）①差距明显，科技创新能力仍显不足。

现今创新驱动发展已经上升为国家战略，作为一个老工业城市，在转型升级的过程中，必须将创新内化于心、外化于行，将创新作为新的发展动力，全方位地推动创新，促进自贡产业的转型升级。

四、资源利用率低，未能形成产业集群

在市场竞争已经白热化的今天，一个产业的发展已经不能只依附于一两个龙头企业、几个拳头产品，单一的市场份额或市场占有率只能表现企业的阶段性发展，若想在市场中占据领先地位，必须走完整产业链发展模式，形成产业集群，只有这样才能引领产业发展，企业才能成为产业领头羊，在市场中立于不败地位。自贡不管是传统产业还是新兴产业，都还未能形成产业集群，产业转型升级还在路上。

自贡的传统产业制盐业，因发展历史悠久，本地盐卤资源丰富，是最接近形成产业集群的产业。在手工卤盐时期就拥有从资源勘探到钻井采卤，从卤化蒸发到去糟提纯全套食盐制造工艺流程，涉及的工种多达20余种。进入现代工业后，从明火烧制到真空制盐，从单一食盐到化工用盐，制盐工业化水平已居世界领先地位。1983年，全市盐业从业人员达2.6万人，占当时全市职工人数的13.1%②。自贡的制盐业虽然拥有井矿盐产业集群，但因其特殊性，在整个产业链上相对独立，仅是制盐行业的一个分支，未能形成完整的产业集群。在市场开放后，井矿盐制造成本远高于海盐与湖盐，在产量规模化的化工盐市场上明显处于劣势。

自贡"三线建设"时期内迁的企业，大多都是行业的领军企业，按理说形成产业集群是有一定基础的。但因历史原因，"三线建设"后期的区域经济发展战略未能实施，配套企业大部分未能随步内迁，导致"三线"内迁企

---

① 自贡市人民政府办公室：《自贡市推动制造业竞争优势重构"产业名城"工作方案》（自府办发〔2021〕25）。

② 自贡市经济研究所：《自贡市情1949—1983》，1985年版，第205页。

业成为"两头在外"的孤岛企业,产业链横跨东西南北,产业集群错失黄金发展期。改革开放后,市场竞争加剧,运输成本高企,自贡的"三线"内迁企业面临着转型升级困局。

自贡在"十一五"和"十二五"期间,虽然加大了新兴产业的引入,但引入的产业以短期收益明显、见效快的产业为主,比如聚酯产业、电力绝缘体产业、建筑耗材产业等。虽然短期内这些产业能有效促进自贡的经济发展,但这些产业也已经属于成熟产业,市场已处"红海"状态,产业发展的集群化很难形成,后期可持续发展能力较弱。

产业发展若要形成集群效应,在产业转型升级中要有长期战略思维,要集中土地、劳动力、资金等生产资源,充分发挥市场在资源配置中的主导地位,提高资源的利用率,有的放矢逐渐形成产业集群,产生规模效应,促进产业转型升级。

五、城市竞争力不强,招商引资困难

自贡虽然建市早,但受地理因素影响,城市竞争力不强,招商引资困难,产业转型升级活跃度处于劣势。

自贡地理面积全川最小,土地资源非常有限,工业用地紧张,现如今只能通过提高城市化率、增加城市用地、建立工业园区米缓解用地难问题。但这种模式会增加企业落户的基建周期,也会增加用地成本,在市场瞬息万变的今天,外地企业都希望快速入驻、快速投产,自贡的用地难阻碍了城市的招商引资。另外,自贡的财政状况近几年并不理想,对引入企业的配套资金支持与其他城市相比也不占优势,这些因素都影响了城市的竞争力。

自贡的城市人口虽然基数较大,但增长缓慢,总人口虽有所增长,但增速明显低于周边城市,特别是 2000 年以后,大量人员外出务工,常住人口不增反降。到 2021 年第七次人口普查时,自贡常住人口下降到 248.9 万,在全省排名第 15 位,占全川常住人口比重从 2010 年的 3.33%下降到 2.98%。人口性别比为 99.02,男性人口少于女性人口。60 岁及以上人口为 680 687,占全市总人口的 27.34%，①是四川省人口老龄化程度第二高的市州。劳动力是一个城市的基本竞争力，自贡的人口结构明显偏差，劳动力与周边城市相比不占优势，对产业转型升级的健康发展是不利因素。

自贡市近年来城市基础设施建设发展迅速，成功创建全国文明城市和国家卫生城市，市容市貌有了很大改观。但因处川西南，水资源极其匮乏，是全国最缺水的城市之一。本地无大型发电厂，工业用电均使用国家西南电网，用电用水成本相对较高。自贡并非铁路、水路、航空等的核心枢纽，不具有交通优势。加之自贡是一个老工业城市，而且还是以重工业为主，气候又属于盆地气旋窝带，空气污染治理成本高、成效不明显，环保压力大，整体环境处于劣势，也影响了城市的竞争力。

自贡并不具备先天地理优势，在城市竞争力上应该寻求差异优势，发挥好自己老工业城市的产业基础，对标开放的沿海城市，着力提升营商环境，因地制宜为自贡的产业转型升级引来可持续发展的新兴产业。

---

① 四川统计局：《四川省第七次全国人口普查公报》，2021 年 5 月 26 日。

第三节 他山之石，可以攻玉

全国需要产业转型升级的老工业城市达 120 个之多，除此之外，许多沿海发达城市已经完成了产业的转型升级。深入分析其他城市产业转型升级的成功案例，对自贡这样的一个千年盐都、老工业城市的产业转型升级有着非常大的借鉴意义和实践意义，他山之石，可以攻玉。

一、创新产品，做强传统产业，引领市场[①]

2017 年，在国家环保政策的持续高压推进下，瓷砖行业产量显现出了下滑势头。2017 年，我国瓷砖行业总产量为 101.5 亿平方米，同比下降 1.05%。但市场占有率最高的广东瓷砖产业，却实现了逆势增长，达到了 27.03 亿平方米，比 2016 年增长 14.88%。广东省佛山市作为广东唯一的瓷砖集群生产基地，其瓷砖产业长期在佛山产业中占支柱地位，早在 2014 年，佛山市就启动了传统瓷砖产业的转型升级。

2014 年，国家开始加强建筑建材行业的环保治理力度，佛山陶瓷企业在政府的支持下，相继推动企业排污治理，企业投入资金研发绿色环保产品，并开始向"绿色工厂"转型，是行业内最早进行环保转型的瓷砖集群。在转型的初期，因生产成本提高，在市场中销量有所下滑。从 2016 年开始，国家对陶瓷企业的环保治理更加严格，湖南、贵州、辽宁以及河北，均成为环保治理的重灾区，而 75% 被审查的陶瓷企业更是被处以停产处罚。而佛山陶瓷企业却一次性通过环保评测，成为当时全国唯一整体通过环评的瓷砖集群。2017 年外省陶瓷企业的停产给予了广东佛山瓷砖产业发展的机遇，市场增长成为必然。

佛山瓷砖产业不仅积极应对环保治理，发展"绿色工厂"，还在行业内

[①] 部分数据来源于前瞻产业研究院发布的《2018—2023 年中国瓷砖行业产销需求与市场前瞻分析报告》。

率先进行了智能化产业转型。2016年，佛山瓷砖产业开始实施"机器换人"战略，龙头企业蒙娜丽莎集团于2017年建成全国首个智能化陶瓷薄板生产线，实现无人化生产。产业智能化建设步伐的推进，一方面提高了企业的生产效率；另一方面可以升级生产工艺，以促进产品质量、工艺的升级换代。同时智能化建设有利于促进企业的环保生产，也巩固了佛山瓷砖产业在市场中的领先地位。

佛山瓷砖产业在转型升级过程中，不断寻求新的融资模式，从传统的以向银行贷款融资为主的模式向上市融资模式转换，佛山市政府出台了一系列的上市优惠政策，通过补贴、奖励等方式降低企业改制上市成本，并对重点培育的拟上市企业实行领导挂钩联系、跟踪服务。同时，为企业开辟改制上市"绿色通道"，在全省首创《佛山市企业上市绿色通道证管理办法》。加之佛山陶瓷企业本身已完成绿色智能化的转型升级，其经营指标、环境指标等均大大超过行业平均值，企业实力不断增强，也加速了其上市历程，目前已有多家佛山陶瓷企业成功上市。

佛山市促进传统产业瓷砖产业转型升级的过程中，通过积极推动企业环境治理，夺取政策先机；通过产品研发、智能化工厂建设，在同行业中步步为"赢"，通过企业上市，获得融资良性循环。佛山市传统产业的转型升级已经实现了市场领先战略，确保了市场优势，保证了瓷砖产业的可持续发展。传统产业如何转型升级，佛山市可以为鉴。

二、创新市场，果断转型，二次升级

湖南株洲，一座承载了新中国工业荣光的老工业城市，在20世纪90年代也曾经面临产能过剩、结构老化等共性难题，其传统产业冶炼、化工和传统机械装备业相继出现产业衰退。因长期粗放式发展，全市最大的位于老城区的清水塘工业区基础设施老化、落后产能集中、环境污染问题突出。2003年、2004年，株洲连续被列入"全国十大空气污染城市"。

株洲市在产业的转型升级过程中，壮士断腕，关停老城工业区的传统企业，截至 2018 年年底，清水塘老工业区已全面完成所有工业企业的关停，基本完成了 1.3 万户、3 万人的避险居民的搬迁安置，"腾笼换鸟"建设生态新城，提高城市竞争力。在产业转型升级过程中，大刀阔斧，对其传统金属冶炼产业进行了整体退出战略；对化工产业实行优化结构、减少基础化工品产能，提高高精尖产品的研发和生产；针对装备制造业，更是走出一条创新市场、果断转型、二次升级的成功路径。

株洲被人称为"火车拖来的城市"，因为在株洲的传统产业中，第一支柱产业就是电力机车装备制造。早期的株洲主要以电力机车零配件加工及机车装备为主，传统的铁路电力机车在进入 20 世纪 90 年代中期后，需求开始下降，株洲市第一支柱产业迅速衰退。株洲通过对市场的分析，发现高速轨道交通必将取代传统的低速轨道交通，传统的电力机车必将被动力更加强劲、速度更快的新式电力机车取代。而当时我国的高速动车组基本上通过进口，自主研发的还不多，株洲市抓住契机，加大科研投入，全力转型新型高速电力机车的研发、生产、制造。随后株洲市全力实施制造强市计划，出台了一系列鼓励和刺激政策，做大做强轨道交通、航空、新能源汽车三大动力产业，举全市之力打造"中国动力谷"。株洲通过果断的二次转型，成功抢占了高铁这一新兴产业市场，形成了新的增长引擎，产业模式也由以前的以加工、装配为主的粗放式劳动密集型转为更具活力的科研创新型。

如今，装载株洲动力系统的高铁已达 1 200 余列，在"复兴号"上，更是装载着由株洲自主研制的牵引辅助变流器、网络控制系统、显示器、充电机、无线数据传输装置、轴温实时监控系统、转向架失稳监测装置等八大子系统。株洲自主研制的动力核心系统，继高铁、地铁列车之后，装配到了首艘国产近海豪华游轮"大湾区一号"上。目前，株洲中国动力谷自主创新园的企业累计研发投入 4.18 亿元[①]，申请和正在申请的知识产权超 1 300 项，平均每家企业拥有 6 项知识产权。

株洲的产业转型升级在科技创新方面，采用了引进技术、消化吸收与坚

---

① 数据由株洲市高新区管委会提供。

定自主创新不动摇的双轨制模式，避免了陷入"引进—落后—再引进—再落后"的单一投资转型模式。高铁永磁牵引系统技术就是在这一模式下，株洲坚持自主创新的成果，这是未来高铁的发展方向，全球只有几个国家掌握了永磁高铁技术。

株洲市连续 9 次被评为全国科技进步先进城市，成功跻身"国家自主创新示范区""国家知识产权示范城市"。2020 年，株洲市全社会研发投入占 GDP 比重超过 3%，高新技术产业增加值增速达 13.8%，均居湖南省第一；高新技术产业实现总产值 2 842.4 亿元，实现增加值 873.9 亿元，分别较上年增长 14.7%和 13.8%；高新技术企业数达到 726 家，技术合同交易额 150.8 亿元；万人发明专利拥有量为 17.55 件[①]，超过湖南省平均值 2 倍。株洲市科技创新产业转型升级模式，值得所有老工业城市借鉴与学习。

三、做强产业链，打造产业集群

西南地区最大的老工业城市非属重庆不可，这座山城曾一度是中国最重要的重工业城市。重庆在中华人民共和国成立前就有良好的工业基础，1937 年抗日战争全面爆发，金陵兵工厂（长安机器制造厂）迁至重庆；中华人民共和国成立后重工业、汽车工业发展迅速，1958 年长安机器制造厂生产出第一辆长江牌 46 型吉普车；"三线建设"时期，重庆以自身较强的工业实力和优越的地理位置，成为兵工企业"三线建设"的主战场，1965 年，四川汽车制造厂在重庆双桥落户，成为我国重型军车生产基地；改革开放后，重庆工业突飞猛进，特别是汽车工业，几乎占了半壁江山；1997 年重庆被划为直辖市，汽车制造业凭借之前的发展基础毫无悬念地成为重庆支柱产业；2001 年 4 月，重庆长安集团与美国福特"联姻"，成立了长安福特汽车有限公司。改革开放 40 多年来，汽车工业作为重庆的经济支柱形成了涵盖 10 多家整车企业和 1 000 多家规模以上配套企业的产业集群，到 2017 年，重庆汽车产量

---

① 株洲市统计局、国家统计局株洲调查队：《株洲市 2020 年国民经济和社会发展统计公报》，2021 年 3 月 15 日。

299.82 万辆①，全国占比高达 10.33%。重庆的传统产业汽车产业在通过多次转型升级后，已经建立了产业链，形成了产业集群，市场竞争力大幅提升，处于领先地位。

重庆作为一个老工业城市，在改革开放后，也不断寻求产业的转型升级。在被划为直辖市后，重庆将产业转型重心转移到高新科技电子信息产业上，重庆加大了电子信息产业的招商引资，但因为电子信息产业在沿海城市基本已完成战略布局，加之地处西南并不具有地理优势，重庆的电子信息产业发展遇到了诸多困难。2008 年，重庆进一步加大信息技术（IT）产业的引入，转变思维模式，一改之前的引入龙头企业的作法，改为引入整个产业链，打造产业集群的战略布局。2009 年，重庆计划引入当时全球最大的笔记本电脑生产商美国惠普公司，为满足运输其产品配件的飞机波音 747 全货机满载运行，将正在建设的重庆江北国际机场原设计长度为 3 200 米的第二跑道，加长为 3 600 米。为实现整个笔记本电脑产业链的引入落户，重庆紧锣密鼓，继惠普后，富士中国 IT 制造重心西移重庆，全球最大电脑零部件代工厂富士康落户重庆，全球最大的笔记本电脑代工厂广达集团在重庆建设其内地最大的生产基地，英业达、希捷等全球 IT 巨头相继而来，现今已有 73 家笔记本电脑全球产业链企业落户重庆。

至 2019 年，惠普从重庆出厂的电脑设备已超 2.1 亿台，借助 2011 年开通的中欧班列（渝新欧）销往广阔的国际市场，重庆已经成为惠普全球最大的笔记本电脑生产基地；华硕电脑重庆生产基地，每年下单计算机已超 1 200 万台，占其全球订单量的 77.2%，华硕全球 85% 的笔记本电脑产自重庆。2019 年，重庆生产笔记本电脑 6 422.3 万台②，连续 6 年成为全球最大的笔记本电脑生产基地，产量约占全球的 40%。

重庆在引入 IT 产业时，注重全产业链的打造，有效地节约了笔记本电脑

---

① 重庆市统计局、国家统计局重庆调查总队：《2019 年重庆市国民经济和社会发展统计公报》，2020 年 3 月 17 日。
② 重庆市统计局、国家统计局重庆调查总队：《2019 年重庆市国民经济和社会发展统计公报》，2020 年 3 月 19 日。

零配件全球采购的物流成本，有效发挥了西南地区劳动力成本相对低廉的优势，而产业集群的健康发展又有效奠定了产业的市场优势。重庆采取的做强做全产业链，打造产业集群，保持领先战略的产业转型升级模式非常具有借鉴意义。

四、整合资源，提升城市竞争性，引来"金凤凰"

四川省宜宾市，以白酒五粮液而闻名，有"中国酒都"之称，传统产业白酒业市场地位牢固，处于领先地位。除白酒产业外，宜宾也是一个老工业城市，化工、纺织、核工业、装备制造都曾经占据过支柱地位。宜宾市的产业转型升级主要以壮大核心白酒产业、强势引入新兴产业为主，以期打破单一的以白酒产业为支柱的产业局面，发展多元化产业并存的转型升级之路。

作为一个深处川南腹地的老工业城市，宜宾想要强势引入新兴产业，必须整合全市资源，提升城市竞争力，方可引来"金凤凰"。

宜宾科教发展一直是城市发展的薄弱环节。2016 年以前，宜宾市只有 1 所本科院校和 1 所高职院校，在校大学生 2.5 万人，每万人拥有大学生 45.8 人，处于全省落后水平，与城市的高质量发展和产业转型升级的需求极不适应，对城市竞争力的不利影响非常明显。为破解宜宾科教发展短板，提升城市竞争力，着眼未来长远发展，在国家级临港经济技术开发区，宜宾市高起点规划 36 平方公里的大学城和科技创新城。2017 年 2 月，首个入驻大学城的四川轻化工大学宜宾校区开始建设，仅用 6 个多月便完成一期工程建设，当年就实现了招生办学；西华大学宜宾校区（一期）从动工到开学用时 9 个月，电子科技大学研究生院宜宾分院从动工到建成用时 10 个月，四川大学宜宾园区从动工到建成用时 5 个月……"宜宾高教"引人钦羡，"宜宾速度"让人惊讶。今天，已有四川大学、电子科技大学、西南财经大学、西南交通大学、西华大学、四川轻化工大学、成都理工大学、宜宾学院和成都工业学院等川内学校在宜宾设立研究院或者校区,宜宾已经与 18 所高校签订合作协议，与 15 所高校签署落地协议，其中不乏有中国人民大学、同济大学、哈尔滨工业大学等全国名校。2020 年，宜宾在校大学生已超过 10 万人，留学生人数由零突破到 50 余个国家的 600 余人①。经过 3 年的建设，宜宾市高校数量仅次于成都，居全省第 2，实现了科教发展的逆袭反超。借助大学城和科技创新城的建设，宜宾市成立了四川省智慧信息产业技术创新战略联盟、智能云谷创新研究中心，与四川省教育厅开展厅市共建"四川省深化产教融合创新试验区"，引导高校和本地企业校企共建"产教融合战略基地"，加快构建政产学研用紧密结合的协同创新体系。这一系列的发展举措，有效地提升了宜宾市的城市竞争力，为产业的高质量转型发展提供了动力源泉。

在工业能源上，宜宾市具有先天优势，金沙江水资源丰富，向家坝水电站的建成更使宜宾的工业用电成本极具竞争优势。向家坝水电站位于云南省昭通市水富市与四川省宜宾市叙州区交界的金沙江下游河段上，是金沙江水电基地最后一级水电站。2006 年 11 月正式开工建设，历时 8 年，2014 年 7 月全面投产发电。电站装机容量 775 万千瓦（8 台 80 万千瓦巨型水轮机和 3 台 45 万千瓦大型水轮机），年平均发电量 307.47 亿千瓦·时②。静态总投资约 542 亿元，动态总投资 519 亿元，是中国第三大水电站、世界第五大水电站、西电东送骨干电源点。向家坝水电站的技术经济指标十分优越，每千瓦投资不到 5 000 元，上网电价有很强的竞争力。

为打造一流营商环境，宜宾市政府建立"保姆式"全方位服务体系，为企业提供终身 24 小时保姆专员服务。每个入驻企业，都会配备数名保姆式服务专员，为企业提供一对一的全程服务，政府赋予服务专员有效调动资源的能力，从而提高了资源整合效率。为了更好地全心全意服务于企业，2019 年年底，宜宾市升级"保姆式"服务为"妈妈式"服务，更加注重政府对企业的责任担当，更加注重哺育呵护企业成长，千方百计为企业排忧解难，企业有困难随叫随到，倾力排忧解难。

宜宾市通过强势引入科教资源，补齐发展短板，充分运用能源优势，加强服务素养，有效提升了城市竞争力。招商引资水到渠成，近年来宜宾市引

---

① 数据由四川省宜宾市教育和体育局提供。
② 数据由宜宾市水利局提供。

入 500 强企业、行业领军企业等 98 户，到位国内省外资金 1 900 亿元。奇瑞、凯翼新能源汽车、朵唯智能云谷、苏格电子等企业相继落户宜宾。2019 年，宜宾市充分发挥工业用电便宜的资源优势，成功引入时代动力电池产业项目，四川时代是全球最大的动力电池生产商宁德时代新能源科技股份有限公司的全资子公司，该项目总投资 100 亿元，占地 1 000 亩，已于 2019 年 12 月开工建设。2021 年 6 月，四川时代动力电池一期项目正式投产运营，该项目全面投产后，年产值可达 600 亿元，连带配套产业产值 1 000 亿元①。以锂电池为主的新能源产业有望发展成为宜宾新的支柱产业，极大地推动了宜宾市产业转型升级的速度。宜宾市充分整合资源，提升城市竞争性，全心全意服务企业，最终引来"金凤凰"，助力老工业城市转型升级，其一系列举措值得学习。

老工业城市的产业转型升级中，不管是传统产业的创新发展，还是新兴产业的引入，企业本身的努力是一个方面，政府的强势介入也非常有必要。传统产业必须创新发展，确定市场领先地位，才能实现产业升级的成功；战略性新兴产业的引入必须建立在一流的营商环境和强大的城市竞争力基础上；全产业链的集群式发展是未来产业发展的方向，有利于形成市场优势地位，促进产业的转型成功。城市产业的转型升级是一个长期而系统的工程，不仅自身要久久为功，坚持定力，还要开放进取，勇于学习借鉴，他山之石，可以攻玉。

---

① 数据由宜宾市发展和改革委员会提供。

第六章 正在演进中的自贡产业转型①

自贡市产业从"十五"扭转颓势,"十一五"进行产业转型升级的探索,到"十二五"时期,转型升级思路逐步清晰,通过调整产业结构,促进工业和服务业"双轮驱动",以创新为动力培育发展高新技术产业。"十三五"期间,自贡产业升级进入"快车道",演进速度明显加快。

第一节 产业规模总量持续增长

2020年自贡市地区生产总值达到1 458.44亿元,"十三五"期间年均增长7.3%②,高于全国、全省平均水平。人均地区生产总值达到5万元,提前两年实现了地区生产总值比2010年翻一番。经济总量的高增长,得益于产业规模总量的持续增长。

一、工业产业规模持续增长经济效益不断提高

自贡作为一个老工业城市,从"十二五"到"十三五"期间,工业增加值实现了持续而稳步的增长。

"十二五"期间,特别是前三年,工业增加值保持了两位数的高速增长:2011年工业增加值为413.75亿元,增长21.8%;2012年,工业增加值为488.44亿元,增长16.8%;2013年,工业增加值为546.17亿元,增长11.3%。2014年,中国经济进入新常态,GDP增速由高速增长向中高速增长转变,全国工业产业相继出现产能过剩、库存高企等问题,国家推动供给侧改革,采取了调结构、去产能、去库存等一系列改革措施。2014年,工业增加值为580.68

---

① 第六章统计数据按当年价格计算。
② 《自贡市人民政府2021年政府工作报告》,2021年2月5日。

亿元，增长 7.7%；2015 年，工业增加值为 605.02 亿元，增长 7.9%。①虽然 2014—2015 年自贡市工业增加值有所回落，但仍保持了近 8% 的增长。"十二五"期间自贡工业年均增加值为 526.81 亿元，年均增长率为 13.1%，对经济增长的贡献率最高的 2011 年达到 73.3%，最低的 2015 年也达到 53.4%，是拉动经济增长的绝对力量。

"十三五"期间，在产业结构调整的背景下，工业增加值比"十二五"期间有所回落。其年均增加值为 509.78 亿元，年均增长率为 7.5%。其中最高年份是 2018 年，全年工业增加值为 567.35 亿元，比上年增长 8.9%；最低的是受疫情影响的 2020 年，因工业企业未能实现全年生产，工业增加值下滑到 406.49 亿元②，比上年增长 5.0%。"十三五"期间，工业增加值对社会经济增长的贡献率由 40.8% 提高到 49.4%。整体来看，从 2011 年到 2020 年，自贡市工业增加值较为稳定，增加率高于经济增速，第二产业增加值对经济增长的贡献率占比长期超过 45%，工业仍然是自贡市经济增长的主要动力。

二、规模以上企业实现增加值与利润双丰收

"十二五"和"十三五"期间，规模以上工业③，年均实现增加值增长 12.25%。10 年间增长最快的 3 年分别是 2011 年、2018 年和 2012 年，分别增长了 23.5%、21.8% 和 17.35%。增速达到两位数的有 4 年，增速相对较差是 2020 年，增速 5.1%。

规模以上工业企业 10 年间共实现营业收入 14 605.24 亿元，年平均增速 13.37%，营业收入持续保持较高增速。工业产品销售率年均 98.56%，保持较高的水平。规模以上工业企业利润（盈亏相抵后）受市场及一些特殊年份的影响，增速相对波动较大。实现利润正增长的年份一共有 7 个，其中 2011 年利润增长高达 82.1%，2017 年利润增长 34.2%，2020 年利润增长 32%，2012 年利润增长 23.1%，都属于增速较快的好年份。2013 年利润下降 7.6%，是 10 年间规模以上企业利润最差的一年，另外 2015 年和 2016 年利润也是负增长，分别下降了 5.7% 和 3.4%。虽然规模以上企业的利润增长有所波动，但

---

① 自贡市统计局：《自贡市统计年鉴 2016》，第 50 页。
② 自贡市统计局、国家统计局自贡调查队：《自贡统计年鉴 2021》，第 36 页。
③ 年主营业务收入 2 000 万元以上企业。

整体而言仍呈现较为健康的发展趋势，年均利润增长 17.98%。①

"十三五"期间，在联合国公布的 41 个工业大类中，自贡市工业生产经营活动类别共 32 个大类。集聚工业企业 2 568 户，其中规模以上工业企业首次突破 600 户，达 614 户。规模以上工业增加值增速在全省的排位由 2016 年的全省第 16 位提升至第 4 位。2020 年从收入来看，全市规模以上工业企业实现营业收入 1 200.89 亿元，同比增长 6.1%，比全省高 0.6 个百分点，居全省第 8 位，川南第 3 位。利润总额 67.95 亿元，同比增长 32.0%，比全省高 18.6 个百分点，居全省第 4 位，川南第 2 位，其中泸州增长 33.1%、宜宾增长 10.4%，内江增长 17.0%。从分行业看，2020 年全市 32 个行业大类，营业收入呈正增长的有 22 个，增长面达 68.8%，比前三季度提升 12.5 个百分点。利润总额呈正增长的有 20 个，增长面达 62.5%，比前三季度提升 9.4 个百分点。②

三、经济效益不断提高

工业产业规模的持续增长，保证了自贡市经济稳定而快速的发展，经济效益也得以不断提高。全市财政总收入从"十二五"初 2011 年的 99.45 亿元增长到"十三五"末 2020 年的 214.76 亿元。全年税收收入比 2011 年的 50.68 亿元，增加到 2020 年的 82.07 亿元。其中从 2011 年到 2018 年都保持了财政总收入和总税收的持续增长，2019 年和 2020 年稍有回落。特别是 2018 年达到了历史的高点，2018 年全年财政总收入为 248.40 亿元，比上年增长 39.2%，其中，地方一般公共预算收入（含两县）为 60.41 亿元，增长 13.5%。一般公共预算支出（含两县）为 242.27 亿元，增长 8.7%。2018 年的全年税收收入达到 90.92 亿元，其中，国税收入（含海关代征）53.93 亿元，增长 5.6%；地税收入 36.99 亿元，增长 25.3%。③

---

① 数据由自贡市统计局提供，经整理、计算所得。
② 自贡市统计局：《企业生产经营向好工业效益增速加快——2020 年规上工业效益分析》，2021 年 4 月。
③ 数据来源：自贡市财政局。

第二节　产业结构调整，不断推进经济结构进一步优化

自贡作为一个老工业城市，工业增加值在 GDP 中长期占据较大比例，从 2011 年开始，自贡推动产业转型升级，不断调整产业结构，经济结构得以进一步优化。

一、"优二兴三"产业结构趋于平衡

自贡自 1939 年建市以来，全市产业结构出现了四次调整升级。1952 年，全市经济以农业为主，地区生产总值的三次产业结构比重为 48.2∶21.8∶30.0。20 世纪 60 年代，特别是"三线建设"后，全市积极推动第二产业工业的发展。1965 年，第二产业比重超过第三产业，产业出现第一次升级，三次产业比重调整为 42.0∶31.7∶26.3。1975 年，第二产业再次升级，超过第一产业，三次产业比重调整为 37.2∶37.7∶25.1，在其后长达 43 年间，自贡的第二产业在 GDP 中都占支柱地位，自贡成为名副其实的工业城市。改革开放后，随着消费市场的形成，第三产业服务业开始崛起，全市加快了产业调整步伐。1992 年，服务业超过第一产业，三次产业比重调整为 30.0∶36.1∶33.9，实现了第三次产业结构调整。2017 年，自贡以获得全国首批、四川唯一的"老工业城市转型升级示范区"为契机，围绕"5+1"现代产业体系，实施"优二兴三"和"再造产业自贡"战略，在产业结构上，更加注重发展优势工业产业，壮大服务业。2018 年，自贡迎来了第四次结构调整，第三产业服务业占比超过第二产业，三次产业比重为 14.4∶40.0∶45.6。

2020 年，三次产业结构进一步调整为 15.9∶38.9∶45.2[①]，与 1952 年比，第二、三产业比重分别上升了 17.1 和 15.2 个百分点，基本形成了农业基础稳固、工业生产全面提升、服务业全面发展的格局。

---

① 自贡市统计局、国家统计局自贡调查队：《自贡统计年鉴 2021》，第 3 页。

二、"双轮驱动"提高产业融合度

2019年，自贡实施"双轮驱动"战略，突出以航空与燃机为切入，推动高端制造业发展，以文旅融合为切入，推动高端服务业发展，并以此为契机，大力推进产业结构调整，提高产业融合度，推动产业转型升级。

三次产业结构对经济增长贡献率在"十三五"期间发生了根本变化。2016年前，自贡的经济增长主要靠第二产业，以工业为主的第二产业对经济增长的贡献率长期保持在60%以上。2017年，第二产业对经济增长的贡献率比上年下降12.7个百分点，下滑到48.4%。同年第三产业对经济增长的贡献率大幅上涨12.6个百分点，从上年的33.2%上涨到45.8%。到2019年，第三产业对经济增长的贡献率首次超过第二产业，达到47.1%。第二、三产业对经济增长贡献率趋于平衡（见图6.1）。

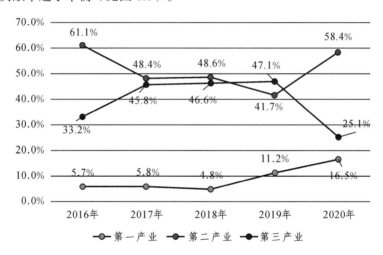

图6.1　自贡2016—2020年三次产业对经济增长贡献率[①]

"双轮驱动"发展战略还促进了产业的相互融合，特别是第二、三产业的融合，主要表现在自贡大力推动专业市场综合体转型发展，从第二产业的生产资料市场向第二、三产业融合发展的综合服务体市场转型，红星美凯龙、

[①] 由2016—2020年自贡市国民经济和社会发展统计公报相关数据整理所得。

富森美家居等专业市场也竣工投用。紧扣消费升级趋势、多元化发展服务产业，依托专业市场培育汽车、二手车、建材、家具、装饰等 28 种热点消费品类，在专业市场中引入观光娱乐项目、商业综合体，带动消费内容、服务品质的提升。同时也盘活了存量的土地资源，地产价值得以提升。"十三五"期间，自贡的现代服务业加速发展，形成了自流井—大安商圈、汇东—南湖核心商圈、东部新城区商圈、特色商业街区等，建成了万达、爱琴海等城市综合体，并正式营业，商业服务能力得以提升。夜间经济、医养康养、体育消费、家庭社区服务等新兴服务业正蓬勃发展。

"十三五"期间，自贡旅游以打造国际文化旅游目的地为发展目标，在近几年取得了重大进展。2018 年，自贡被认定为全国首批国家文化出口基地，是成渝地区双城经济圈唯一获此殊荣的城市，中华彩灯大世界一期顺利开园，投资 31 亿元的恐龙文化科技产业园主体完工，釜溪夜游精彩亮相，城市超级品牌成功推出，新增 AAAA 级景区 5 个。以全国唯一的城市菜系"盐帮菜"为主的餐饮服务业加速发展，2019 年 2 月，中国饭店协会授予四川省自贡市"中国盐帮菜之乡"称号。自此，自贡市盐、龙、灯、美食四张城市名片都有了"国"字头的荣誉称号。到 2020 年，全市文旅产业法人单位 2 000 余家，规模以上文化企业 76 家，主营业务收入达 80 亿元，产业融合发展质效进一步提升，旅游总收入达 440 亿元。①

三、乡村振兴推动第一产业扩展发展

"十三五"期间，自贡大力推动乡村振兴战略。举全市之力打赢脱贫攻坚战，113 个贫困村全部退出贫困村序列，15.1 万贫困人口全部脱贫。大力修建乡村集中居住区，2.3 万贫困户喜迁新居；87.7%的贫困人口集聚在产业链上，人均收入增长 3 倍，绝对贫困全面消除。

在打赢脱贫攻坚战的基础上，自贡还大力推动产业乡村振兴计划，发展规模化农业生产，根据自身优势，积极推动经济作物的生产和加工，以村镇

---

① 数据来源：自贡市文化广播电视和旅游局。

集体经济为主，形成第一、二产业融合的农产品深加工产业链。自贡荣县发挥自身川南优质早茶区地理优势，充分利用春茶开园时间早、采摘质量好的优势，大力发展茶叶生产、加工产业链，打造出了一批知名茶品牌。到2020年，荣县共有茶园面积17.7万亩、年产茶1.36万吨，综合产值达11.4亿元[①]，已培育茶叶省级龙头企业3个、加工企业33个，创建龙都、绿茗春、春兰芗、黄金叶等茶叶商标10余个，开发花茶、绿茶等各种茶叶产品100余个，年加工能力可达3.5万吨，加工水平位居全省前列。同时，荣县还构建以加工龙头企业为主导，以合作社及经济人为纽带，以产品及品牌营销为核心，3.3万户茶农广泛参与的产业发展模式和利益联结机制。目前，荣县的茶叶远销省内外，出口摩洛哥、俄罗斯、印度尼西亚等国，茶农户均种茶收入达3万元以上。

自贡市还推动新一代信息技术在农产品生产销售中的融合应用，形成第一、二、三产业融合发展的现代农业生产销售模式。自贡市贡井区成佳大头菜标准化示范区采用专业合作社方式，采取"龙头企业+合作社+基地+农户"的模式，实行产前、产中、产后"五统一"标准实施，无公害率达到100%，示范区大头菜商品化处理率达到95%以上，全镇大头菜商品化处理率达到90%以上。生产环节可通过手机连接"全国冷链流通公共信息服务平台"全程掌控，让所有产品一年四季都能保质保量，实现了智能化管理。全镇大头菜全部通过电商平台销售，大头菜特色产品早已飞往了全国各地的千家万户，不管这些大头菜销得再远，扫一扫产品身上的二维码，都可以通过信息平台进行溯源，确保绿色优质。到2020年，全镇种植大头菜面积达2.03万亩，大头菜亩产达到2 310公斤，年人均收入突破2万元[②]，现代化的农业生产销售模式正在带领成佳农户致富，奔向农业现代化。

自贡市通过整合乡村产业资源，结合以农业生产体验、田园风光、特色小镇为主的特色旅游，形成乡村新兴旅游产业。通过全镇农工融合、农旅融合、农商融合等方式推动农业园区变景区、产业基地变景点，形成第一、二、

---

① 数据来源：自贡市农业农村局。
② 数据来源：自贡市贡井区农业农村局。

三产业融合互动发展的新格局。自贡沿滩区沿滩镇借助特种水产、花卉苗圃等成熟产业资源，投资 8 560 万元打造村级农创产业园、文旅教育培训基地和农村电商服务基地，将所辖 10 个村划分为农旅融合、园区配套、学院服务、假日体验四大片区，规划实施餐饮配套、劳务服务、特色休闲等 53 个项目。2020 年，沿滩镇集体经济总收入达 379.26 万元，同比增长 1 568%。①

自贡坚持乡村第一、二、三产业融合发展，以形成农产品全产业链为目的，振兴村镇集体经济，带动农户增收。2020 年，全市共有农民专业合作社 1 718 个、家庭农场 5 233 个、县级以上龙头企业 176 个，全市集体经济总收入达 1.82 亿元，同比增长 133%，农村居民人均可支配收入为 18 788 元，增长 8.7%；农村居民人均消费性支出为 14 742 元，增长 3.3%。② 第一产业增加值达到 231.35 亿元，增长 5.6%，产业对经济增长的贡献率上涨到 16.5%，农业在三次产业结构中的占比也比去年上升了 1.5 个百分点，达到 15.9%，创造了"十三五"期间的新高。

① 数据来源：自贡市沿滩区农业农村局。
② 自贡市统计局、国家统计局自贡调查队：《自贡统计年鉴 2021》，第 155-160 页。

第三节　产业集聚效应初步显现

自贡市充分发挥自身优势，在产业转型升级过程中，不断汇聚产业生产要素，通过专业化市场和专业生产园区建设，打造完整产业链的产业集群，产业集聚效应初步显现。

一、发挥传统优势，做强专业化市场集聚区

"十二五"和"十三五"期间，自贡不断推动专业化市场建设，从而形成市场集聚区。如今已形成三大商品交易市场集聚区，分别是自贡市大山铺区域的生活资料商贸集聚区、自贡市贡舒区域的川南生产资料交易市场集聚区、自贡贡井的川南汽车专业商贸集聚区。

目前在专业化市场集聚区，已建成川南农副产品批发市场、川南皮革城、川南五金城、普润生产资料市场、川南家具城、川南汽贸园等一批辐射区域的专业市场。目前，全市有专业市场 23 个，总营业面积 125.09 万平方米。年交易额超过 20 亿元的专业市场有 4 个，分别是川南汽贸园、川南建材市场、川南钢材市场、川南农副产业批发市场；年交易额上亿元的专业市场有 5 个，分别是川南机电市场、一对山批发市场、自贡干副食品批发市场、仁和路汽配市场、川南皮革城。

川南汽贸园坐落在自贡市贡井区，经过 10 年多发展，已经成为一个集贸易、维修、二手交易、美容装饰、汇展、金融和文化休闲为一体的汽贸大市场，现已成长为川南最大的汽贸产业园。产业园拥有 3 平方公里的汽车销售核心区，入驻汽贸企业 108 户，汽车品牌 4S 店 46 个。规模以上汽贸企业 38 户，汽车品牌 72 个，2019 年营业额 45 亿元，实现税收 3.4 亿元，在全区税收中占比高达 49%，解决和带动就业 1.2 万人。[1]

---

① 数据来源：自贡市贡井区商务局。

川南建材市场第一期 2002 年投入运营，现已形成拥有钢材、饰材、木材、板材交易区及精品洁具城、陶瓷城、灯饰城、装饰城、木地板城、圣地亚家居广场、加工区、商务办公区、餐饮休闲区、金融服务区等各类经营服务区的大型综合服务市场，吸纳了包括圣象、升达、立邦、诺贝尔、萨米特等众多知名品牌在内的 700 多家商户入驻。业务辐射川南地区以及重庆、云南、贵州等邻近省市，市场年交易额已突破 20 亿元。川南建材市场二期项目占地约 70 亩，总建筑面积 17 万平方米，投资 6 亿元，于 2019 年开始建设。二期工程全部完成后，新的川南建材市场将成为一个经营面积超 30 万平方米、市场交易额超过 100 亿元的、以建材家居业态为主，同时涵盖装饰、超市、百货、餐饮等众多城市业态的一站式综合性购物中心。川南建材市场已成为自贡乃至川南地区举足轻重的家居建材类商品集散地。

川南钢材市场，位于自贡市舒坪工业物流园区，占地 300 亩，建筑面积 34 万平方米，总投资 5 亿元，是川南首家引入现代物流经营理念和电子交易平台的专业市场，是集钢材现货及钢铁制品、仓储加工、物流配送三大传统模式和统购分销、电子交易、融资担保三大现代模式于一体的大型现代化钢材物流市场。市场最多可容纳商户 400 家，年交易额 60 亿元以上。

川南农副产业批发市场位于自贡自流井区，总投资 1.2 亿元，市场占地面积 100 亩，交易面积 77 亩，2002 年 1 月投入使用，当年各类批发商数超过 600 户，从业人员超过 6 000 人，农产品交易量超过 40 万吨，年交易额当年就达到 20 亿元。[①]川南农副产业批发市场以蔬菜、水果、精油、干杂等农产品为主，现已发展成为集散地市场，进场交易的农副产品来自泰国、缅甸、越南等国家和地区，以及云南、贵州、重庆、甘肃、山西、山东、河南、海南、广东、广西等省，川内各地市州的农产品也大量在市场上交易。

自贡致力于打造专业化市场，其目的是为产业集聚的形成创造重要的市场交易条件和信息条件，专业市场的建设有利于产业生产过程的聚集，有利于形成产业链完整的产业集群。

---

① 数据来源：自贡市市场监督管理局。

二、加快专业生产园区建设，构建现代产业集群

自贡在产业转型升级过程中，不断加快专业生产园区建设，构建现代产业集群，发挥产业集聚效应，工业发展承载能力不断提升。现已成功创建 1 个国家级高新区，1 个省级高新区，3 个省级经开区，已初步构建五大现代产业集群。

自贡高新技术产业开发区是自贡最早的产业集中区，也是最大规模的工业园区。1992 年 5 月，四川省人民政府批准成立自贡高新区，并开始了建设工作；2001 年，建成 10 平方公里的汇东新城。2006 年 1 月，国家发展改革委公告将其更名为四川自贡高新技术产业园区；2010 年，建 10 平方公里的南湖新城和 40 平方公里板仓工业园区。2011 年 6 月，国务院批复自贡高新区升级为国家高新技术产业开发区。2011 年，规划面积扩大到 100 平方公里，规划建设 10 平方公里的南岸科技新区和 20 平方公里的卧龙湖国际旅游度假区。现今园区已有宜居生活区 30 平方公里、产业发展区 40 平方公里、科技创新区 10 平方公里、旅游度假区 20 平方公里。截至 2019 年年末，托管面积 65.39 平方公里，开发面积约 36 平方公里。至 2020 年，高新区已建成国家级新材料高新技术产业化基地、科技兴贸创新基地、新型工业化产业示范基地、知识产权示范园区、知名品牌示范区、大学生科技创业见习基地，四川省"51025 工程"重点园区、中小企业创业示范基地、科技成果转移转化示范区、循环化改造试点示范园区、中国（四川）自由贸易试验区自贡协同改革先行区。其核心产业节能环保装备制造、新材料、电子信息等战略性新兴产业在全省乃至西部地区占有重要地位。2019 年，自贡高新区实现地区生产总值（GDP）237.41 亿元，按可比价格计算，增长 9.3%；规模以上工业增加值同比增长 13.5%；服务业增加值同比增长 9.4%；固定资产投资额完成 126.98 亿元，同比增长 22.49%；社会消费品零售总额同比增长 11%；地方一般公共预算收入同口径增长 15.07%。园区营业收入突破 800 亿元，实现进出口总额 4.7 亿元，同比增长 30.6%。①2020 年，自贡高新技术产业开发区获国家"真

---

① 数据来源：自贡市高新区管委会。

抓实干成效明显"产业转型升级示范园区，获批首批成渝地区双城经济圈产业合作示范园区，高新区已经成为自贡新兴产业集聚区，也是自贡产业转型升级的领头羊。

"十三五"期间，自贡逐渐形成了五大产业集群。

其一是装备制造产业，现已形成节能环保装备5条产业链，拥有东方锅炉、华西能源等知名企业，是四川省3大重大技术装备制造基地、国家新型工业化产业示范基地（节能环保装备）；已形成航空与燃机产业集聚区，属于四川省该产业3大集聚区之一，航空产业基础日渐雄厚。

其二是食品饮料产业，涉及粮油加工、饲料加工、茶叶加工、肉类加工、白酒制造、调味品制造、果蔬加工及饮料制造等10多个生产门类，拥有美乐食品、巴尔农牧等龙头企业，拥有规模以上食品饮料企业110家，拥有中国驰名商标3件、中国地理标志商标2件、四川著名商标22件、四川名牌产品15个、国家地理标志保护产品9个、有机农产品48个、绿色食品61个①，"天车""太源井"等中华老字号品牌广受群众欢迎。

其三是先进材料产业，在有机氟、硬质合金、焊接材料、聚酰亚胺、特种炭黑、芳纶纤维等细分领域，拥有一批具有自主核心竞争力的高新技术企业，在自硬公司（自贡硬质合全有限公司）、晨光院（中昊晨光化工研究院有限公司）、大西洋（四川大西洋焊接材料股份有限公司）等龙头企业的带领下，创新开发了一批具备国际一流水平的拳头产品，依助于川南新材料产业基地，形成了高分子合成材料、金属及复合材料、新型碳材料等具有特色优势的产业链条，产业集聚区已经初步形成。

其四是能源化工产业，在盐及盐化工产业方面具备完整产业链，已形成了以盐业为基础，精细化工、医药化工、化工新材料等多元化发展格局。以新能源作为新兴产业，自贡正在加速布局产业链，中兴能源光储智能微电网研发生产基地、东方锅炉氢能综合利用等项目加快推进，泰威新能源动力锂电池等项目竣工投产，朗星达、江阳磁材等新能源汽车电池及关键零部件、

---

① 自贡市发展和改革委员会：《自贡市"十四五"规划〈纲要〉系列解读第十三篇：聚力发展"321"工业体系》。

电机零配件生产企业扩能提质。

其五是电子信息产业，以自贡国家高新技术产业开发区和西南智能终端制造产业园为主要承载区，已聚集中誉瑞禾等企业，初步形成集成电路和显示模组两条产业链，主要产品涵盖多媒体交互式一体机、平板电脑、网络变压器、硅片、半导体芯片、电晶体、液晶显示模块、光学镜片等，产品广泛应用于集成电路、液晶显示、3D打印等。

三、用好政策优势，打造现代物流聚集区

2020年7月，自贡入选国家骨干冷链物流基地，是川渝地区唯一入选的冷链物流基地。2021年4月，自贡市政府与四川省商务厅、省农业农村厅、省供销合作社联合签订共建自贡国家骨干冷链物流基地战略合作协议，四方联手打造聚集川南、服务成渝、辐射西南、面向东盟、链通全球的西南地区农产品冷链物流枢纽和产业集群、成渝地区双城经济圈大宗农产品集散地、东盟国际农产品西南冷链物流中心、国家战略物资储备中心。

作为国家骨干冷链物流基地，全市正积极融入西部陆海新通道，加快建设西南（自贡）国际陆港和国家骨干冷链物流基地，打造区域性物流中心。西南（自贡）国际陆港规划面积40.74平方公里，建有西南（自贡）国际陆港、南铁路物流园集装箱物流中心、大山铺铁路物流园驮背运输中心、公路港城市物流中心。截至2019年，已成功引进北港集团、成铁集团、双胞胎集团、中通快递等知名企业，入驻项目126个，完成总投资330亿元，实现产值61亿元，利税2.6亿元。2020年，实施市级重大项目19个、区级重大项目17个、加快前期工作项目10个，总投资346亿元，年度计划投资50亿元。

随着国家骨干冷链物流基地的建设，红旗连锁川南分拨中心、红旗连锁超市、铭晟国际冷链物流园、农产品交易中心及冷链物流基地项目相继入住，总投资达32.6亿元。到2020年年底，自贡市共规划37个物流聚集区项目，全市有物流从业人员27 000人，经营市场主体2 900余家，其中，国家A级

物流企业 8 家，供应链服务企业 24 家①，物流产业的自我累积效应和产业集聚效应不断增强，现代物流集聚区已初显端倪。未来将加快细分领域物流枢纽建设，构建地区规模化、集群化的物流运作体系，强化自贡在农产品冷链物流、大件装备物流、医药物流、区域共配、电商快递物流、无人机物流、驮背运输等方面优势，构建现代物流产业集群。

在强大的专业市场和高标准的专业产业园区的保障下，自贡不断做强传统产业集群，壮大新兴产业集群，抓住契机大力发展现代物流产业集群，其产业集聚区已呈现多点协同发展态势，产业集聚效应初步显现。

---

① 数据来源：自贡市商务局。

第四节　传统优势产业逐步走出困局

自贡的传统优势产业主要以制盐化工、机械加工通用设备制造为主，其中制盐化工产业属于自贡历史性传统产业，机械加工通用设备制造产业属于"三线建设"后的迁移性传统产业。传统产业转型升级一直是老工业城市转型升级的难点，自贡的传统产业转型升级经过多年的探索，在"十三五"期间大力推动创新驱动战略，已经逐步走出困局。

一、千年制盐业的蜕变

制盐业是自贡历史最悠久的产业，也是转型升级过程中相对最为困难的产业。早在 1991 年，就进行了产业的整合改革，组建了以自贡市张家坝制盐化工厂、自贡市大安盐厂、长山盐矿、井矿盐设计研究院、自贡市自流井盐厂、自贡市贡井盐厂、自贡市邓关盐厂、盐业地质钻井大队、轻工机械厂、舒平盐厂、盐业技工学校 11 个单位为核心的四川久大盐业（集团）公司，"久大集团"整合了当时自贡的所有国营制盐厂、自贡最大的机械厂、自贡本土的最大化工厂、资源丰富的盐矿企业、科研机构和专业技工学校，打通了从盐矿的钻探开采、真空制盐设备的制造、食用盐及化工盐的生产到盐化工产品的研发和制造的一整套井矿盐化工生产链，形成了高度的产业集群。

2017 年盐业体制改革实施以来，四川久大制盐有限责任公司直接进入市场自建销售渠道，大力开拓市场，通过两年多的努力，公司及旗下企业已在全国建立了 200 多个分公司，拥有物流配送商、终端客户近 20 万个。2017 年、2018 年自贡市连续两年举办国际盐产业博览会，弘扬盐业历史文化，交流展示盐业产品和技术。企业已开发上市了自贡井盐系列、千米深井系列、盐当家系列、自流井贡盐系列、雪井盐系列等 20 多个食盐单品。目前，自贡盐产品进入了全国 31 个省、直辖市、自治区，远销日本、韩国、越南、马来西亚、泰国、菲律宾、孟加拉国等国家。其中，在四川市场的占有率达 60%，全国市场占有率达10%左右。

公司现有员工近3 000人，注册资本3.06亿元，资产总额34亿元。拥有四川自贡、遂宁大英、湖北应城三大制盐基地，制盐生产能力近300万吨/年。掌握着我国真空制盐工艺设备装置的核心技术，拥有全国盐行业国家认定企业技术中心、综合性甲级设计研究院、全国井矿盐工业信息中心、全国井矿盐产品质量检测中心，是国家标准化委员会井矿盐分技术委员会秘书处承担单位，具有全国井矿盐领域管理、标准、技术的话语权，先后承担国家、省（部）、市重点科研项目100多项，其中40多项荣获国家、省（部）、市重大科技成果，有49项产品及技术专利，全国85%以上的真空制盐装置由公司设计，已开发出6大系列近200多个品种的产品。[①]公司产品获得ISO9001：2015标准国际质量管理体系认证，主产品自流井牌精制盐，获全国井矿盐银质奖，是国家地理标志产品。

二、化工产业的华丽转型

自贡的化工产业最早以化工盐起步，后来在"化工城"建设时，全国最大的制碱厂之一——鸿鹤化工厂在自贡建设投产，化工产业曾经一度成为自贡最大的支柱产业。随着中国化工行业的发展，以盐化工和碱制品为主的基础化工产品逐渐退出历史舞台，精细化工产品、绿色化工产品、化工新材料已经成为化工产业的发展方向。

自贡依托中昊晨光化工研究院有限公司（以下简称"晨光院"），大力推动精细化工产品研发、生产，实现了粗放型的基础化工向精细化的分子化工的转型。晨光院在"三线建设"时期由全国24家科研院所内迁四川自贡组建而成，是原化工部直属科研院所，现今已转制为科技型企业。晨光院主要从事有机氟、有机硅等新型高分子材料的研发、生产和经营，具有从萤石生产氟化氢（AHF）、二氟一氯甲烷（F22）等基础原料，到生产四氟乙烯、偏氟乙烯、全氟丙烯等含氟精细化学品，进一步合成氟树脂、氟橡胶及有机氟

---

① 数据来源：四川久大制盐有限责任公司。

材料成型加工的完整产业链。目前，晨光院氟橡胶产能居国内第一（含合资公司），聚四氟乙烯树脂产能居国内第二。晨光院成立 50 余年来，先后取得科研成果 600 余项，其中国家和省部级成果奖 200 多项①，拥有大量国内领先、国际先进的具有自主知识产权的专有技术。现今拥有国家认定企业技术中心、四川有机氟材料重点实验室、四川省博士后创新实践基地，先后被认定为国家高新技术企业、国家创新型企业、国家知识产权示范企业、中国化工技术创新示范企业等。建成了"特种单体及精细化学品研发""新型氟聚合物研发和产业化""成果转化工程设计""清洁生产技术开发""有机氟材料应用及分析测试"五个研发平台，形成了开发、中试、工程放大、工程设计与项目建设紧密结合的创新体系。

在此基础上，自贡开始发力氯碱化工与氟化工为主的化工新材料产业。2020 年 11 月，自贡市与中国化工集团签订合作协议，引入中国化工川南新材料产业基地项目，落户自贡沿滩高新技术园区，总投资 55 亿元，占地 1 200②亩，主要建设高性能氟材料研发和成果转化基地，打造以氯碱化工与氟化工上下游一体化协同发展的核心产业链，培育以氯元素与氢元素等综合利用为两翼的化工新材料产业。

自贡在"十三五"期间，关停了污染严重、排放不达标的化工厂，并通过科学整合全市化工生产要素资源，深挖自贡盐矿资源禀赋优势，突出氟化工、盐化工、页岩气化工领域，实施达成化工技术改造升级迁建等重点项目，大力发展绿色化工产业。自贡的化工产业迎来了华丽的转型。

三、机械加工通用设备制造业的绿色升级

自贡的传统产业中，机械加工通用设备制造业相对盐化产业更具有可持续发展能力，自"三线建设"以后，一直是自贡的支柱产业，整个行业正向着高效节能、绿色环保的方向积极转型升级，成绩斐然。

---

① 数据来源：中昊晨光化工研究院有限公司。
② 数据来源：自贡市沿滩区商务局。

东方锅炉厂始建于 1966 年，是自贡市"三线建设"引入的最大企业，也是自贡最大的通用设备制造企业，2010 年更名为东方电气集团东方锅炉股份有限公司（以下简称"东方锅炉"），为中国东方电气集团有限公司下属核心企业。2017 年，公司工业总产值、营业收入连续 12 年双超 100 亿元①。其经过 50 多年的发展，现已成为大型能源装备企业、中国发电设备研发设计制造和电站工程承包特大型企业，是中央确定的涉及国家安全和国民经济命脉的国有重要骨干企业、国务院国资委监管企业。

"十三五"期间，东方锅炉积极推动创新驱动与绿色发展战略，锅炉、环保、服务、辅容核、新能源五大产业板块协同发展，实现了产业链向高效节能、绿色环保的升级。电站锅炉是公司核心业务，具备高压、超高压、亚临界、超临界、超超临界、高效超超、二次再热煤粉油气锅炉和 50 MW ~ 660 MW 循环流化床锅炉研制能力，市场占有率第一；近年来升级的节能环保产业，专注于废气治理、余热利用、水处理及废水零排放，拥有为客户提供先进技术、装备集成、项目总承包、项目投资及运维、服务等综合性一体化解决方案的能力；公司在转型升级过程中，强化现代服务，秉承"24 小时"服务精神，以用户需求为导向，为用户提供领先的燃煤机组改造服务、针对燃煤电厂和钢铁行业的深度节能减排和专项性能提升综合解决方案、可实现产品全生命周期管理的云分析平台，并提供产品全生命周期服务；在辅机容器核电产业，已能生产制造高端化工容器在各流派气化炉、戴维甲醇合成塔、高端废热锅炉、过热器（托普索技术、卡萨利技术）、大型氨合成塔、大型高端换热器、等温变换炉等多领域拥有领先性能的拳头产品；核电方面，自主制造了岭澳核电站 1 000 MW 级核岛主设备蒸发器、"华龙一号"安注箱等产品，现具备 1 000 MW 压水堆核岛主设备、常规岛、快堆核心系统批量生产能力；电站辅机产品覆盖 30MW ~ 1 000 MW 机组，完全拥有自主知识产权，达到世界先进水平；在新能源方面，东方锅炉是国内最早从事光热发电技术开发的单位之一，拥有近 50 项技术专利，是塔式太阳能热发电站设计规范国

---

① 数据来源：东方电气集团东方锅炉股份有限公司。

家标准主要编制单位之一,也是国内氢能应用领域一体化解决方案的领跑者,拥有整套制氢产业链技术。

东方锅炉的转型升级秉承科技研发创新驱动,公司拥有国内一流的研发团队和管理团队,成立了研发中心,与多所高等院校和科研院所深入开展产学研合作,设有博士后科研工作站、四川省院士(专家)工作站。公司拥有国家级"清洁高效燃烧技术工程试验中心"等一系列试验平台,具备燃料清洁燃烧和烟气净化、水务、固废处理、太阳能光热发电、生物质利用、先进碳捕集、制氢储氢及分布式能源、材料与焊接以及数值模拟计算等强大的新技术、新产品研发能力。10 余项技术获国家级科技进步奖(其中 5 项一等奖),160 项成果获省、部级及行业科技进步奖,取得 651 项有效专利。[①]

今天的东方锅炉经过转型升级,已成长为国家高新技术企业,拥有自贡、德阳、嘉兴、焦作等多个制造基地,已发展成能为世界能源及环境保护提供先进装备和一流服务的设计供货商和工程服务提供商。"东锅"名片已遍布全国 29 个省、市、自治区,国内市场占有率超过 1/3,并声名远扬至世界 30 个国家和地区。

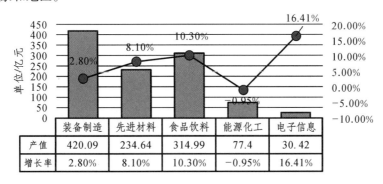

	装备制造	先进材料	食品饮料	能源化工	电子信息
产 值	420.09	234.64	314.99	77.4	30.42
增长率	2.80%	8.10%	10.30%	−0.95%	16.41%

图 6.2 自贡五大产业 2020 年产值统计[②]

2020 年,自贡的传统重点行业营业总收入为 739.76 亿元,同比增长 7.8%,占全市营业收入的 61.6%,对全市营业收入增长的贡献率达到 78.0%;利润

---

① 数据来源:东方电气集团东方锅炉股份有限公司。

② 根据《自贡市推动制造业竞争优势重构打造"产业名城"工作方案》(自府办发〔2021〕25 号)相关数据绘制。

总额为 40.72 亿元，增长 20.1%，占全市利润总额的 59.9%，对全市利润增长的贡献率达到 41.4%。其中：通用设备制造业营业收入 271.96 亿元，下降 2.3%，利润总额 11.86 亿元，下降 18.4%；农副食品加工业营业收入 121.21 亿元，增长 16.0%，利润总额 5.14 亿元，增长 94.2%；非金属矿物制品业营业收入 103.36 亿元，增长 12.7%，利润总额 5.61 亿元，增长 13.5%；化学原料和化学制品制造业营业收入 90.06 亿元，增长 17.3%，利润总额 7.83 亿元，增长 31.6%；电气机械和器材制造业营业收入 78.37 亿元，增长 11.7%，利润总额 4.81 亿元，增长 53.1%；金属制品业营业收入 74.80 亿元，增长 9.5%，利润总额 5.48 亿元，增长 102.6%。[①]自贡传统优势产业转型升级成效显著，逐步走出产业发展困局。

---

① 数据来源：自贡市统计局 2021 年 4 月发布《企业生产经营向好工业效益增速加快——2020 年规上工业效益分析》。

第五节　战略性新兴产业加快发展

战略性新兴产业一般指以重大技术突破和重大发展需求为基础的，对经济社会全局和长远发展具有重大引领带动作用的，成长潜力巨大的产业。战略性新兴产业既代表着科技创新的方向，也代表着产业发展的方向，具有科技含量高、市场潜力大、带动能力强、综合效益好等特征。根据我国《战略性新兴产业分类》，战略性新兴产业主要分为九大类，分别是新一代信息技术产业、高端装备制造产业、新材料产业、生物产业、新能源汽车产业、新能源产业、节能环保产业、数字创意产业、相关服务业等。战略性新兴产业以工业为主，注重新兴科技和新兴产业的深度融合，是老工业城市产业转型的主体方向。自贡的战略性新兴产业发展迅速，截至 2020 年，自贡战略性新兴产业实现产值占全市规模以上工业总产值比重达 40.3%。[①]

一、高端装备制造业——节能环保装备

自贡以传统的装备制造业为基础，不断推动产业转型升级，特别是在高端装备制造业，依托本地东方锅炉、华西能源等行业龙头知名企业，通过科技创新，强势转型节能环保装备产业。2019 年 10 月，自贡入围第一批国家战略性新兴产业集群工程城市，成为战略性新兴产业节能环保产业集群城市，是四川省除成都市外唯一的上榜城市。

1983 年创立于自贡市的华西能源工业股份有限公司（以下简称华西能源），专注于新能源、环保产业、清洁电站的设计制造，是成功转型节能环保装备制造业的本土龙头企业，2011 年成功在深交所中小板上市。目前拥有员工 2 000 余名，其中专业研发、管理团队 600 余人；拥有"三总部、三基地"，建筑面积 60 余万平方米，研发、制造、检测设备 2 000 余套，旗下控

---

① 《自贡市国民经济和社会发展第十四个五年规划和二〇三五年远景目标纲要》
2021 年 3 月，第 10 页。

股公司 30 余家，主要参控股公司资产总规模近 1 000 亿元。①

华西能源的转型升级主要以创新技术驱动，公司将技术创新作为强企之源，共有专利 300 余项，成功研制了以煤粉炉、循环流化床、炉排为主的洁净高效燃烧锅炉，以工业固体废物、生活垃圾为燃料的垃圾炉排焚烧锅炉和以循环流化床锅炉、生物质燃料锅炉、高炉煤气炉、碱回收锅炉为主的绿色环保锅炉装备系列。产研综合实力位居行业第四，是全系列、高参数、高洁净燃烧锅炉国家队的重要成员之一。公司先后与中国科学院、清华大学、中国华能集团清洁能源技术研究有限公司（原西安热工院）、上海交通大学、西安交通大学、哈尔滨工业大学、浙江大学以及安德里茨（ANDRITZ）、沃德集团（WATERLEAU）、西格斯（SEGHERS）、SCS 等科研机构、高等学府和跨国公司在以特种燃料及工业固体废物、生活垃圾等为燃料的高新锅炉技术开展技术交流与合作，并成立了企业的设计研究院，研究院秉承“创意、智慧、高效、绿色”的宗旨，对多项国内外先进技术进行研发，以“高效节能、智慧数据、多能互补、趋零排放”为支撑，打造“智慧+”主题的多元化智慧能源与环境系统解决方案，作为华西能源开展社会环境治理、三废处理、水土保护等业务的引擎。

作为自贡节能环保产业“三废”处理设备龙头企业，华西能源集团以精良的设备、系统的解决方案，投资“三废”处理、余热利用、脱硫脱硝等环保产业，完善华西能源节能环保和新能源产业体系。截至 2017 年，公司已投资 11 座垃圾发电厂，垃圾日处理总量达 12 000 吨。能源环保装备制造板块形成了 7 000 MW 的年生产能力，服务顾客遍及中国 30 个省、市、自治区及全球 50 多个国家和地区。

2019 年，公司在四川省工商联发布的“2019 四川民营企业 100 强”榜单中排名第 43 位，并入选 “2019 全球新能源企业 500 强榜单”，位列 248 位。2002 年，华西能源获评省级服务型制造示范企业；公司 2020 年先后在烟台、榆树、兴安盟签下生物质发电工程总包合同，累计合同金额 44.4 亿元，产值

---

① 数据来源：华西能源股份有限公司。

同比增长 9.2%。①

除华西能源外，东方锅炉集团也成功从普通火力发电装备制造企业转型为节能环保高端装备制造企业。2020 年 8 月，集团制造完成世界最大干煤粉辐射废锅气化炉，打破了国外企业的行业垄断；2020 年，新中标合同 138 亿元，其中海外市场 24.3 亿元，产值增长 7.8%②。

2020 年，自贡市装备制造产业规模以上工业企业 175 户，形成了节能锅炉制造、"三废"处理设备、节能输送机械等 5 条重点产业链，成为四川省三大重大技术装备制造基地之一、国家节能环保装备新型工业化产业示范基地。2020 年，自贡市节能环保装备制造产业实现产值 420.09 亿元，同比增长 2.8%。

二、先进材料产业——新材料产业

在先进材料产业，自贡拥有得天独厚的优势，拥有"三线建设"时内迁的两个科研机构和一个大型硬质合金生产企业，其中中昊晨光化工研究院和炭黑设计研究院，一个涉及化工材料研究和开发，一个涉及炭黑材料的研究和生产，硬质合金厂主要从事特种合金及复合材料研究生产。如今自贡的新材料产业已经发展起了以高分子合成材料、金属及复合材料、新型碳材料为主的多类别产业链，是自贡传统产业转型升级成功的典型代表。

中昊晨光化工研究院有限公司 1999 年转制为科技型企业，2012 年改制设立有限公司，2018 年随中国昊华化工集团股份有限公司下属 10 余家科技型企业整体上市，现属于昊华化工科技集团股份有限公司 100%全资子公司。现有职工总数 2 100 余人，资产总额 29 亿元，占地面积 1 360 亩。晨光院是中国最早从事化工新材料研制生产的骨干企业之一，主要从事有机氟、有机硅等新型高分子材料的研发、生产和经营。主要产品有聚四氟乙烯树脂、氟橡胶、含氟精细化学品、工程塑料制品、特种有机硅产品、e-PTFE 微滤膜口

① 数据来源：华西能源股份有限公司。

② 数据来源：东方电气集团东方锅炉股份有限公司。

罩等，是国内一流、国际知名的氟材料科技公司。

中昊黑元化工研究设计院有限公司（炭黑院）的前身就是1965年"三线建设"时，从辽宁抚顺内迁至四川自贡组建的中橡集团炭黑工业研究设计院，1999年随国家242家科研院所转制为科技型企业，2015年改制设立有限公司，现为中国中化控股有限责任公司所属中国昊华化工集团股份有限公司的全资子公司。炭黑院是中国炭黑行业唯一集科研、设计、生产、服务为一体的国家高新技术企业，拥有国家炭黑材料工程技术研究中心、国家炭黑质量检验检测中心、炭黑行业技术开发中心、炭黑及浅色补强材料标准化归口单位、炭黑行业信息及培训中心等中国炭黑行业的"五大中心"，研发生产的"黑元"和"CCBI"品牌享誉海内外。

自贡硬质合金有限责任公司（自硬公司）始建于1965年，是我国自主设计建设的第一家大型硬质合金生产企业，现今是世界500强中国五矿集团公司旗下硬质合金及钨钼产业的核心成员之一。公司注册资本8.7亿元，资产规模18.7亿元，在岗员工2 500余人，下设3个分公司、5个控股子公司、5个合金事业部，其中在北美和欧洲设有分支机构。历经50余年的发展，公司已形成以硬质合金为主体、以硬面材料和钨钼制品为两翼的产业布局。产品广泛应用于机械、冶金、石油、矿山、建筑、电子、航天航空等领域。立足西南，面向全国，辐射全球，公司不断构建多层次、多渠道的营销网络，40%的产品出口到欧美、日韩、东南亚、中东、俄罗斯等40多个国家和地区。硬质合金公司现有三个生产基地，涉及硬质合金、硬面材料、钨钼制品三大产业链。硬质合金产业建有从粉末到硬质合金及深加工和配套工具的完整研发生产体系，拥有达世界先进水平的精良装备，主要产品涵盖切削刀片及刀具、地矿合金及工具、耐磨零件及精加工产品等，国内市场占有率约为10%。其中，精密零件的客户检出废品率降到了十万分之三以下，达到世界一流，产品大量出口美国、日本等发达国家；硬面材料产业主要涵盖以钨基为主的硬面材料的生产、应用，世界先进的热喷涂、堆焊（熔覆）、熔渗等复合材料及配套应用服务体系，在当今增材制造（3D打印）、绿色再制造产业领域占有重要地位。国内市场占有率为 40%，国际市场占有率为 20%。①目前硬面材料获得 AS9100D 航空、航天和国防组织管理体系认证，表面强化技术服务及应用产品成功进入核电应用领域；钨钼制品产业建成了钨粉、钨条、钨合金、钨丝、钼条、喷涂钼丝、线切割丝等系列产品的制造体系，先后引进日本、美国、德国等国家的先进技术和装备，具备雄厚的技术开发、市场营销和创新发展能力。其中钼丝跻身行业第一品牌，钨丝与国际知名企业建立了长期合作关系，产品品质、规模及市场占有率均为国内领先。硬质合金公司现已成长为国内领先的硬质合金及配套工具制造商，国内一流的难熔金属制造商，中国钨钼行业龙头企业，世界领先的表面工程材料、国际先进的表面工程应用服务综合提供商。

自贡先进材料产业已经形成较好的产业集群，到 2020 年，规模以上工业企业有 99 户，依托高分子合成材料、金属及复合材料、新型碳材料等产业链，形成了以企业为主体、以大学和科研院所为依托、产学研结合的创新体系，获批国家级新材料高新技术产业化基地。2020 年实现产值 234.64 亿元，同比增长 8.1%。

三、航空航天产业——通用航空产业

自贡的通用航空产业属于全新引入的战略性新兴产业，现今依托通用航空产业园，正在努力建设布局合理、制造先进、应用广泛、军民兼顾的通用航空产业生态圈。通用航空产业园自 2013 年与中航工业签订协议，规划建设开始，到 2016 年首架"自贡造"轻型飞机试飞成功，实现了从"提卤制盐"到"造翼飞天"的突破。现已完成园区 66.6 平方公里总体规划编制和核心地段 2.45 平方公里城市设计，以及核心起步区 16.29 平方公里控制性详细规划，形成了以凤鸣通用机场为核心，西翼制造业、东翼通航小镇的"一核两翼"空间布局。

2017 年，凤鸣通用机场建成取证，成为全省首个 A1 类通用机场。自贡

---

① 数据来源：自贡硬质合金有限公司。

凤鸣通用机场是国务院下放审批权限后，四川省政府核准新建的首个通用机场，跑道长1 200米、宽30米，另有3条滑行道，飞行区等级为2B，是全省标准最高、设施最好的通用机场。目前，正在建设长2 500米、宽40米临时起降场，能满足各型通用飞机和无人机飞行需求。同时，规划预留了长3 600米、宽60米跑道建设用地，满足未来发展需要。现今首个川南A类飞行服务站已投入使用，累积开通9条航线和2条低空旅游线路，开通自贡、成都、乐山3条低空目视飞行通道。

2019年，通用航空产业园获批为省级开发区；同年11月，获批面积1 606平方公里、高度2 400米以下的自贡"川协5号"①空域，成为全国面积最大、高度最高的低空改革试点空域，全面提供计划报备、飞行情报和气象信息"一站式"服务，实现提前1小时报备即可飞行。2020年获批全省首个通用机场国际航空运输航协三字代码（ZKL），保障各类企业安全飞行作业6.1万架次、3万小时，年均作业量居全国通航机场前列。

2020年自贡航空试验基地成功入选全国民用无人驾驶航空试验区，在无人机支线物流运行、适航审定、空管技术、运行保障等方面取得突破。积极探索有人机和无人机同场融合运行，机场空域使用效率提升20%以上。目前已开通至成都、西昌、乐山、重庆等14条无人机物流通航航线，引进顺丰集团，正在规划建设大型无人机物流川南运行基地，力争打造川渝滇黔重要的通航及无人机物流中心，力争打造西南航空货运中心。

通用航空产业园充分依托机场平台、空域和承载能力等优势，大力实施产业链招商，目前已聚集海川实业、中电科特飞、腾凤大型无人机、中双实业、瀚宇航空、蜜蜂飞机等航空及零部件研发制造企业11家，产业基地等重点产业项目38个。其中海川公司生产的飞机发动机叶片、机匣，主要为中国航发、美国通用、普惠等公司提供配套。2021年4月，总投资100亿元的航空工业成飞自贡无人机产业基地项目正式落地建设并入驻通用航空产业园，产业聚集初见成效。

---

① 数据来源：自贡市航空产业园管委会。

"十三五"期间，通用航空产业园完成工业总产值 605 亿元，2020 年营业收入实现 61 亿元，航空器研发制造、无人机物流、通航运营服务三大产业已初具规模。战略性新兴产业通用航空产业已经成为自贡产业加快转型突破的"主引擎"之一。

四、新一代信息技术产业——电子信息产业

自贡在"三线建设"后，曾经大力发展无线电信息化产业，拥有四个国有无线电厂，20 世纪 80 年代，已能生产收音机、录音机、电视机等家用电器。"十三五"期间，自贡市加大投资力度，大力争取电子信息产业落户，培育数字化新兴市场，加快电子信息产业链的建设，现已形成自贡国家高新区电子信息产业园和西南智能终端制造产业园两大电子信息产业园区。

自贡国家高新区电子信息产业园于 2017 年开始建设，初期建设用地 900 亩，位于自贡市高新区，现已初具规模。标准化厂房一期、二期及仓储物流一期已全部完成主体建设，其中标准化厂房一期的 1~6 栋已实现项目业主全面入驻，共入驻项目 8 个，已正式投产项目 7 个，二期的 7~12 栋厂房中除第 9 栋外的其他 5 栋已实现项目业主全面入驻，共入驻项目 8 个，仓储物流一期 1~4 栋厂房已实现项目业主全面入驻，共入驻项目 3 个，已正式投产项目 1 个。2020 年 5 月，四川晶升科技有限公司"光学玻璃及电子显示盖板"项目已于高新区电子信息产业园正式投产，该项目总投资 4.2 亿元，从开工建设到竣工投产仅用时 6 个月，投产后可实现年销售收入 5 亿元、利税 1 000 万元，提供就业岗位 500 个。现园区还有在建的九控一丰移动智能终端液晶显示屏等 18 个数字化产业项目，现已集聚新一代电子信息企业 28 户，涉及 5G 基础材料生产企业 7 户，年产值平均增长 30%以上。[1]这标志着高新区电子信息产业园建设以电子显示设备为主的数字化产业链已现雏形。

西南智能终端产业园位于自贡市大安区新民镇聚新路，2017 年年底开始建设，2018 年 6 月正式开园投产。园区建设采用标准化厂房+职工宿舍楼模

---

① 数据来源：自贡高新区管委会。

式，园区新建智能终端生产厂房及配套用房 19.8 万平方米，改造厂房 4 500 平方米，建成年产 2 000 万台智能手机、智能家居、无人机、智能穿戴、无人售货机等智能终端产品生产线。园区专项制定《西南智能终端产业园招商引资政策》，实施厂房租金"三免两减半"、新购置设备按购置费 15%～20% 进行补助等优惠政策，吸引企业入驻。通过"筑巢引凤，拎包入住"的方式，成功引进工业项目 5 个，其中沃纳科公司 3D 精密设备及零配件生产线项目已投产见效，自贡国晶电器和电源用半导体测试封装项目进入试生产阶段。园区还引进注册资本金 3 000 万元以上的配套企业 10 余家，计划总投资 13 亿元，达产后预计可实现年销售收入 15 亿元，年纳税贡献不低于 3 000 万元，能为 2 000 人提供就业岗位。园区已聚集电子信息企业 30 余户①，初步形成智能终端制造产业链。

自贡电子信息产业现有规模以上工业企业 16 户，围绕"一芯一屏一端+配套"，正加速聚集高端芯片、显示屏、智能终端等电子信息产业链。2020 年实现产值 30.42 亿元，同比增长 16.41%。

五、数字创意及相关服务业

数字创意产业及相关服务业属于战略性新兴产业的"三产"，属于数字经济中的数字化融合产业。自贡充分发挥传统产业优势，在食品产业和文旅产业积极推动数字化转型。

自贡的食品产业作为自贡的支柱产业，拥有美乐食品、巴尔农牧等龙头企业，涉及粮油加工、饲料加工、茶叶加工、肉类加工、白酒制造、调味品制造、果蔬加工及饮料制造等 10 多个生产门类，拥有规模以上食品饮料企业 110 家。近几年食品产业通过转型传统销售模式，积极推动新业态新模式，利用网络在线销售，创新了市场。自贡谭八爷商贸有限公司主要生产和销售冷吃食品。从一个家庭作坊，到现有拥有四个加工厂、一个物流中心、年销售额突破亿元，只用了短短的 5 年时间，其发展速度之快令人咋舌。公司的

---

① 数据来源：自贡市大安区商务局。

产业销售全部采用网上在线销售,在所有的网络平台上均有网店。2020年"双十一",通过网络直播带货,50秒销售500万袋,在淘宝、京东、拼多多三大电商平台销售量排名第一,2020年前11个月销售就突破1个亿。公司现今已累计销售冷吃系列3 000多万袋,产品已经发展到自贡冷吃、方便速食、糖果糕点、增味佐餐、节庆年货5大系列60多种单品。现今公司正在建设第五个加工厂和一个无人智能物流中心。另外,公司还极大地带动了周边农户的养殖业发展:公司兔肉相关产品资源带动农户超8 000户,农户人数超3.2万人;牛肉相关产品带动农户近2 000户,涉及农户人数超7 000人;猪肉相关产品带动农户超2 500千户,涉及农户人数超过9 000人[①]。

自贡以打造国际文化旅游目的地为契机,不断推动文旅产业与数字化的融合发展。"十三五"期间,投资75亿元的中华彩灯大世界一期开园迎客,传感器技术、人工智能技术、标识认证识别、物联网等新一代信息技术广泛应用于现代彩灯,5G技术的应用实现了网上云观灯,数字化技术有效推动了传统灯展向全方位数字化融合文旅产业的转型升级。2020年投资31亿元的恐龙文化科技产业园主体完工,VR(虚拟现实)技术、AR增强现实技术助力传统恐龙博物馆的数字化升级。数字化还助推广了城市超级品牌(IP)成功推出,到2020年,自贡新增AAAA级景区5个,荣膺"中国盐帮菜之乡"。

"十三五"期间,自贡还在创意产业方面有所探索。发展了数字阅读、网络视听、数字出版等新型业态,推进超高清视听内容创作生产,丰富数字媒体、数字出版、3D动漫、虚拟现实游戏和视频等数字内容供给。以国家文化出口基地建设为契机,大力推进国家文化与科技融合示范基地建设,推动"盐、龙、灯"艺术品、文物、非物质文化遗产等文化资源数字化转化和开发,推出一批有竞争力的自贡特色数字文化产品,打造自贡超级IP生态圈,推动文化产品出口。加快建设各类数字文艺资源传播新体系,大力推动传统文化单位和骨干文化传媒企业发展新兴媒体,支持互联网龙头企业建设阅读、游戏、视听和应用分发基地,引进发展若干有影响力的互联网传播平台。

[①] 数据来源:自贡市贡中区商务局。

"十三五"期间，自贡积极培育大数据产业。依托自贡市大数据中心，对现有数据进行开发利用，拓展数据资源的市场化应用场景，发展数据采集、存储、加工、应用、交易、安全等产业，引进一批大数据、云计算及相关信息产业的重点企业，培育一批创新能力突出的大数据应用中小微企业。鼓励建设面向政务服务、公共资源交易、交通、教育、体育、旅游、医疗、养老、防灾减灾、快递物流、金融、信用、应急救援等重要领域的大数据行业应用平台，探索形成行业大数据应用解决方案。推进政务数据资源向社会开放，鼓励和支持利用公共数据开展服务，提升公共数据应用水平。

自贡培育和发展的战略性新兴产业主要涉及节能环保装备制造、新能源设备制造、化工新材料、电子信息、食品加工和新兴数字化产业，与四川省的 5 大万亿级支柱产业和以数字经济为主体的"5+1"现代工业体系完整契合，自贡现代产业体系主体架构已经形成，产业的转型升级进入新时代。

第六节　科技创新能力和动力持续增强

著名经济学家约瑟夫·熊彼特提出创新是经济增长的内生动力，内生的研发和创新是推动技术进步和经济增长的决定性因素。根据国家对老工业基地转型的持续部署意见，老工业城市的转型升级要以体制机制创新和科技创新作为内在动力，向高科技、高质量、高增值、低能耗、低物耗、低排放的先进制造业、战略性新兴产业、现代服务业协同发展转型，向高端化、集聚化、智能化升级。由此可见创新，特别是科技创新的重要性。

自贡在"十三五"期间，大力推动科技创新：通过增加科技研发投入，帮助企业构建研发中心；通过与科研单位和高校的深度紧密合作，形成产学研创新机制；通过建立创新中心、搭建创新平台，助力创新企业成长。在一系列的举措下，自贡创新能力不断增强，已经成为产业转型升级的主要动力。

一、科研发力，专利申请有突破

自贡充分发挥中昊晨光化工研究院（晨光院）、中昊黑元化工研究设计院（炭黑院）两大科研单位以及四川轻化工大学的科研优势，有效促进科技研发，形成了高效的科研成果产业化机制。

晨光化工研究院每年都会承担几十项国家、省、市科研项目，开发了多项拥有自主知识产权的有机氟核心专利技术，突破了有机氟行业发展的关键技术瓶颈。2015 年，晨光院"有机氟单体及高性能氟聚合物产业化新技术开发"项目获国家科技进步二等奖。建院 50 余年来，晨光院先后取得科研成果 600 余项，获国家和省部级成果奖 200 多项[①]，拥有大量国内领先、国际先进的具有自主知识产权的专有技术。

炭黑院自建院以来，已取得 300 多项科技成果，获国家、省部级科技奖励 60 多项，其中，"新工艺炭黑生产技术"先后三次荣获国家科技进步奖；

---

① 数据来源：中昊晨光化工研究院有限公司。

申请专利 200 余件、专有技术 3 件；制定/修订国家和行业标准 90 余项。[①]

四川轻化工大学是"三线建设"时期内迁到自贡的一所综合性大学，现已成为拥有工学、理学、管理学、教育学、文学、历史学、艺术学、法学、经济学等九大学科的全日制高等学校。作为一所以轻工业与化工业为主的综合性高校，四川轻化工大学科研实力雄厚，是自贡产业发展的重点科研机构。现今学校承担国家级科研项目 110 余项、省部级科研项目近 1 100 项；获国家科技进步二等奖 1 项、省部级科技成果奖 53 项、市厅级科技成果奖 251 项，获得授权专利 821 项（其中授权发明专利 408 项）[②]。

"十三五"期间，全市发明专利申请 3 504 件，每万人发明专利申请量 12 件；全市现拥有有效发明专利 1 376 件，比 2015 年增加 799 件，每万人有效发明专利拥有量 4.7 件。[③]

二、企业积极进行科技创新，自主研发能力增强

自贡的龙头企业积极进行科技创新，自主研发能力逐步增加。"十三五"期间，东方锅炉"集箱短管接头机器人智能装焊系统的开发与应用"项目荣获全国质量创新大赛Ⅳ级大奖（最高为Ⅴ级），是全国电站设备制造行业首次获得的该级别奖项；新地佩尔完成"中石油油气管道关键设备国产化"等 4 项国家能源局牵头项目，其产品经专家鉴定意见为"达到国外同类产品先进水平"产品，填补了国内空白。东方锅炉世界首台最大容量 600 MW 超临界循环流化床锅炉技术开发、研制与工程示范项目获国家科技进步一等奖，被国际能源组织认定为循环流化床燃烧技术发展的标志性项目，牵头制定的"核电厂常规岛高压加热器技术条件"被成功认定为国家标准。

硬质合金厂建有设备先进、功能完善的博士后科研工作站和省级技术研究开发中心，是国家第一批知识产权示范企业，累计获得授权专利超过 300

---

① 数据来源：中昊黑元化工研究设计院有限公司。
② 数据来源：四川轻化工大学。
③ 《自贡市国民经济和社会发展第十四个五年规划和二〇三五年远景目标纲要》
2021 年 3 月，第 10 页。

项。着力于向现代科学型发展转型，公司先后通过质量、环境管理、职业安全健康、能源管理、质量检测、计量控制等体系认证，先后获得了"全国五一劳动奖状""全国用户满意企业""中国驰名商标""中国名牌产品""国家级绿色工厂"等重要荣誉。

华西能源制造出世界第一台超大型现代化黑液锅炉；自贡运机厂制造出世界工况最复杂、技术难度最大、亚洲最长的管状带式输送机；新地佩尔实现中石油油气管道关键设备国产化；滕洋智能 5G 智能制造项目入选省数字经济与实体经济融合创新示范项目。越来越多的企业已经将科技创新作为自己转型升级高质量发展的动力源泉。

三、打造科研创新平台，营造全民创新氛围

在政府、科研机构、企业的合力下，自贡不断打造科研创新平台，建立创新实验室，创新科技园区，努力营造全民创新氛围。

"十三五"期间，自贡新增国家级、省级创新平台 39 个、国家高新技术企业 97 户、省级以上专精特新企业 120 户、省级以上企业技术中心 29 个，规模以上工业 R&D[①]投入强度达到 0.94%，列全省第 4 位；996 项国家专利、46 项科技成果获国家级、省级奖励，109 项重大科技成果实现转化[②]，获批国家双创示范基地。

在国家级、省级科技创新实验平台建设方面，自贡市现拥有国家级大学科技园，拥有酿酒生物技术及应用四川省重点实验室、人工智能四川省重点实验室、四川省大数据可视分析技术工程实验室、材料腐蚀与防护四川省重点实验室等省级重点实验室 4 个；中国盐文化研究中心、川酒发展研究中心等四川省哲学社会科学重点研究基地 2 个；民俗灯文化普及基地四川省社会科学普及基地 1 个；四川省院士（专家）工作站 1 个；四川省工程实验室 2

---

① Research and Development，研究与开发。
② 《自贡市人民政府 2021 年政府工作报告》，2021 年 2 月 5 日。

个；四川省产业技术研究院 2 个；四川省 2011 协同创新中心 4 个[①]；四川省产业技术创新联盟 8 个。

在产业科技创新平台方面，自贡现拥有：国家级晨光高性能氟材料创新中心，特种单体及精细化学品研发平台、新型氟聚合物研发和产业化平台、成果转化工程设计科技创新平台、清洁生产技术开发平台、有机氟材料应用及分析测试研发平台，四川省酿酒专用粮工程技术研究中心，高技术产业融合发展研究院，川南加速器应用研究中心等产业科技创新平台。

在校地合作方面，自贡先后与清华大学、浙江大学、中国人民大学、四川大学、英国利物浦大学等国内外 10 余所高校实现了紧密合作；2019 年以来全市实施重点校地合作创新 51 项；拥有西部唯一的浙江大学自贡创新中心、四川省装备制造业产业集群窗口平台、川南唯一的科技成果交易公司等公共服务平台。

2020 年，自贡市被成功纳入首批省级创新型城市建设，全民创新氛围浓厚，全市科技创新总体水平指数达到 59.8%，位列全省第 5 位、川南第 1 位。[②]

---

① 四川省 2011 协同创新中心：全称四川省高等学校创新能力提升计划，简称"四川 2011 计划"，2013 年首批"四川省 2011 协同创新中心"名单公布。

② 《自贡市国民经济和社会发展第十四个五年规划和二〇三五年远景目标纲要》2021 年 3 月，第 10 页。

未来篇

再造产业自贡，重铸盐都辉煌

第七章　高质量发展的新要求

党的十九届五中全会提出，我国已转向高质量发展阶段，要坚定不移贯彻创新、协调、绿色、开放、共享的新发展理念，以推动高质量发展为主题，以深化供给侧结构性改革为主线，加快建设现代化经济体系，加快构建以国内大循环为主体、国内国际双循环相互促进的新发展格局。这是根据我国发展阶段、发展环境、发展条件变化作出的科学判断，新发展阶段明确了我国发展的历史方位，新发展理念明确了我国现代化建设的指导原则，构建新发展格局明确了我国经济现代化的路径选择。站在新的历史起点，面对新时代、新形势、新要求，需正确认识国内外发展环境和自贡发展条件的深刻变化，科学确定自贡产业转型升级的目标和定位，深刻认识新发展阶段、全面落实新发展理念、融入新发展格局，聚力再造产业自贡，深入推进创新驱动引领超常跨越和高质量发展，推动产业向高端化、智能化、绿色化、融合化方向发展，打造规模化、集约化的优势产业集群，走出老工业城市产业转型升级新路，加快建设新时代深化改革扩大开放示范城市和社会主义现代化自贡。

第一节　自贡产业转型升级的目标与定位

立足打造全国老工业基地产业转型升级的标杆示范和国家绿色产业示范基地的定位，围绕建设新时代深化改革扩大开放示范城市和社会主义现代化自贡，以再造产业自贡为总牵引，以实现碳达峰碳中和目标为引领，积极融入区域协同发展，深入实施创新驱动发展战略，统筹推进产业基础高级化和产业链现代化，坚持传统产业转型升级与新兴产业培育壮大并举，着力培育支撑高质量发展的绿色低碳新动能，加快构建现代产业体系，以产业转型升级带动城市转型和城市能级提升，大力建设制造强市、质量强市和数字强市，全面提升产业发展质量和效益，厚植老工业城市产业核心竞争力。到 2025

年，全市产业转型升级取得重大进展，先进制造业的支撑引领作用更加凸显，战略性新兴产业竞争优势明显增强，现代服务业和高效特色农业加快发展，新产业、新业态不断成长，产业高端化、智能化、绿色化和集约化水平进一步提升，创新型、开放型、融合型和安全型格局更加完善，支撑产业转型升级的内生动力机制、平台支撑体系和绿色低碳转型发展路径更加完善，产业总体质量效益明显提高，核心竞争力进一步增强，走出产业转型升级新路，基本建成现代产业城市，形成一批对全国其他老工业城市和资源型城市振兴发展可复制推广的典型经验。具体目标如下。

一、产业结构显著优化

传统产业加速升级，新兴产业不断壮大，先进制造业、战略性新兴产业和现代服务业成为现代产业体系主体，农业基础更加稳固，产业基础高级化、产业链供应链现代化取得显著成效，三次产业比例调整为 12：41：47，非农产业比重提高到 88%左右，战略性新兴产业产值占全市规模以上工业总产值达 50%以上[①]，支撑经济高质量发展的现代产业体系基本形成。

二、产业创新能力显著增强

产业竞争力加快提升，以科技创新和体制机制创新为引领的产业转型升级动力机制更趋完善，创新投入和产出水平持续提高，科技创新对经济增长贡献率显著提高，数字赋能创新加速推进，科技创新总体水平指数达 61%以上，研发经费投入强度达到 1.2%左右，提升幅度大幅高于全省平均水平，重点龙头企业科技投入占主营业务收入比重达 5%以上。高新技术企业、科技型中小企业数量较"十三五"末实现倍增，高新技术产业营业收入和战略性新兴产业增加值占规模以上工业比重大幅上升。重大创新成果持续涌现，关键技术取得重要突破，打造一批具有自主知识产权、引领产业发展的高端产

---

① 《自贡市国民经济和社会发展第十四个五年规划和二〇三五年远景目标纲要》2021 年 3 月，第 18 页。

品，每万人高价值发明专利拥有量增速高于全省平均水平。良好创新生态加快构建，打造国内一流营商环境，创新的制度环境、市场环境、人才环境和文化环境更加优化，全面创新改革等系列制度成果转化为发展动力，科技成果转化率明显提高。建成一批重大科技创新平台，创新平台功能充分发挥。建成国家知识产权示范城市和省级创新型城市。

三、产业集群集聚度显著提高

以产业园区和产城融合发展为载体的产业转型升级支撑体系更趋完善，重点领域产业基础能力明显增强，产业链体系加快完善提升，产业生态更加优质，"专精特新"、单项冠军企业数量大幅增加，产业集聚程度进一步提高，实现产业链上下游协作配套、生产要素高效配置、优势产业迈向产业链价值链中高端。形成一批营收超千亿元产业园区和百亿元以上特色优势产业集群，包括打造装备制造和先进材料等 2 个千亿级产业集群①、消费品工业等 1 个五百亿级产业集群及新能源、电子信息等若干个百亿级产业集群。全市产业园区承载能力达到 65 平方公里以上，产业园区营业收入达到 3 000 亿元以上。与川南渝西城市形成良性互动，共建承接产业转移创新发展示范区，创建成渝地区双城经济圈开放合作高地取得明显成效。

四、产业绿色低碳发展水平显著提升

以高端化、智能化、绿色化为引领的产业转型升级发展路径更趋完善，绿色低碳产业体系基本建立。推进数字技术与经济社会发展和产业发展各领域广泛融合，推进先进节能低碳技术、装备和管理模式普遍应用，推进能源资源产业绿色化转型，全面优化经济结构和产业结构。推进绿色产品、工厂、园区等载体建设，创建一批示范性绿色园区、绿色工厂和绿色产品，推荐一批优秀企业进入国家级绿色制造体系名单。碳达峰碳中和进程加快推进，盐

---

① 《自贡市国民经济和社会发展第十四个五年规划和二〇三五年远景目标纲要》2021 年 3 月，第 22-23 页。

化工、建材等产业每万元工业增加值水耗和单位生产总值能耗降低率、污染物和二氧化碳排放强度均达到行业先进水平，新增一般工业固体废弃物利用处置率达到95%以上。全市绿色低碳生产生活方式基本形成，生态环境显著改善，建设美丽自贡再上新台阶，基本建成生态文明城市。

展望2035年，全市经济实力、科技实力大幅跃升，绿色低碳产业达到全国领先水平，建成以科技创新为驱动的现代工业强市、国家级创新型城市，进入全国创新型城市、生态文明城市前列，形成充分体现新发展理念的现代产业体系，制造强市、质量强市和数字强市全面建成。全国产业转型升级示范区功能充分发挥，产业基础高级化、产业链现代化、产业结构优化、产业布局合理化、产业发展集群化、产业创新协同化、产业绿色低碳化全面实现，现代产业体系更具竞争力，建成现代产业城市，成为国内外具有重要影响力的先进制造业基地和现代服务业基地，助力重铸盐都辉煌，基本建成新时代深化改革扩大开放示范城市，与全国、全省同步基本实现社会主义现代化。

第二节　加快促进产业向智能化、高端化发展

顺应新一轮科技革命和产业变革趋势，把握数字化、网络化和智能化融合发展的契机，坚定不移实施创新驱动发展战略和制造强市战略，以"智能化、高端化、绿色化"①为主攻方向，以新一代信息技术与先进制造技术深度融合为主线，以"高技术、高品质、高附加值"为目标，改造提升传统优势产业，大力发展高技术产业和先进制造业，积极抢占科技竞争和未来发展制高点，加快推动制造业向智能化高端化转型，努力建设先进制造强市、质量强市和数字强市，全面提升产业发展水平和竞争力。

一、加快推动智能制造发展

深入实施智能制造工程，聚焦推进"工业互联+智能制造"，统筹抓好传统产业升级和新兴产业，大力提升创新能力、供给能力、支撑能力和应用水平，不断提速全市企业智能化改造进程，重塑"自贡造"品牌。完善智能制造发展生态，依托制造单元、车间、工厂、供应链、产业集群等载体，积极构建虚实融合、知识驱动、动态优化、安全高效和绿色低碳的智能制造系统，持续推进制造业数字化转型、网络化协同和智能化变革，促进制造业智能转型。争取到 2025 年全市规模以上制造业企业大部分实现数字化网络化，重点行业骨干企业初步应用智能化；到 2035 年规模以上制造业企业全面普及数字化网络化，重点行业骨干企业基本实现智能化。

（一）推动工业互联网加快发展

加快完善信息基础设施，推进工业互联网、物联网、5G、千兆光网等新型网络基础设施规模化部署，鼓励企业开展内外网升级改造，提升现场感知和数据传输能力。引进培育一批工业互联网创新平台和示范应用平台，深入

---

① 第五节有专门的绿色发展内容，所以此处不再包含绿色化相关内容。

开展"两化深度融合，万家企业上云"行动，推动优势龙头企业加快建设行业级、企业级工业互联网平台，培育一批省级以上工业互联网平台（项目），建设成渝地区双城经济圈南翼工业互联网创新应用高地。

（二）建立健全智能产业创新体系

建立和完善以企业为主体的技术创新体系，充分利用产业转型升级资金和技改项目资金等，逐步提高财政资金对企业技术进步的支持力度，鼓励企业采用先进适用技术对主导产业进行技术改造，支持企业、高校、科研院所等组建联合体，加强产学研用协同创新，加快关键性技术和系统集成技术的攻关研发，尽快掌握一批具有自主知识产权的核心技术，通过自主研发或引进消化，实现高档数控机床、智能仪表等领域在国内乃至全球首台（套）研发及应用，大力培育和发展技术含量高、产品质量好和市场竞争力强的拳头产品。依托科研院所研发平台，建设共性技术中心，支持重点行业骨干企业建设国省级企业技术中心，鼓励和引导企业根据市场需求，加大科研投入，集聚优势资源开展重点攻关，在关键核心技术取得突破，抢占产业技术制高点，打造一批创新型企业集群。加强人才培养，定期编制智能制造人才需求预测报告和紧缺人才需求目录；加强在职人员、转岗人员、应届毕业生数字化技能培训，推进产教融合型企业建设，促进智能制造企业与职业院校深度合作；推动四川轻化工大学等高校深化新工科建设，在智能制造领域建设一批现代产业学院和特色化示范性软件学院，优化学科专业和课程体系设置，加快高端人才培养。

（三）培育推广智能制造新模式

大力实施智能制造专项行动，推动企业设备换芯、生产换线、机器换人，引导企业开展个性化定制、协同制造、服务型制造等新业态新模式，拓展制造业发展新空间。加快实施东方锅炉、海川实业等企业智能制造项目，推进智能制造关键技术装备、核心支撑软件、工业互联网等系统集成应用，开展智能制造试点示范，推广应用工业机器人，培育智能工厂、数字化车间，推进重点领域智能转型，促进中小企业数字化改造。鼓励重点行业开展多场景多层级应用示范，培育推广智能化设计、大规模定制、网络协同制造、共享制造和智能运维服务等新模式。

（四）着力打造一批智能制造标杆

突出行业龙头示范引领作用，围绕节能环保、航空与燃机等装备制造重点领域，针对关键环节，以试点示范和新模式应用为主要手段，建设智能场景、智能工厂、智能车间和柔性制造单元，努力打造一批行业智能制造标杆企业。支持政产学研用联合攻关，突破一批"卡脖子"基础零部件和装置，开发智能产品和自主可控的智能装置并实现产业化。积极发展装备、软件和系统解决方案，培育发展智能制造新兴产业。引导龙头企业建设协同平台，带动上下游企业同步实施智能制造，打造智慧供应链。依托优势企业，紧扣关键工序智能化、关键岗位机器人替代、生产过程智能优化控制、供应链优化，建设重点领域智能车间/工厂，加快人机智能交互、工业机器人、智能物流管理、增材制造等技术和装备在生产过程中的应用，促进制造工艺的仿真优化、数字化控制、状态信息实时监测和自适应控制。加快产品全生命周期管理、客户关系管理、供应链管理系统的推广应用，促进集团管控、设计与制造、产供销一体、业务和财务衔接等关键环节集成，实现智能管控。

二、加快推动产业向高端化、智能化、融合化①方向发展

充分发挥创新驱动作用，推动产业基础高级化和产业链现代化，以高端引领、数字驱动为主线，以"智能+"为导向，坚持技术升级与市场需求相互促进、创新资源和产业链条深度融合，推进产业数字化转型与绿色化发展，促进先进制造业和现代服务业融合发展。紧盯高端市场需求，积极推动主导产业向高技术含量、高附加值的高端化发展，大力发展智能制造，提升装备制造业、先进材料、消费品工业等支柱产业链现代化发展水平。着力培育和发展高端装备制造业，把握高端装备发展前沿趋势，聚焦节能环保、通航与

---

① 融合化主要指第二、三产业的相互融合。

无人机、新能源装备及新能源汽车等领域，加大投入和研发力度，主攻产业链价值链高能级、高技术含量环节，突破高端技术，研制高端装备，提升高端装备设计、研发、制造与系统集成水平，推动新一代信息技术与装备制造业的深度融合、生产性服务业与装备制造业的渗透融合、装备制造业军民融合，培育一批具有较强国际国内竞争力的大企业大集团、"单项冠军"企业和"专精特新"小巨人企业。加快提高自主创新能力，重视引进创新型产业龙头企业，培育创新型特色产业集群，推进电子信息、新能源等特色产业向高端化转型。推动以高新技术形成高端产业链，招引培育一批数字经济龙头企业，实施一批数字经济产业项目，大力发展数字经济，推动数字产业化、产业数字化。瞄准智能化、高端化、绿色化，加快发展以节能环保装备制造、新材料、新一代电子信息等为重点的高端产业，培育发展生物医药、现代服务业等，推动盐及盐化工、绿色食品加工、纺织服装等传统产业改造升级，形成特色主导产业和高端成长型产业、工业和服务业均"两翼齐飞"的现代产业发展新格局。加快完善高端发展支撑平台，坚持以发展高端、高质、高新、高辐射力产业为方向，加速高端产业、高端人才和高端技术等高端要素向自贡高新区等园区集聚，打造高端发展平台。推动政策供给迭代升级，出台扶持高端产业政策，在产业、资金、技术、人才等方面给予高端产业发展专项扶持，在要素供给方面向高端产业龙头企业倾斜，扶持企业建立高端研发中心和高端产业示范基地。

第三节　打造规模化、集约化的优势产业集群

深入实施"制造强市""双轮驱动"等战略，立足产业基础和比较优势，顺应产业趋势，坚持传统产业转型升级和新兴产业培育并举，强化高端引领、创新驱动和龙头带动，着力强核心、补短板、提能级，培育壮大优势产业集群，加快构建现代产业体系，厚植老工业城市制造业核心竞争力，以产业链延伸和上下游企业集聚建设特色产业集群，努力推进资源集聚化、布局集约化、产业集群化发展，打造一批千百亿级优势产业集群和特色产业基地，推动自贡从制造大市向制造强市跨越。

一、优化产业集群布局

强化产业规划引领，立足本地资源禀赋、产业基础和比较优势，对各区（县）产业发展重点、产业布局和产业功能定位进行统一谋划，高标准、高水平研究制定全市产业集群发展的总体规划，配套制定装备制造、先进材料、消费品工业等支柱型产业集群发展规划。加快产业布局调整，坚持城乡联动、产城相融、园城一体，重点沿 G348 自贡段、沱江等规划布局协同发展的特色优势产业集群，科学布局生产基地、产业链条、科技研发等功能模块，突出产业集群的发展定位、产业链的拉长加粗、企业间的协作配套、集聚区或专业园区建设等重点环节，构建主业明晰、重点突出、特色明显、错位发展、功能互补、布局优化的全域一体化产业集群发展新格局。增强发展协同性，按照"多规合一"的要求，将产业集群规划与城市总体规划、土地利用总体规划、城乡规划和重大项目布局、园区基础设施、公共服务平台建设等相衔接，统筹规划、协调推进。提高优势产业集聚度，依托重点产业功能区，科学确定主导产业和首位产业，通过政策配套、产业配套、基础设施配套等措施，引导企业向产业园区集中，推动园区错位布局和优势互补，加快形成特色产业集群和集聚区，努力实现"一园一主业一特色"，首位产业占比达 50%

以上，大力提升产业首位度和竞争力。

二、加强产业集群载体和支撑体系建设

鼓励发展各种特色产业集中园区，进一步明确各园区的主导产业定位，优化完善"1+N"园区功能布局，构建以国家级园区为创新引领、省级园区为支撑、特色园区为基础的园区体系，对具有一定基础和发展潜力的特色产业进行空间布局整合优化，新增园区用地或新办园区，原则上都应体现园区产业特色。加快提档升级园区，重点发展壮大自贡国家高新区，大力发展自贡航空、沿滩、荣县、富顺晨光等4个省级开发区，推动西南（自贡）国际陆港和大安工业园区等。实施重点特色园区培育计划，培育发展彩灯文创产业园、电子信息产业园、西南（自贡）食品工业园、川南新材料产业基地等特色园区。完善园区载体功能，建立完善满足不同时期发展需求的园区配套服务体系，优化园区孵化生态链，高标准建设或改造好厂房、道路、水电、通信、环保等配套设施，抓好信息咨询、质量检测、仓储物流、电子商务等产业服务平台及技术开发、筹资融资、人才培训、创业孵化等公共支撑体系建设，提升产业集群发展支撑承载能力和产业配套水平。鼓励支持在产业集群中建设中小企业产业（工业）园区、小微型企业创业创新基地、创客空间等中小企业创业创新集聚区，鼓励有条件的产业集群建设多层标准厂房，高效开发利用土地。制定更为精准有效的扶持政策，建立产业集群发展引导基金、"联合贷款信用担保"信贷方式，精准制定降低涉企税费和企业运行成本的政策措施，鼓励商业银行创新培育产业集群的信贷品种和服务手段，扶持产业集群做大做强。建立健全协调高效的产业集群工作推进机制，构建科学合理的统计监测考评体系，创新土地经营、"亩产效益"综合评价等制度机制，建立健全产业集群动态管理和联系服务机制，对重大项目立项、环评、用地、用工、融资等需求进行重点协调和保障。着力打造一流营商环境，按照国际营商环境建设标准，健全营商环境考评监督体系，探索设立"政策兑现窗口"，完善重点项目绿色通道管理办法和服务细则，积极打造"透明、

便捷、优质、高效"的亲商"盐都服务"品牌，以优质服务和良好环境吸引更多优质企业入驻。积极探索共建园区产业转移的长效机制，努力打破行政区划界限，创新跨区域协同发展模式，勇于先行先试，建立科学合理的利益评价和协调机制，构建互惠共赢的合作共建新格局。

三、大力培育和发展集群龙头企业

充分发挥龙头企业的引领带动作用，围绕主导产业"建链、延链、补链、强链"，培育壮大产业链"链主"，推动"产业链整合"，构建"产业链共同体"，努力打造龙头引领、集聚整合、深度协作的产业链生态系统，推动主导产业横向壮链、纵向延链、集群发展。实施集群龙头企业培育工程，制定培育和发展龙头企业中长期规划，优选一批带动能力强、发展潜力大、掌握市场话语权的产业链龙头企业，因企制宜，实行"一企一策"，在土地供应、财政贴息、投资补贴、税收减免等方面重点扶持，多方引导企业技改扩能、兼并重组、智能化改造等，加快培育一批拥有关键核心技术、具有国内外竞争力和行业话语权的产业链引领性龙头企业，引领带动全市优势产业规模壮大、能级提高和加速转型发展。深入推进大企业大集团倍增计划，探索建立大企业和高成长型中小企业培育机制，实施"个转企、小升规、规改股、股上市"工程，着力培育一批成长性强、发展前景好、辐射带动力大的领军、"独角兽"、"种子"、"单项冠军"、"瞪羚"、"小巨人"等企业，实行梯度培育扶持。重点发展壮大装备制造、先进材料、通航与无人机、食品饮料、新能源、电子信息等产业链上下游配套企业，构建"龙头企业+孵化"的共生共赢生态，带动中小企业协同、成链发展、形成集群，推动大中小企业融通发展；支持一批科技型、创新型和低碳型企业在专业细分领域精耕细作，形成竞争新优势，培育一批"专精特新"中小企业和创新型龙头企业，打造更多拥有细分市场话语权的"隐形冠军"。积极引进外部龙头企业，实施招商引资攻坚行动，围绕重点产业集群，聚焦产业链招商，着力强化核心链、提升价值链，坚持市领导联系指导重点产业机制，建立"四长"（链长、盟长、行长、院长）产业链招商专班，绘制产业链图谱（产业链发展全景图和现状图），科学谋划招商项目（编制招商项目库、目标企业库），编制产业链"招商地图"，开展"链长制"专业化精准招商，主动对接东部地区、成渝等重点地区"三类 500 强"（世界 500 强、中国 500 强和民营 500 强）、上市公司和行业龙头企业，组建区域产业招商联盟，创新飞地招商、大数据招商等模式，着力引进大企业、研发基地、总部中心等有利于产业集聚的龙头项目，促进项目集群式落户，提升产业集群发展层次和产业链核心竞争力。到 2025 年，全市争取重点培育营业收入达 100 亿元以上企业（集团）2 户左右，营业收入 10 亿 ~ 50 亿元企业 3 户左右，高成长型企业 10 户以上，新增上市企业 2 户以上。①

四、着力打造一批千百亿级优势产业集群

实施产业集群发展专项行动，抢抓新一轮科技革命和产业变革机遇，服务国家战略需求，坚持以科技创新支撑引领高质量转型发展，完善产业生态，强力推进产业高端化、绿色化、集约化和规模化发展，大力推动战略性新兴产业集群化发展，培育经济发展新动能，深度融入成渝地区双城经济圈，聚焦补链、延链、强链，促进产业链、创新链和价值链融合，培育一批具有核心竞争力和国内外影响力的千百亿级优势产业集群。着眼于培育国家级乃至世界级产业集群，加快发展壮大装备制造、先进材料等千亿级规模的支柱型产业集群，不断提升其在国内外产业价值链中的地位和影响力；积极培育发展电子信息、新能源及新能源汽车、灯饰照明、生物医药、绿色化工、食品饮料、纺织服装和防护用品等百亿级规模的培育型产业集群；前瞻布局航空制造、生物工程、北斗产业、人工智能、智能制造等新兴产业和未来产业，新培育认定一批国省级战略性新兴产业集群，探索形成具有自贡特色的"链式整合、园区支撑、集群带动、协同发展"集群发展新路径。争取到 2025 年全市形成 2 个千亿级、1 个五百亿级、若干个百亿级的优势产业集群。

---

① 数据来源：自贡市发展和改革委员会。

第四节　推进制造业与服务业融合发展

推进先进制造业和现代服务业（简称"两业"）双向深度融合发展是顺应新一轮科技革命、产业变革和消费升级趋势，增强制造业核心竞争力、适应消费结构升级、培育现代产业体系、打造未来发展新优势和实现高质量发展的重要途径。围绕推动制造业高质量发展，以生产性服务业为主攻方向，以龙头骨干企业、智能工厂为重要载体，深化拓展业务关联、链条延伸和技术渗透，积极探索新业态、新模式和新路径，推动全市"两业"相融相长、耦合共生，促进制造业向服务型制造和制造业服务化转变，加快培育形成一批创新活跃、质量效益显著、带动效应突出的"两业"深度融合品牌企业和特色集群，一批成熟的"两业"融合新业态新模式，一批营商环境优、产业链联动效应好的"两业"融合发展示范区。

一、大力发展服务型制造

鼓励和支持制造业企业向产品和专业服务解决方案提供商转型。面向全市先进制造业产业集群，以节能环保、先进材料、通航与无人机、生物医药、高端纺织服装、灯饰照明、智慧家居等行业为重点，引导制造业企业向创意孵化、研发设计、售后服务等产业链两端延伸，加强全生命周期管理，推进智能工厂建设，推广柔性化定制服务，加速制造业企业从提供单一产品向提供"智能产品+增值服务"转变，提升制造业服务化水平，着力打造服务型制造示范城市。深入实施工业互联网创新发展战略，通过企业上云等方式引导有条件的工业企业实现生产全流程的互联网转型，推动制造业加速向数字化、网络化、智能化和服务化发展。支持东方锅炉、大西洋等领军型制造企业面向全行业提供研发设计、工程总包和系统控制等服务。鼓励中小型制造业企业承接专业制造业务，外包以生产性服务为主的非核心业务，走专、精、特新发展道路。发展服务衍生制造，鼓励发展电商、研发设计、文化旅游等服务企业，发挥大数据、技术、创意、渠道等优势，通过委托制造、品牌授权等方式向制造环节拓展。积极培育引进一批工业设计、检验检测等设计研发总部企业。

二、加快推动制造服务业高质量发展

实施制造服务业发展专项行动，聚焦重点领域和关键环节，加快推动面向制造业的生产性服务业向专业化和价值链高端延伸，以推动制造服务业专业化集聚、高端化拓展、融合化创新、数字化增能、规模化跃升为导向，以高质量的服务供给引领制造业转型升级和品质提升，推动产业规模、重点领域、平台能级、龙头主体等方面实现跨越发展，积极打造制造服务业示范城市。深入开展制造业智能专项行动，推进先进装备制造、先进材料等主导产业数字化升级，聚焦全市优势特色产业集群，培育遴选一批智能制造标杆企业。实施制造业研发设计和计量能力提升行动，支持重点科技型企业与高校、科研院所合作建立技术研发中心、产业研究院、中试基地等新型研发机构，盘活并整合创新资源和计量资源，以优势产业聚集区为重点，探索建设一批产学研用协同创新基地，建立健全国家、省、市三级工业设计中心（技术创新中心）框架体系，积极培育计量测试等高技术制造服务业，申请建设一批省级以上产业计量测试中心。实施制造服务业主体培育行动，支持制造业企业为产业链上下游企业提供研发设计、计量测试、检验检测、创业孵化等社会化、专业化服务，培育一批集战略咨询、解决方案创新、数字能力建设、管理优化等于一体的制造服务业新型产业服务平台和社会组织，鼓励其开展协同研发、资源共享和成果推广应用等活动，鼓励制造服务业企业开展并购重组，推动集约化和品牌化发展。实施制造业绿色化改造行动，以装备制造、新材料、新能源、化工、生物医药等行业为重点，加快推动制造业绿色升级，搭建绿色发展促进平台，推行产品绿色设计，构建绿色供应链，实现产品全生命周期绿色环保，积极争取认定一批省级以上绿色设计产品，培育一批具有自主知识产权和专业化服务能力的骨干企业，开展绿色产业示范基地建设，创建一批国省级绿色工厂、绿色园区。开展制造业供应链创新发展行动，探索实施制造业供应链竞争力提升工程，逐步完善战略性新兴产业供应链关键配套体系；围绕先进制造业布局制造服务业，强化企业招高育强，抓好产业链"链主"和"准链主"企业；引导大型制造企业拓展新型服务业务，大力发展专业研发类企业，积极培育新型研发组织、研发中介和研发服务外包新业态。开展制造服务业标准体系建设行动，实施国际标准、国家标准、行业标准和地方标准，鼓励全市拥有自主知识产权的企业跟踪收集国际国内标准化发展最新动态，争取主持或参与制定国际标准、国家标准、行业标准。开展自贡制造质量品牌培育行动，推动东方锅炉、大西洋、华西能源等更多制造业企业品牌成为国内外知名品牌，打造制造业和服务业"品牌自贡"形象，抓好中华老字号、驰名商标、地理标志等培育和保护。

三、积极探索"两业"深度融合发展的新业态、新模式

围绕自贡重点发展的战略性新兴产业和特色优势产业领域，通过数字化、柔性化、平台化、集成化、共享化等融合路径，推动制造业企业向附加值高的服务环节延伸、服务业企业向制造领域拓展，加快培育"两业"融合发展新业态、新模式。大力发展智能化解决方案服务，推进重点企业实施智能化改造，加快智能化、数字化技术及装备在研发设计、生产制造、经营管理、市场营销、运维服务等关键环节深度应用，建成一批智能制造单元、智能生产线、数字车间和智能工厂，打造一批行业智能制造标杆企业。引导企业加快工业互联网创新应用，探索发展服务型制造、个性化定制、网络化协同等新模式，并培育壮大一批"两业"融合型的领军企业。大力发展生产性服务业，围绕研发设计、优化控制、检验检测、设备管理、质量监控等领域，建设一批国家和省级工业设计中心、质检中心等专业化服务平台。聚焦加工制造能力的共享创新，鼓励发展多工厂协同的共享制造服务，重点发展汇聚生产设备、专用工具、生产线等制造资源的共享生产平台。构建区域服务体系，引导企业由制造环节向研发设计和营销服务两端延伸形成全产业链条，鼓励

企业向供应链上游拓展协同研发、解决方案等专业服务，向供应链下游延伸远程诊断、维护检修、融资租赁、消费信贷、仓储物流等增值服务。引导企业向服务型制造转型，在节能环保、装备制造、新能源等领域，鼓励和支持东方锅炉、华西能源、川润股份、自贡运机等企业通过"制造+服务"模式重点拓展工程总承包业务，提供专业化、系统化、集成化的系统解决方案，探索项目工程总承包（EPC）、EP①、建设—经营—转让（BOT）等多种业务模式。积极发展工业文化旅游，争创一批工业文化旅游示范基地和工业遗产旅游基地，打造自贡老盐场、"化工城"建设、"三线建设"等一批工业文化旅游精品线路。开展"两业"融合发展试点示范，大力发展服务衍生制造、供应链管理、总集成总承包等新业态、新模式，推动原材料企业向产品和专业服务解决方案提供商转型，推动消费品工业服务化升级、发展"产品+内容+生态"全链式智能生态服务，积极培育创建国省级"两业"融合试点企业。

---

① EP 是 EPC 模式的一种变形。与 EPC 不同的是 EP 模式不负责工程施工，工程施工由其他承包商承包。

第五节　坚持生态优先、绿色发展

锚定"双碳"（碳达峰、碳中和）战略目标，切实践行绿水青山就是金山银山的理念，认真落实可持续发展战略，坚定不移走生态优先、绿色高质量发展之路，全方位、全地域、全过程加强生态文明建设，大力发展绿色低碳循环经济，推动产业发展全面绿色转型，形成节约资源和保护环境的空间格局、产业结构和生产生活方式，加快建设人与自然和谐共生的生态文明城市、美丽自贡。

一、积极构建绿色低碳现代产业体系

突出绿色发展，对标国家"双碳"的目标任务，全面推行"生态+""+生态"发展新模式，推进产业结构高端化转型，构建以产业生态化和生态产业化为主体的绿色循环的产业生态体系。积极推动绿色制造业发展，培育壮大节能环保、清洁生产、清洁能源等产业，加快培育发展战略性新兴产业，形成一批绿色产业集群，率先创建零碳示范园区，争创一批国家级绿色产业示范基地，提升绿色产业竞争力。加快推进盐及盐化工、食品加工、纺织服装、建材等产业绿色化改造和提质增效，构建绿色制造体系，推动传统产业绿色转型升级，提高产业核心竞争力和可持续发展能力。加快发展绿色生产性服务业，促进商贸餐饮、交通物流、金融等服务业绿色转型。大力发展现代绿色农业，积极探索资源互补、物质能量循环利用的循环农业产业园建设模式，形成环境保护和农业增产双赢局面。

二、推行绿色低碳生产方式

实施绿色制造、节能降耗和循环发展行动计划，分行业、分领域改造提升传统动能。推动生产过程清洁化转型，建立健全单位能耗产出效益综合评价机制，实施差别化能源配置。加强绿色制造领域核心技术的应用，着力突破节能减排、资源综合利用、新能源开发、污染治理等领域关键共性技术。发展绿色金融，设立绿色发展基金，积极构建市场导向的绿色技术创新体系，建设绿色技术创新中心和绿色工程研究中心，大力研发绿色工艺技术和装备，实施一批环境治理领域具有先进性、创新性的环保工艺、技术示范工程。实施政府绿色采购，推行绿色产品优先，积极争取国家和省的绿色发展基金支持。严格执行项目节能审查、规划和环境影响评价制度，采用先进工艺，提高清洁生产水平以及沿江沿河产业环境准入门槛，严控高耗能、高污染行业增长。建立健全高碳产业市场准入清单，将淘汰类项目、落后产能和技术装备水平低于全国平均水平的生产线等纳入新旧动能转换"替代源"清单，探索开展碳捕捉和封存试点，支持自贡高新区等具备条件地区打造近零碳排放示范区。

三、推进资源节约循环高效利用

强化约束性指标管理，完善能源、水资源消耗和建设用地总量与强度"双控"制度，推动传统领域节能降耗，制定碳达峰行动方案，实施工业低碳行动，构建节能减排长效机制，促进工业排放全面达标。推进产业园区绿色化、循环化改造，实施自贡高新区园区循环化改造工程，推进自贡高新区国家绿色工业园区、国家绿色产业示范基地建设。推进省级以上园区完成循环化改造，加强工业"三废"、余热余压和农业废弃物资源综合利用。鼓励发展再制造产业，推广应用再生产品。创新土地矿产要素供给，健全低效利用土地退出机制，加快处置批而未供和闲置土地，深化工业用地"亩产效益"评价改革，提高节约集约用地水平。加强固体废物分类处置和资源化利用，积极创建国家级资源循环利用示范基地。开展绿色生产生活示范创建活动，开展绿色制造示范单位、生态文明示范区、"两山"实践创新基地建设，持续开展节约型社会、节水型城市创建行动，全面推进工农业、居民生活节水，倡导绿色生活，推动全民绿色行动。加快建立节能型交通网络和建筑模式，构建以绿色出行为主导的绿色交通网络，大力推广新能源汽车，实现新能源公交车辆全覆盖，并逐步提高城镇绿色建筑比例。积极打造循环型服务业态，拓宽生态旅游市场，完善绿色商贸服务体系。

第八章　做强主导产业，发展新兴产业

坚定不移地把发展经济着力点放在实体经济上，立足全市现有产业基础，聚焦高端化、智能化、绿色化和集约化，加快推进传统产业转型升级和新兴产业培育壮大，大力做强主导产业、做优特色产业、做大新兴产业，着力构建优势明显、特色鲜明和协同融合的现代产业体系，推进产业基础高级化、产业链现代化，全面提升经济质量效益和核心竞争力。认真落实建设制造强国、质量强国等战略部署，聚力再造产业自贡，引导资源要素向优势产业集中集聚，强化先进制造业主导地位、文化产业赋能效应和消费牵引作用，推动产业创新融合发展，打造产业集群，壮大市场主体，建强产业园区，积极融入成渝产业链供应链建设，深化与成渝双核的产业错位协同、互补配套，打造制造强市和成渝地区先进制造业协同发展示范区，推动形成自贡经济高质量发展新格局，加快走出老工业城市产业转型升级新路，建成现代产业城市。

第一节　大力实施传统优势产业改造升级

持续深化推进传统优势产业转型升级，以新发展理念为统领，强化高端引领、创新驱动和龙头带动，着力强核心、补短板、提价值，以盐及盐化工、绿色食品加工、纺织服装等传统行业为重点，打造以数字化、集群化、服务化、品牌化、绿色化为重要标志的传统制造业改造提升 2.0 版，推进产业基础高级化、产业链现代化，向价值链中高端延伸，培育形成布局优化、生态良好、链条完善、功能协同、竞争力强的制造业发展新格局，再造自贡制造业高质量发展新优势，打造"产业名城"，加快培育发展五百亿级消费品工业及百亿级绿色化工产业集群。

一、持续推进盐及盐化工产业转型升级

加快盐及盐化工产业重塑步伐，深入推进智能化深度改造，支持久大、驰宇等制盐企业改造提升，积极构建全产业链的智能化制造、数字化管理新模式。发挥自贡优质盐卤资源优势、技术优势和品牌优势，推动制盐向盐卤—工业盐—食盐—营养盐（保健盐）等产业链条延伸，着力发展高端食盐、调味盐、保健盐、日化盐、医用盐等高附加值多品种盐，进一步扩大盐产品市场份额，促进工业品向消费品转型。以产业链延伸和上下游企业集聚建设特色盐产业集群，以井盐产业园为主要承载区，依托久大制盐、驰宇盐品、市轻工院等龙头企业，与清华大学等高校合作开发高附加值盐及盐衍生消费品，发挥自贡特色黑卤盐矿资源优势，重点开发天然钙盐、低钠盐、富锶盐等多品种盐产品，打造国家级盐品绿色生产基地。强化市场营销和品牌塑造，充分利用好"千年盐都"这块全国唯一的金字招牌，促进盐文化与盐品牌的深度融合，打响自贡井盐品牌。推动化工产业向"绿色"转型升级，聚焦盐化工、氟化工、页岩气化工等领域，严格执行绿色发展标准，坚持走低碳乃至零碳的创新技术路线，充分发挥丰富的盐卤资源优势，依托中国化工集团的龙头带动作用，打造上下游一体化协同有序的高端化工产业发展格局；支持中昊晨光推进科研成果转化及产业化应用，延伸氟化工产品链，着力打造国际一流的特色氟化工基地；支持中昊黑元化工研发等离子体制备高纯特种炭黑、节能环保碳材料等，拓展新型碳纳米材料、战略性新兴材料、炭黑行业智能化装备制造领域；支持四川精细化工发展阻燃剂、脱硫脱碳溶剂、医药中间体等精细化工产品。依托重点园区打造专精特新绿色化工产业园，科学整合全市化工生产要素资源，提升沿滩高新区和富顺晨光经开区的承载能力，招引布局氯碱化工、精细化工等项目，严格控制园区安全风险和危险化学品重大危险源等级，杜绝产业转移时的风险转嫁，实施中皓特种二氧化硅及深加工产品技改等项目，推动产业进一步聚集，培育壮大绿色化工产业集群。

二、持续推进绿色食品加工产业转型升级

立足自贡特色农业资源优势和农产品加工基础，践行"生态、安全、健康、养生"理念，通过新技术、新产品和新业态的创新，聚焦创新链补短、产业链延伸、价值链提升，重点发展调味品、肉制品、粮油、白酒、精制茶、果蔬加工及饮料制造等特色优势产业，促进绿色食品加工产业特色化、绿色化和品牌化发展，加快向精深加工转型。培育引进一批龙头企业、加快培育"专精特新"中小企业，支持以自贡为原产地进行商标注册、生产、销售的规模以上食品加工企业做强做大，加强与四川农业大学等高校和科研院所合作，引导和鼓励企业加大研发投入，设立技术中心、工程技术中心等创新平台，加快技术创新和新产品研发，开发具有区域特色的休闲食品、调味品和具有盐帮菜饮食文化特色的餐桌食品，重点发展自贡冷吃兔、火边子牛肉、太源井晒醋、富顺香辣酱、荣县油茶等国家地理标志保护产品，着力建设一批集产品研发、生产和销售的全产业链一体化食品饮料基地。推动产业集群化发展，以沿滩高新技术产业园区为主要承载区，高起点、高标准建设西南（自贡）食品产业园，加速推动百味斋等一批企业搬迁入园发展，推行"全产业链"布局，重点发展方便食品制造、调味品生产、白酒及饮料制造等，并延长产业链，吸引包装等配套企业落户发展，打造成为全省最大的调味品生产基地。依托富顺长滩食品饮料产业园培育特色产业集群，积极对接五粮液等名酒企业，加快融入白酒金三角，培育打造白酒产业基地。依托荣县工业园区及绿茗春茶业、龙都茶业、巴尔农牧等龙头企业，重点发展粮油、茶叶、肉制品、陶器等加工产业，打造成为全省重要的农产品精深加工基地，形成服务川渝的农产品加工供应基地。实施食品饮料品牌提升行动，加强品牌商标保护，立足"盐帮菜"文化资源，深入挖掘"盐帮美食"产业化潜力，塑造"自贡味道""自贡工艺""自贡品味"等食品饮料产业符号，推动传统文化与现代食品饮料产业融合发展，重点培育"自流井""刀刀爽""天车牌""龙都""美乐""太源井""百味斋""旭水"等品牌，大力提高"自然贡品""自贡冷吃兔"等区域公用品牌价值和市场影响力，建成全国独具

特色的食品饮料加工基地。

三、持续推进纺织服装产业转型升级

实施纺织服装产业优化升级工程，积极营造高质量创新发展的良好产业生态，加强技术创新和产品创新，加大企业技术改造力度，鼓励企业积极运用大数据、云计算、物联网等新一代信息技术改造研发、设计、生产、管理、营销等各环节，打造全行业全产业链数字化应用场景，推动纺织服装产业生产制造向智能化、个性化转变，产品供给向高端化、品牌化转变，产业生态向绿色化、时尚化转变，加快推动纺织服装产业向智能化、高端化、品牌化、集群化转型，实现纺织服装产业由"自贡制造"向"自贡创造"的质变。服装制造方面，依托中昊晨光、汇维仕、兰帝服饰等龙头企业和富顺纺织服装产业园、代寺纺织服装产业园，在培育扶持龙头企业的基础上，谋划引进一批强链、延链和补链的关联配套企业，以链式发展不断放大集群效应，积极承接东部地区、成渝地区产业转移，引进织造、面料、服装及服装配套等项目，大力提高纺织服装原创设计开发能力和生产工艺水平，主动适应个性化、品质化消费需求升级趋势，不断提升产品差别化率和中高端产品供给能力，重点发展高端纺织及服装加工、服装辅料配件、化学纤维、丝绸等领域，成链、成群发展纺织服装产业。高端皮具方面，依托红谷皮具等龙头企业和中国西部皮具产业园，补齐小五金器件关键环节，重点发展高端箱包、皮制服装、特色饰品、旅游装备和纪念品等领域。制鞋业方面，依托煜峰鞋业、俊鸿鞋业、丽鹰鞋业等企业，推动由品牌加工向集群自主创品牌转变，充分把握数字化时代消费群高度分众化的特点，挖掘细分市场机会，打造品类品牌，努力实现从"鞋找人"向"人找鞋"转变。防护用品方面，依托中昊晨光、济生等防护用品生产企业，加快聚四氟乙烯制品上下游协同发展，着力建成种类齐全的医疗防护用品产业链，积极打造纺织服装和防护用品生产贸易基地，加快形成两百亿级纺织服装和防护用品产业集群。

第二节　做强主导产业集群

坚持优先发展先进制造业，深入实施制造强市战略，加快发展以先进装备制造、先进材料等为主导的先进制造业集群，完善集群培育机制，以产业集聚为方向，以项目推动为抓手，以招商引资引智为助力，以技术创新为驱动，以建设一批千亿级产业集群和特色优势产业链为抓手，不断延链、补链、强链，促进先进制造业和现代服务业深度融合，构建完备的现代产业体系，加快培育具有国内外影响力和竞争力的创新型企业、先进制造业集群，增强制造业竞争优势，巩固壮大实体经济根基，积极打造长江上游重要的先进制造业基地和特色产业基地，推动自贡由制造大市向制造强市跨越。

一、聚力打造千亿级先进装备制造产业集群

依托现有装备制造产业优势和潜在优势，推动制造业高端化、智能化、绿色化，积极培育关联度大、带动性强的大企业，构建一批专业化优势明显、竞争能力强的配套"小巨人"企业，增强集群整体竞争力，争取到 2025 年将节能环保装备、通航与无人机、泵阀等产业打造成千亿级先进装备制造产业集群。

（一）做大做强做优节能环保装备产业集群

依托东方锅炉、华西能源、川润股份、运机集团等知名企业的市场优势，重点发展高效清洁燃烧技术装备、生物质发电锅炉、智能化装备、三废治理装备、节能绿色输送机械等，实施东方锅炉大型清洁高效电站锅炉高温高压部件智能制造等重点项目，建设国家级绿色产业示范基地。依托自贡节能环保装备国家新型工业化产业示范基地、节能环保国家战略性新兴产业集群，重点发展"高效清洁节能锅炉—余热余能利用装备—清洁能源装备—污染防治装备—资源综合利用装备—节能电力装备"节能环保装备制造产业链条，加快强链、补链、延链，带动全产业链的发展，打造国家级节能环保装备制

造业集群。

（二）做大做强泵阀产业集群

围绕密封件、泵、阀及其他零部件领域，依托凯茨阀门、飞球阀门、工业泵、大禹密封等龙头企业，实施关键进口产品国产化工程，解决大口径阀门等"卡脖子"问题，增强泵阀产业链自主可控能力。依托自贡市泵阀产业联盟，聚集上游铸件和下游加工、商贸重点企业，实施飞球阀门制造业中心、节能泵脱硫泵等泵阀生产基地等重点项目，促进泵阀产业集群化、智能化、成套化和网络化发展。

（三）做大做强通航与无人机产业集群

充分利用好自贡发展通航产业的区位独特、空域资源丰富、通航制造基础较好等优势以及全国民用无人驾驶航空试验基地、国际航空三字代码（ZKL）等金字招牌，着力提升自贡航空产业园承载力，持续完善产业功能，吸引更多航空制造类企业入园集聚发展，招引布局一批通用飞机整机、航空发动机、航空与燃机零部件、航电航材、无人机制造等项目。加快实施航空发动机零部件生产线、腾凤无人机科研生产测试基地、海川航空发动机及燃机关键零部件制造智能化工厂、成飞无人机产业基地等项目，打造全国首个5G网联无人机行业应用测试及示范基地，积极开拓通航消费市场，促进"通航+"融合发展，创建全国通用航空产业发展综合示范区，努力打造全国具有重要影响力的通航与无人机产业集群。

二、聚力打造千亿级先进材料产业集群

依托龙头骨干企业，围绕高分子合成材料、金属及复合材料、新型碳材料、新型建筑材料等特色产业，加大新材料产业建链、延链、补链和强链步伐，争取到2025年打造形成年主营业务收入超千亿元并具有核心竞争力和特色优势的先进材料产业集群，迈入全国乃至世界先进材料产业集群行列。

（一）做大做强做精高分子合成材料产业集群

积极融入国家产业基础再造工程，加强与中国化工集团全方位合作，以晨光院为龙头，实施中国化工川南新材料产业基地、氟系列精细化学品工程、广州希森美克（自贡）纳米涂层新材料技术研究院与研发平台等一批重点项目，积极承接东部地区产业转移，打造氟材料上下游一体化协同发展的产业集群。加大有机氟、聚酰亚胺、芳纶等高性能材料研发创新、成果转化、产业化力度，提升关键材料自主保障能力，打造具有全球影响力和国内领先的高分子合成材料产业集群。

（二）做大做强金属及复合材料产业集群

发展壮大硬质合金、大西洋等骨干龙头企业，着力提升硬质合金材料研发水平，创建国家焊接材料创新中心。实施华刚AVI热喷涂粉项目、高性能过滤材料用金属粉末生产等一批重点项目，升级打造自动化、智能化的生产线，提升中高端产品占比，加速国产化替代，推动传统材料工业转型升级，打造国家重要的金属材料、金属切割及复合材料生产研发基地。

（三）做大做强新型碳材料及新型建材产业集群

抓住以石墨烯为主要代表的新型碳材料产业目前处于技术创新关键期、产业应用突破期的机遇，充分发挥中昊黑元化工在特种炭黑领域技术与产品优势，推进国家炭黑材料工程技术研究中心、功能性特种炭黑及其复合材料研发平台建设，加强碳石墨制品企业"育苗壮干"梯度培育，以军品材料及制品需求为基础，走进口替代之路，提升石墨烯产业化水平，加快培育形成以"石墨烯设备研发制造—原料制备与应用研究—产品生产及下游应用"为代表的石墨烯产业链，打造具有特色竞争优势的新型碳材料产业集群，建设"中国西部碳谷"。以市场需求为导向，引导太阳能玻璃、陶瓷等行业绿色集约发展，提升产品绿色化、部品化和功能化水平，推进传统建材转型升级，积极培育太阳能新材料、水性涂料和高固体分涂料等新型建材产业，加快装配式建筑部品部件、新型墙体材料、新型防水密封材料等细分领域发展壮大，加快构建川渝地区新型建材产业集群。

第三节 以引育高端为切入，发展壮大新兴产业

坚持面向未来、超前谋划，坚定不移地把培育发展战略性新兴产业作为推进和引领自贡老工业城市产业转型升级的突破口，抢抓新一轮科技革命和产业变革机遇，主动培育和前瞻布局一批代表前沿科技和产业变革方向的先导产业和支柱性产业，充分利用自贡产业基础和优势，做好做足"无中生有""有中生新"两篇大文章，聚焦绿色环保、新材料、航空航天、新能源、新能源汽车、高端装备、生物技术、新一代信息技术等重点领域，加强创新资源整合，强化前沿创新的引导作用，提升产业基础能力和发展能级，促进更多领域实现跨越和赶超，积极抢占未来产业发展先机。依托产业链部署创新链，加大技术更迭、工艺优化和装备升级力度，推动传统产业加快向战略性新兴产业转型发展，促进以新技术、新模式、新业态为特征的数字经济加速发展，在巩固提升传统产业链的同时，塑造新兴产业链。推动新兴产业融合化、集群化和生态化发展，开展产业链供应链安全风险评估，实施新兴产业集群配套型和关联企业集聚型招引，积极引育高端产业项目，推动产业链核心环节本地化、产业链供应链多元化，培育一批具有国内外竞争力的龙头企业，打造一批各具特色、优势互补和结构合理的新兴产业集聚区，在重点领域形成若干个百亿级乃至千亿级的战略性新兴产业集群。

一、加快培育壮大战略性新兴产业

主动服务国家战略，抓住新一轮科技革命和产业变革带来的机遇，坚定不移地把培育壮大战略性新兴产业作为推动自贡老工业城市转型高质量发展的核心引擎和关键支撑，深入实施创新驱动发展战略和战略性新兴产业集群发展工程，以破解制约产业高质量发展"卡脖子"问题及夯实产业基础为核心任务，集中优势资源，攻克关键核心技术，立足自贡战略性新兴产业发展基础和优势，加快发展节能环保装备、新材料、通航与无人机、新能源及新

能源汽车、生物医药、电子信息等新兴产业，拓展新兴产业发展领域和空间，培育壮大新动能，持续做大做强战略性新兴产业，抢占新兴产业发展制高点，建设全国重要的战略性新兴产业研发制造基地，大力推动战略性新兴产业融合化、集群化、高端化、智能化和生态化发展，形成一批具有国内外竞争力的战略性新兴产业集群，将其打造成为全市新的经济支柱，争取到2025年战略性新兴产业实现产值占全市规模以上工业总产值比重达一半以上，支撑经济高质量发展的现代产业体系基本形成，为再造产业自贡、建设以科技创新为驱动的现代工业强市、加快走出转型升级新路提供强有力的产业支撑。

（一）加快发展壮大节能环保装备产业

紧扣碳达峰碳中和要求，在绿色环保领域重点做优做强节能环保装备产业，依托自贡节能环保装备国家新型工业化产业示范基地、节能环保国家战略性新兴产业集群，重点发展高效节能、水污染治理、固体废弃物治理、大气污染防治、余热余能利用、节能泵阀等技术及应用产业链，建设高端项目，提高产品档次，拓展延伸节能环保产业链，通过提高自主创新能力，加快示范项目建设，推进节能环保产品自主化、系列化、标准化和集群化进程，将节能环保装备产业发展成为全市战略性支柱产业，着力打造国家级节能环保装备研发制造基地、国家级节能环保装备制造产业集群。

高效节能产业方面，依托东方锅炉、华西能源等企业发展高效节能锅炉，重点在高效燃烧、控制烟气污染物等方面攻克第三代OPCC①旋流燃烧器、先进换热的低低温省煤器和MGGH②换热器系统、超低排放燃烧技术、流化床锅炉低Ca/S比脱硫燃烧技术、半干法脱硫除尘脱汞一体化技术等关键核心产品和技术，提高锅炉系统智能控制和主辅机优化配置等技术水平和集成能力，推进燃煤电厂节能与超低排放改造等重大关键节能技术与产品规模化应用示范；依托川润股份、国立能源、东方锅炉等企业发展余热余能回收利用装备，主动适应冶金、化工、建材等行业余热余能利用需求；依托四川飞球（集团）、

---

① OPCC：低NO$_x$（氮氧化合物）旋流燃烧器，其主要特点是环保。
② MGGH：全称MediaGGH，是一种气水换热器，特点是环保。

自贡工业泵、川工泵业等企业发展节能泵阀装备，大力提升装备的节能水平。

先进环保产业方面，依托华西能源、中昊晨光、四川轻化工大学等企事业单位发展固体废弃物治理装备，重点发展垃圾焚烧发电锅炉、污泥焚烧锅炉、高危废弃物无害化处理装备、工业固体废弃物和半焦锅炉、有机废弃物生物燃气成套装置等固体废弃物治理技术和装备，并开发垃圾分选焚烧、工农业废弃物、城市矿产资源处置利用等领域需求装备及技术；依托华西能源、市轻工院、川滤设备等企事业单位发展水污染治理装备，重点发展多功能集成式废油在线净化节能装置、复合定位反冲洗排污电动滤水器、含油污水真空分离净化回用装置、碱液回收锅炉低成本污水处理一体化装置等水污染治理装备，提升集成化、智能化和成套化水平，加强先进技术装备示范推广应用，支持城市污水处理及资源化利用、高难度工业废水污染治理、水生态修复、乡镇生活污水处理、油气开采废水废浆处理等关键核心技术攻关；依托东方锅炉、华西能源、川润股份等企业发展大气污染防治装备，重点发展高效清洁燃烧技术装备、脱硫脱硝除尘装置、燃烧—环保一体化污染物控制装备、智能环保带式输送机、耐高寒皮带运输机、工业和民用油烟净化设备等大气污染防治装备，加快燃煤机组"近零排放"等新技术、新产品推广应用。

资源循环利用产业方面，依托华西能源、中昊晨光、四川轻化工大学等企事业单位，积极拓展研发生活垃圾无害化处理、垃圾填埋场渗滤液安全处置、危险废物和医疗废物无害化利用处置等技术装备，研发和推广基于物联网的再生资源收运系统，开发垃圾综合利用的分选技术设备、废旧机电自动拆解设备等配套装备。

（二）加快发展壮大新材料产业

瞄准前沿，以战略性新兴产业重点产业发展需求为导向，抢抓成渝地区双城经济圈建设战略机遇，推动新材料产业与成渝协作配套，深度参与双城经济圈产业链、供应链，重点发展高分子合成材料、高端焊接材料、金属基复合材料、新型碳材料等特色优势产业领域，推动新技术、新工艺和新产品的产业化应用，增加高性能、功能化和差别化产品供给，推进新材料融入高端制造供应链，从需求侧引导企业加快向中高端产品制造转型、向价值链中高端转移，着力打造先进材料千亿级产业集群、国家先进材料研发生产基地，把新材料产业培育打造成为自贡转型高质量发展的战略性支柱产业。

先进基础材料方面，依托中昊晨光、中天胜等企业发展高分子合成材料，重点突破高性能氟材料和工程塑料领域，瞄准航空航天、轨道交通、高端装备制造、电子信息等中高端应用产品市场，重点发展高端含氟聚合物、聚四氟乙烯分散树脂、特种氟橡胶、聚苯硫醚树脂合成及纺丝、氰尿酸三聚氰胺盐（MCA）、JH系列高效复合脱硫脱碳溶剂、聚酰亚胺单体及复合材料等，加快建设川南新材料产业基地；依托自贡硬合、长城硬面等企业发展金属基复合材料，围绕航空航天、核电军工、高铁、石油钻探、海洋工程等行业需求，重点发展硬质合金、硬面材料、钨钼制品等，支持自贡硬合加快实施采掘工具自贡基地、600万件高品质精密零件等项目建设，打造川南金属及复合材料基地；依托大西洋等企业发展高端高性能焊接材料，围绕高端装备、未来环保等需求，加快开发绿色焊接材料，重点突破自钎钎料、药芯钎焊焊丝、药皮钎焊焊条、"三明治"钎焊焊带等研制能力和焊接材料关键及成套设备技术等应用技术，并面向全球制造业和基本建设领域布局"焊接工程应用服务中心"，创建国家级焊接技术创新中心，深度融合焊接材料技术与焊接装备技术，形成技术协同优势，提供高品质焊接材料、高效率焊接装备和高水平焊接人才"三位一体"焊接整体服务，打造全球知名高端焊接材料基地。

关键战略材料方面，依托辉腾等企业发展高性能纤维材料，重点发展芳纶纤维材料制品等；依托江阳磁材等龙头企业发展稀土功能材料，围绕汽车、摩托车、工业装备、家电等行业需求，持续做强铁氧体元器件制造能力，以"四川省稀土铁氧体工程技术中心"为平台，加快高剩磁（Br）、高矫顽力（HCJ）等高性能稀土铁氧体材料的研发及示范应用。

前沿新材料方面，加快培育石墨烯、金属及高分子增材制造材料、航空航天工程专用材料、3D打印等新材料，努力形成一批具有自主知识产权的国际国内领先的原创核心技术。依托中昊黑元、东新电碳等企业发展新型碳材料，重点发展石墨烯、特种炭黑、导电炭黑、密封胶专用炭黑、特种橡胶制品专用炭黑及高性能军民用石墨制品、碳刷等产品，鼓励企业与四川大学、湖南大学、四川轻化工大学等深入合作，开展基体材料、新型高密度、低硬度密封材料等电碳材料专项研究。支持中昊黑元功能性特种炭黑及其复合材料新产品开发与产业化，突破石墨烯规模化粉体制备、石墨烯前驱体及石墨烯应用产品规模化生产等关键技术，加快国家炭黑材料工程技术研究中心转建国家炭黑材料技术创新中心。积极引导石墨烯材料生产企业、应用产品生产企业培育和扩大在节能环保、新能源、新能源汽车、电子信息、航空装备、生物医药等领域的产业化应用与推广，打造国家级石墨烯产品研发生产基地。

（三）加快发展壮大通航与无人机产业

航空航天领域重点发展通航与无人机产业，大力推进通航产业军民融合发展，以固定翼飞机、直升机、无人机等通用航空器市场需求为牵引，积极引进国内外行业龙头企业，集中优势资源加快中小航空发动机和通航整机研发制造，着力构建具有自贡特色的"通航整机研发制造+中小航空发动机研发制造+关键零部件制造+通航运营"全产业链协同发展新模式。依托海川实业、川润股份、川力科技等重点企业，重点发展通用飞机结构件成形与加工、航空发动机叶片、高温合金涡轮盘等结构件，以及航空发动机石墨密封环、动力润滑部件等配件。依托成飞集团、腾凤、中电科、中双实业、四川蜜蜂飞机等重点企业，构建无人机研发、试飞、调试、零部件制造、部装、总装、3D打印、工艺辅料生产、培训及维修等无人机全产业链，着力打造国内最大的无人机产业基地。依托四川汇东等重点企业不断深化与"一带一路"沿线国家航空企业的国际合作，填补自贡通用飞机制造业空白。依托中电特飞等企业，重点开发多无人机战场快速协同侦察系统、车载垂起无人机侦察系统、舰载垂起无人机侦察系统等。加速建设通用机场骨架网，推进荣县、富顺通用机场建设，在全域延伸布局通航关联产业和引致产业，构建"通航+"全域航空经济生态圈，推动建设全国通用航空产业联片发展综合示范区，将自贡航空产业园创建为国家级综合型通用航空产业园。大力培育以航空设计、航空旅游、航空运动、航空科普文旅研学等为主导的航空文化产业，探索"通航+"的文化发展新业态、新模式。积极拓展商务出行、飞行培训、低空旅游、应急救援、物流快递等通航服务，率先发展"城市通航"，先行先试无人驾驶航空器在城市物流快递、公共交通、城市安防、医疗卫生、抢险救灾、气象探测、社会公共管理等领域的广泛应用。

（四）加快培育发展新能源及新能源汽车产业

顺应新能源产业发展趋势，围绕建设新能源装备和应用强市，以技术创新为引领，加快发展清洁能源应用产业，着力推动氢能、页岩气、光伏等新能源在交通、电力等领域的推广应用，推动自贡成为新能源产业集聚示范区。

氢能领域，积极抢占氢能源战略高地，加快氢产业布局，主动融入成都—自贡—内江—重庆的氢燃料电池物流"氢走廊"，以汽车动力、分布式能源、储能装备等氢能应用场景供给为牵引，培育引进一批行业领先的制氢加氢装备、燃料电池、电堆、电控系统等重点企业，重点开展氢气制备、储运等研发及产业化，发展氢燃料电池零部件及系统集成、示范运营，不断完善氢产业链，积极打造国家级氢能产业发展基地。培育发展氢能及燃料电池产业链，积极突破双极板、高性能碳纸、低铂催化剂等关键材料，形成系列化燃料电池品牌产品，推动"单电池—电堆—发动机—整车"全产业链发展。综合推广利用氢能源，探索氢能纳入区域能源体系，拓展氢能在工业、建筑、交通、物流等领域应用，实现多种能源协调发展，加快加氢站和车辆示范运行，形成可复制推广的经验和综合能源站商业运营模式，加快建设氢能应用示范城市。前瞻布局"绿氢"产业，积极发展太阳能、光伏、地热能等可再生能源电解水制氢。

太阳能光伏领域，积极培育发展太阳能光伏装备、太阳能热利用装备、太阳能热发电装备制造等，着力发展大尺寸超白光伏玻璃，延伸发展超白石英砂、光伏组件、光伏电站总承包等领域，大力引进天合光能、东方日升、隆基股份、晶科能源、晶澳科技等组件企业，形成全产业链发展新态势。推动太阳能光伏与其他产业融合发展，推广太阳能建筑一体化应用，建设一批农光等"光伏+"综合利用示范区。

页岩气领域，以建设国家天然气（页岩气）千亿立方米级产能基地为契机，协同川南渝西地区共建全国最大的页岩气开发区，深化与中石油、中石化在页岩气勘探开发方面的战略合作，完善企地合作、互利共享机制。鼓励装备制造和油田服务企业加大研发力度，打造"钻采（硬质合金）—输送（泵阀、压缩机）—储运（储罐、储气井）—综合利用（制氢、制炭黑、制液化天然气）"的页岩气勘探开发和综合利用全产业链，推进以页岩气为原料和燃料的工业项目及分布式能源项目建设，提高就地转化利用率。

储能领域，培育和引进储能产业相关龙头企业，推动新型储能快速发展。抓住川渝打造万亿级汽车产业集群契机，依托朗星达等龙头企业，大力发展锂离子电池、动力储能电池等全产业链，加快推进动力电池材料、单体、模块及管理系统等关键技术研发和产业化。积极发展电池回收、梯度利用和再资源化循环利用，探索大容量超级电容储能装备，引进储能电站、电池管理器、电气控制等前沿项目。加快推进充（换）电站、加氢站等新型车用能源基础设施建设，构建便利高效、适度超前的新能源充电网络体系。积极引进宁德时代、中盐化工、中国长城等重点企业，推动钠离子电池等技术市场化应用，并探索开展储氢及其他创新储能技术的研发和示范应用。

新能源汽车领域，把握汽车产业轻量化、智能网联化、新能源化的变革机遇，发挥自贡在新能源、动力电池等方面的产业基础优势，积极引进培育一批具有先进水平的智能网联汽车整车及关键零部件企业，培育发展智能网联新能源汽车产业。重点发展纯电动、插电式混合动力和氢燃料电池汽车，加大轻量化材料、动力电池和燃料电池、智能车联网、整车热管理等关键技术攻关，大力发展新能源汽车整车生产，实现零部件制造突破；支持汽车、信息通信、人工智能、互联网等相关企业加强合作，联合开展基础共性交叉技术的研发，建立健全新能源汽车生产和应用生态。积极发展新能源汽车共享出行、智能网联汽车测试、展示交易等新型汽车服务。

（五）加快培育发展生物医药与康养产业

立足产业发展基础，引进培育一批龙头企业，以关键技术攻关和高端产品研制为主线，加快生物技术在医药健康等领域的应用，加快培育生物医药、高端医疗器械、智慧医疗与大健康等新兴产业，打造全方位、全周期健康服务产业链，建设技术先进、产业密集、特色明显的国内重要的生物医药研发转化基地。巩固提升现代中药和化学药优势，以现代中药材种植为基础，以化学原料药及中成药制剂为重点，建设西部现代中药产业及原料药基地；依托博浩达生物打造国内具有影响力的生物制造产业化试验基地。加强重大疑难疾病、慢性病等中医药防治和新药研发，以博浩达生物、旭阳药业、旺林堂药业等企业为龙头，加强与中科院天津工业生物技术研究所、四川大学、四川省中医药科学院、成都中医药大学等科研院所和高校的技术合作，大力发展以生物发酵为基础的生物制品和中成药、中药饮片等。依托鸿鹤制药、健能制药等龙头企业，重点发展普通原料药、医药中间体，探索发展高端特色原料药领域，着力发展片剂、胶囊等新型化药制剂，积极培育高端仿制药领域。围绕预防、诊断、治疗、康复等医疗和保健市场需求，推动重点领域核心技术突破和跨领域融合发展，大力研发新型医疗器械，依托自贡化工新材料及金属材料产业基础，聚焦高端医用材料、零部件制造、医疗设备及耗材制造领域，重点发展医用金属材料、化工材料、监护设备及家用医疗设备等医疗器械，培育高端医疗器械产业集群。充分发挥自贡精神专科、老年专科医疗资源优势，加强与市内三甲医院合作，建设智慧康养城，打造区域医疗康养融合高地。依托四川卫生康复职业学院建设医养人才实训基地，与西南医科大学共建老年卫生学院，聚集国内外康复医疗人才及资源，建立多层次、全生态康复医疗服务体系，打造康复医疗特色产业链。大力发展旅居康养产业，以特色康养产业项目带动整体发展，新建一所能容纳在校学员万人以上的综合性老年大学，支持康复产业与健康、养生、养老、文化、旅游、健身、休闲等产业融合发展，建设康养综合体，打造宜居、宜游、休闲、绿色、生态、健康的全国知名的康养胜地和康养最佳城市。培育康养服务产业新模式、新业态，鼓励金融、互联网等企业进入康养服务产业，突破智能诊疗关键技术，推广线上线下相结合、个人健康管理服务及医养结合等新模式，拓展生物医药服务新业态，推进"医养+文旅""医养+体育""医养+保健""医养+食品"等相关产业融合发展。前瞻部署重大传染性疾病的基础研究和成果转移转化，重点支持生物防护物资及原材料生产能力建设，提升生物安全保障水平。

（六）加快培育发展新一代电子信息产业

坚持特色化、差异化发展，突出新一代电子信息技术的数字化、智能化、跨界化和融合化，聚焦新一代通信设备、手机与新型智能终端、高端半导体元器件、物联网传感器、新一代信息技术创新应用等领域，主动服务和对接成渝集成电路和高端显示产业配套要求，加快推动集成电路、新型显示等重点产业壮大升级，推动"一芯一屏一端+配套"特色发展，打造成渝地区电子信息产业"第三极"。实施集成电路"强芯"培育工程，培育发展模拟及数模混合集成电路、半导体功率器件、微机电系统传感器、光通信芯片和模组、第三代半导体等细分产业，聚焦成渝地区集成电路上游核心材料断板、短板，依托中誉瑞禾、台湾微晶等企业，重点发展集成电路硅晶圆片、电子级高纯硅原料（11N9 高纯单晶硅和高纯多晶硅），做大半导体硅材料规模，配套发展集成电路引线框架、封装用金属、陶瓷封装材料、塑料封装材料等，积极构建集成电路材料、封测、设计、制造、装备产业链，打造成渝地区集成电路产业发展高地。聚焦京东方、中电熊猫等成渝地区新型显示头部企业，大力支持高精度掩膜版、超薄偏光片等关键配套企业和高端显示盖板、消费电子防护玻璃等显示配套企业落地，提升面板关键配套材料的研发生产能力。持续跟踪超高清显示、柔性显示、激光显示等前瞻性显示技术的产业化机会，支持电子纸等柔性显示面板生产线建设。依托中誉瑞禾、超越集团等企业，打造智能设备端高地；加快发展智慧教育、智能家居、智能穿戴、智能医疗、智能车载、智能安防、智能大屏、智能家电等终端产品，打造智能可穿戴产业高端产品生产基地。培育壮大国铨电子、利世华、华声科技等电子元器件企业和朗星达、泰威科技等锂离子电池企业，深入挖掘触摸屏、5G 通信、智能穿戴等领域智能硬件多元化需求，加强区域产业链配套，打造成渝地区重要电子信息产业集群。

二、加快培育壮大数字经济

抢抓数字经济发展新机遇，着力发挥数据新型生产要素的关键作用和数字技术的驱动作用，以数字产业化和产业数字化为主攻方向，大力发展数字经济，促进数字经济和实体经济深度融合，提升数字化生产力，推动自贡迈入数字经济新蓝海。积极融入全省国家数字经济创新发展试验区、成渝建设国家新一代人工智能创新发展试验区，布局完善新一代信息基础设施，加快提升传统基础设施智能化水平，规划建设发展大数据中心、大数据产业园、大数据公司，优化提升数字经济营商环境，加强数字经济产业招引，加快构建完善数字经济产业生态圈，着力打造数字经济发展新高地，争取到 2025 年全市数字经济占 GDP 比重高于全省平均水平。

（一）加快推动数字产业化

加快全市数字产业化进程，聚焦大数据、云计算、电子商务、信创等领域，引培一批具有较大影响力、示范引领和辐射带动作用强的数字经济骨干企业，推动产业集聚，积极培育打造数字产业集群。大力发展软件信息服务业，重点发展工业软件、嵌入式软件、手机应用程序等行业应用软件以及系统集成、电子商务服务、农业信息服务等，加大政府对软件开发云平台支持力度，培育一批本地软件和信息服务企业，支持自贡市智慧城市网络科技有限责任公司做大做强，加强与国内外数字经济领军企业和科研机构的合作，提升自贡软件信息服务业的区域影响力。培育发展云端产业，高标准建设综合型云计算公共服务平台，推动通信网络、数据中心等传统信息服务向云计算模式转型，支持各类云计算平台拓展大数据服务，引进一批云计算服务提供商，鼓励其与行业龙头企业共建面向特色细分领域的云服务平台，开发个性化定制化云计算服务产品，积极整合云计算产业链上下游资源，打造云计算及大数据产业生态体系，开发一批工业数据分析软件和工业智能软件。培育发展人工智能产业，依托相关科研机构，积极引进国内外工业智能与机器人产业的高端研发团队，培育和引进智能产品设计、智能器件生产、工业控制、嵌入式软件等自动控制应用、生产和服务相关企业，加快人工智能关键技术转化应用，促进技术集成与商业模式创新，加强智能产品创新，重点推进智能家居产品、可穿戴设备、智能无人机、工业机器人、服务机器人、增材制造等智能装备研发应用，大力发展智能视听、智慧家庭、智慧医疗、智能安防电子、智能仪器仪表等产品。加强科技、人才、金融等要素的优化配置和组合，加快建设人工智能产业创新基地。加强应用场景建设，制定人工智能场景应用项目清单，开展人工智能应用试点示范，打造一批人工智能行业应用场景示范项目。围绕家居、教育、医疗、农业、物流、金融、商务、旅游等重点行业和领域，形成一批可复制推广的高水平人工智能应用解决方案，推动人工智能规模化应用。大力引进数字经济产业项目，探索物联网、区块链、人工智能等新技术应用，培育网络直播、数字文创等新业态，推动数字经济产业实现突破发展。

（二）积极促进产业数字化

推动数字技术在传统产业深度应用，全面提升制造业、服务业、农业等数字化水平。实施企业"上云用数赋智"行动，深化研发设计、生产制造、市场服务等环节的数字化应用，聚焦中小企业数字化转型需求和传统产业提质赋能发展，推动数据赋能全产业链协同转型，打造一批区域型、行业型和企业型数字化转型促进中心，建设一批产业转型促进平台和产业转型升级服务综合体。实施数字技术融合应用计划，加快推进新一代信息技术和制造业融合发展，支持东方锅炉、滕洋智能等企业加快开展"5G+工业互联网"试点示范，引导企业向服务型制造转型，重点推进东方锅炉、华西能源、川润股份、运机集团等有条件的制造业企业进行"制造+服务"模式尝试，积极发展个性定制、柔性制造等融合发展新模式，前瞻布局虚拟制造和协同制造。围绕供应链要素数据化和数据要素供应链化，探索打造"研发+生产+供应链"的数字化产业链，建设跨领域、协同化和网络化的数字经济创新平台。推动服务业数字化融合，实施全企入网、电商示范、主体培育工程，加快数字技术与设计咨询、交通、物流、金融、文化创意等生产性服务业深度融合，推进组织形式、商业模式、管理方式不断创新，构建高端化、智能化和网络化发展新格局。推进 5G、人工智能和物联网在彩灯、仿真恐龙等特色产品领域的应用。加速传统服务业线上线下融合发展，探索众包设计、智慧零售、智慧旅游、智慧会展、智慧体育、智慧家政、数字金融等新业态。依托华商国际城、万达广场等优质商圈，推进基于商圈信息的大数据采集、分析和应用，实现电子商务与实体商圈互动，建设"线上+线下、商品+服务、零售+体验"的智慧商圈体系。高标准建设富顺、自流井国省级电子商务示范项目，加快绿地集团等企业的合作项目建设，申建国家跨境电子商务综合试验区。鼓励海天彩灯、天天家纺等企业发展自营电商平台。推动数字技术与农业深度融合，发展特色高效数字农业，构建面向农业农村的信息服务体系，依托"四川省数字三农大数据平台"，建设自贡农业农村综合服务与监管大数据平台，加快物联网、地理信息系统、大数据等信息技术在农业领域的广泛应用，开展数字农业、智能农机应用试点，推动数字农业园区建设。实施自贡市农业农村大数据平台，荣县数字农业示范县，数字化现代特色农业示范区，绿食佳荣州 9S 智慧农业科普基地等项目，加快农业生产、经营、管理和服务数字化转型。大力发展农村电商，探索建立"市—县（区）—镇（乡）—村"四级服务体系，引导新型农业经营主体开展农产品线上营销，构建农产品线上线下新型营销体系，培育"互联网+订单农业"，发展"短视频+网红"、直播带货等线上线下融合的农产品新型营销体系，推广"田头市场+电子商务企业+城市终端配送"等营销模式。打造一批具有代表性的智慧农业应用基地和"互联网+现代农业"科技示范企业，创建一批智慧农业互联网特色小镇。

三、加快培育发展彩灯及灯饰照明新兴产业

立足本地"工程型""文创型"彩灯产业基础，推动彩灯产业与灯饰照明产业融合发展，突出"彩灯+"强基补链，引进布局 LED 光源、电器材料、控制系统等一批项目，培育和引进一批具有"链主"地位的龙头型企业、具有关键作用的零部件配套企业，大力发展工业设计、生产制造以及照明应用环节，延伸发展 LED 外延片生长、芯片制造、器件封装及相关配套产业。以彩灯文化创意产业园、灯饰照明产业园为载体，深化对外合作，充分利用自贡彩灯创意设计研发能力和占据全球灯会绝对市场份额的优势，与拥有雄厚的灯饰研发制造能力和完备灯饰产业链的中山市进行强强联合、优势互补，探索灵活多元的合作模式，积极开拓中西部和境外市场，聚力打造集研发、制造和展销为一体的中高端灯饰照明产业集群。抢抓新一代信息技术和 5G 机遇，积极探索现代灯饰照明产业与互联网产业的融合发展，促进智慧照明产品研发和产业化，打造享誉全球的"中国灯城"。

四、积极前瞻谋划布局特色未来产业

未来产业也称为先导产业，主要是指在国民经济体系中具有重要战略地位，能带动其他产业发展，对国民经济未来发展起引领作用，能代表技术发展和产业转型升级方向的产业。加强前沿科技、未来产业战略储备，依托自贡自身科教资源和产业发展的基础优势，整合、改造和提升产业发展平台，大力引进核心技术和人才团队，增强科技供给和产业策源能力，充分发挥各类园区现有载体作用，推动与国内外龙头企业的战略合作，谋划布局和储备一批面向未来的先导产业。围绕航空航天制造、生物基因技术、北斗产业、虚拟现实、人工智能等前沿科技和产业变革领域，重点发展无人机物流、航空应急救援等项目，招引培育生物医药技术产品研发、高性能医疗器械项目，谋划布局天线、板卡、地图等基础产品及高精度测量产品、车辆监控产品、儿童手环等终端产品，加大创新研发、成果转化、应用推广等全链化支持力度，在建立工程实验室、组建公共服务平台、高技术产业化和市场准入认证

等方面进行扶持，规划建设一批未来产业集聚区，创建未来产业先导示范区。实施未来产业引领计划，研究设立未来产业技术研究机构，开展对产业变革发展趋势和重大技术的预测，超前布局战略性、前瞻性技术创新领域，拓展未来技术应用场景，积极打造一批未来产业策源地。推动高校、科研院所以市场为导向，聚焦产业功能区急需领域开展订制研发，加强前沿技术多路径探索、交叉融合和颠覆性技术供给，力争在产业关键核心环节有所突破，提供产业技术整体解决方案，构建逆向技术创新链条，构筑自贡产业持续竞争新优势。

第九章 加快创新驱动，增强转型升级动力

我国已经进入全面创新的时代。党的十八大以来，以习近平同志为核心的党中央把创新摆在了国家发展全局的核心位置。这是在全面分析世情国情，清醒认识发展中面临的新机遇和新挑战，把握世界经济社会和科技发展趋势基础上作出的科学选择。从国内看，突破经济发展瓶颈、解决深层次矛盾和问题需要依靠创新；从国际看，抓住新一轮科技革命和产业变革带来的赶超机遇需要依靠创新。创新驱动已成为我国经济社会持续健康发展的主要引擎，科技创新已成为重塑全球和区域竞争格局的关键变量。深入实施创新驱动发展战略，是自贡立足新发展阶段，贯彻新发展理念，融入新发展格局，加快走出老工业城市产业转型升级新路，加快建设新时代深化改革扩大开放示范城市和社会主义现代化自贡的动力源泉；是全力构建高质量的产业科技创新体系，重塑产业链创新链新优势，建设国家创新型城市，实现超常跨越和高质量发展的内在要求；是抓住成渝地区双城经济圈建设机遇，实现高水平对外开放，塑造参与国际国内合作和区域竞争新优势的必然选择。

第一节 加强产业创新体系建设

深入实施创新驱动、科教兴市和人才强市战略，围绕创建国家创新型城市总目标，以再造产业自贡为总牵引，坚持创新在产业转升级中的核心地位，服务国家重大战略需求，助力科技自立自强，聚焦重点领域，建设以企业为主体、产学研深度融合、多领域互动、多要素联动的产业创新体系，强化战略科技力量，夯实关键核心技术、前沿技术攻关的基础，不断提升科技创新策源能力，聚集创新要素，打造产业创新应用场和川南渝西创新创业创造新高地，为加快走出产业转型升级新路、实现超常跨越和高质量发展提供战略支撑。

一、加快构建高能级创新平台体系

全面融入成渝地区双城经济圈建设协同创新战略布局，强化战略协同、规划联动和政策对接，提升区域协同创新和产业承接配套能力，聚焦装备制造、先进材料、通航与无人机、新能源、生物医药、绿色食品、数字经济等重点产业集群、优势特色产业和新兴产业的创新发展需求，集聚行业创新资源，布局建设一批重大科技创新平台和基础设施，支持高新区高质量发展，发挥引擎作用，建强各类国家和省级开发区、示范基地、试验基地、孵化基地和产业化基地，推动先进技术应用示范、科技成果转移转化和产业化，加快建设西部科学城自贡科创园和科创中心自贡基地。

（一）积极推动构建区域协同创新平台

坚持"引进来"和"走出去"，深度融入成渝地区协同创新发展，聚焦全市重点优势产业和重点示范园区，加强跨区域、跨领域整合优化科技资源配置，加速嵌入区域创新版图，汇聚国内外优质创新资源，围绕区域产业协同发展需求，谋划建设一批枢纽型、链接型的跨区域协同创新平台，探索建立资源共享、平台共建、政策共通、人才共用的区域一体化创新机制，推动建设成渝自协同创新共同体、川南渝西协同创新共同体，优化科技创新发展格局。加快建设自贡科教资源集聚区，以建设科创基地、总部集聚基地、创业孵化平台为重点，以产业创新平台建设为抓手，高标准建设南岸科技园区，构筑科技创新中心示范区和西部科学城自贡科创园核心区；以高等教育、职业培训、科研、科技基础设施服务为主要功能，加快东部新城大学园区、东北部新城科教新区建设，促进更多大学、科研院所、新型研发机构入驻，完善新区科教功能。加快建设高新技术产业发展带，深度融入成渝地区现代产业协同，与川南渝西的高新区和经开区抱团组建"园区联盟"，沿国道 G348 重点布局建设节能环保、新材料、通用航空、农产品加工等国省级高新技术产业化基地、农业科技园区，形成以自贡国家高新区为龙头，沿滩省级高新区、荣县省级经开区、富顺晨光省级经开区、自贡航空产业园等为辅助的成渝地区中间地带高新技术产业集聚区和标志区。着力打造科技成果产业化拓展基地，支持四川轻化工大学创建国家大学科技园，协同建设成渝地区大学科技园联盟和"双创"示范基地联盟、创新创业联盟；加快引入成渝等地科创资源，构建"研发在成渝，转化在自贡"的创新产业链。积极打造昆山—自贡产业转移示范园区等创新合作平台，突出产业和机制创新，在科技与产业合作、关键核心技术攻关、科技成果转化、资源共享、人才交流等方面开展深度合作，建设昆自产业合作园区等开放平台。推动与中石油吉林油田等合作，共建四川省页岩气产业创新中心。

（二）大力打造高端研发平台及新型研发机构

高水平建设西部科学城自贡科创园和科创中心自贡基地，优化布局高端研发平台，聚焦特色优势领域，依托领军型创新主体，整合创新链产业链上下游资源，深化拓展与清华大学、浙江大学、哈尔滨工业大学、四川大学、电子科技大学等国内知名高校合作，共建一批重点实验室、产业技术中心、技术创新中心、制造业创新中心等高水平创新平台，抢占产业技术创新制高点。主动融入国省级创新体系建设，积极推进一批现有省级创新平台升级为国家级平台，增创一批省级创新平台，在先进材料、新能源等领域创建一批国省级工程技术研究中心、重点实验室和企业技术中心，着力打造国家级节能环保装备产业示范基地、国家级高性能氟材料创新中心、国家级炭黑技术创新中心、大西洋焊接技术创新中心、四川省碳材料工程技术研究中心、四川省阀门工程技术研究中心、四川省彩灯工程技术研究中心等研发平台。实施新型研发机构培育计划，加强创新创业共同体培育，探索以建立产业技术研究院为"窗口"链接高校院所和产研院所属企业，采取"项目孵化、投资入股、共同经营"等方式，集聚优质创新资源转化和产业化，努力打造自贡市"双招双引"创新平台。支持和鼓励企业、科研院所、社会团体在自贡设立以产业技术研发为主的新型研发机构，引进和建设一批集技术创新、产业发展等于一体的新型研发机构，大力发展与成渝绵合作的新型研发机构，鼓励企业联合高校、科研院所组建机制灵活、贯通创新链和衔接产业链的新型研发机构，培育发展一批省级以上新型研发机构。鼓励新型研发机构搭建研发试验平台、中试平台、检验检测平台、技术转移平台、产业化应用平台等创新服务平台。探索构建新型研发机构的要素支撑、经费支持和绩效评估考核制度，对重点新型研发机构实行"一所一策"，在内部管理、人员聘用、科研创新、成果转化等方面充分赋予自主权。

（三）着力打造科技成果转化中试基地（平台）

聚焦以孵化转化为重要维度的科技成果转化能力提升，围绕装备制造、先进材料等重点产业关键技术中试需求，深化产学研对接合作，通过专业化的项目筛选、推介和路演，促进企业技术需求对接，吸引各类实验室技术成果在自贡开展概念验证、技术成熟度评价、中试熟化、小批量试生产、产业化及应用，为企业开展产学研合作提供支撑，建设川南渝西科技成果中试熟化基地。鼓励和支持市内外高校、科研院所以市场应用为导向，在自贡建立技术转移中心、产学研合作基地、中试基地、转化基地、孵化器、众创空间或创新院等各类科技成果转化平台，鼓励发展创新工场、虚拟创新社区等新型科技成果孵化平台。推动建立自贡科技成果转化信息平台、分析测试平台、国家技术转移（西南）中心自贡分中心、四川轻化工大学国家级科技成果转化示范基地、西安交通大学国家技术转移自贡分中心、四川大学国家技术转移自贡分中心、哈尔滨工业大学自贡技术转移中心、浙江大学自贡技术转移中心、重庆大学自贡技术转移中心、自贡新锐先进材料研究院等，并充分发挥好线上线下科技成果转化平台作用，构建市场化技术转移体系和技术转移协作网络，争创国家技术转移（西南）中心自贡分中心。支持高校开展技术转移学科建设和学历教育、职业培训，建设国家技术转移人才培养基地，培养职业技术经纪人和经理人队伍。

（四）构建"双创"全链条孵化体系

加强市、区（县）联动，加快发展科技企业孵化器、科技企业加速器等科创孵化载体，依托自贡高新区国家级创新创业示范基地、创新创业联盟和晨光院省级"双创"示范基地，推动重点产业孵化器向专业孵化器转型升级，并整合资金、技术、市场等创新资源，形成"苗圃（众创空间）+孵化器+加速器+专业园区" 全链条孵化育成体系，全力优化创新创业环境。探索推进"双创"孵化载体发展的新路径、新模式，打造一批专业化服务能力突出的双创孵化载体品牌。鼓励社会力量投资建设运营创客空间、创新工场等新型孵化载体，培育一批科技型中小微企业、高新技术企业、高成长性的"瞪羚企业"。构建科技创新协同服务平台，聚焦高端装备制造、新材料等重点领域，打造集研发设计、技术交易、科技咨询、科技金融、科技人才服务等功能于一体的自贡科技创新服务中心，推进科技成果转化、孵化、工程化和产业化，建设高水平科技企业孵化器和加速器。在新一代信息技术、精细化工、文化科技等领域建设一批国省级专业孵化载体。推动高校、科研院所和龙头企业共同建设技术转移中心、中试基地。打造一批"双创"中心和示范基地，统筹建设一批创业基地、小微企业创业园、标准厂房等创业载体，拓展创业空间，引导集聚创业。培育壮大创业孵化专业化队伍，从企业家、律师、投资人等实践经验丰富的专家中遴选建立创业导师库，培养造就新生代创业家队伍。

二、突出企业创新主体地位

鼓励和支持企业自主创新，加快构建以企业为主体、市场为导向、产学研深度融合的技术创新体系，鼓励企业加大研发投入、集聚研发人才、完善研发条件，引导企业对接名院名所，鼓励支持以联合攻关、技术转移等方式，建设国家重点实验室、工程技术研究中心、企业技术中心等科创平台，激发技术创新活力。深入推进科技创新创业，进一步发挥企业在科技创新的主体作用，促进各类创新要素向企业集聚，加快培育一批核心技术能力突出、集成创新能力强、引领重要产业发展的创新型领军企业，壮大以高新技术企业为骨干的创新型企业群体，打造"科技型中小企业—高新技术企业—创新型领军企业"高成长企业接续发展梯队。

（一）加快高新技术企业倍增提质

加大高新技术企业培育力度，实施高新技术企业倍增行动计划，按照"保存量、促增量、育幼苗、引优苗、建生态"思路，探索完善高新技术企业分类认定制度，推动高新技术企业培育库与企业登记信息库、知识产权数据库等"多库联动"，建立遴选+入库+培育+认定"四个一批"工作机制，引导资本、人才、政策、服务向高新技术企业聚集。构建覆盖企业成长全生命周期的梯次培育体系，建立健全重点企业"起跑库""加速库""冲刺库"三个梯度培育库，出台专项激励政策，对入库培育企业实行差别化精准扶持，加大财税、金融、人才等方面重点支持。积极推动优质高新技术企业挂牌上市。扩大高新技术企业数量和规模，在装备制造、新材料、新能源、通航与无人机、电子信息等重点产业中，择优遴选一批创新能力强、成长性好、掌握核心技术、具有行业标杆作用的企业，支持企业申报高新技术企业，壮大高新技术企业群，争取到2025年全市高新技术企业数量和产值实现翻番。

（二）着力培育一批"瞪羚"企业、"独角兽"企业和科技型中小微企业

实施高成长企业梯度培育计划，建立"雏鹰—瞪羚—领军"梯度培育机制，加快培育和引进一批"独角兽"企业，定期开展"寻找独角兽企业"活动，在应用场景、数据支持等方面分级分类加强精准支持。建立"独角兽""瞪羚"企业榜单定期发布机制，通过第三方定期发布，引导金融资本、社会资源支持企业发展。在重点领域培育和引进一批创新型领军企业，鼓励和支持其加大基础研究和应用基础研究投入力度，建设重点实验室、技术创新中心等创新平台，鼓励其积极承接市级以上重大创新任务，开展智能化发展、平台化转型、场景化应用，加快培育一批具有核心竞争力的创新型头部企业、单项冠军和隐形冠军企业。鼓励引进国内外高成长科技企业和头部科技企业，重大项目采取"一事一议"。实施科技型中小微企业培育工程，针对制约科技型中小微企业发展"瓶颈"问题，提供精准扶持，推广应用创新券，推动大型科研仪器设备、科技数据库等资源开放共享，进一步降低其创新创业成本，支持其开展技术创新和改造升级，引导其围绕自贡特色优势产业细分产品市场，向"专精特新"方向发展，培育一批具有持续创新能力、拥有自主

知识产权的科技型中小微企业生力军。健全投融资体系，引导创投基金等各类投资机构投向种子期、初创期科技型企业，鼓励商业银行将信贷资金向科技型中小微企业倾斜，营造良好融资环境。探索产学研深度融合有效模式和长效机制，推动科技型中小企业与大型企业、高校院所开展合作，鼓励高校院所科技成果向科技型中小微企业转移转化。

（三）大力提升企业科技创新能力

实施企业技术创新能力提升行动，坚持市场导向，发挥企业出题者作用，整合行业创新资源，组建龙头企业牵头、高校和科研院所支撑、各创新主体相互协同的创新联合体，推动产学研用一体化，强化企业科技创新主体地位。鼓励和支持引导企业加大科技投入，调整优化研发投入后补助政策，全面落实研发费用税前加计扣除、委托境外研发费用税前加计扣除、高新技术企业与技术先进性服务企业税收优惠等政策，推进制造业企业研发费用税前100%加计扣除。支持企业扩大设备更新和技术改造投资，完善企业承担科技项目与研发经费投入挂钩制度，加大企业创新转型的考核力度。推动企业建立研发机构，鼓励企业布局建设重点实验室、工程技术中心、企业技术中心、专家工作站、博士后工作站、院士工作站、企业研究院等研发平台，推动有条件创建省级及以上研发机构，争取到 2025 年全市规模以上工业企业研发活动、研发机构实现全覆盖。推动龙头企业牵头，联合创新链产业链上下游资源，建设创新联合体、技术创新战略联盟等新兴产业创新组织。支持国内外行业领军企业与本地高校院所和企业建立以股权为纽带的利益联结机制，持续开展技术创新和产业创新，带动培育植根本土的创新型企业。依托四川轻化工大学国家大学科技园、国家级孵化器等，协同打造川南渝西大学科技园联盟、产业技术创新联盟、产学研协同创新中心。深化与京津冀、长三角、粤港澳大湾区和成渝等区域科技创新合作，支持市外国家重点实验室和国家工程技术研究中心等创新平台与自贡企业、高校院所共建分支机构。

三、提升高校院所创新能力

加快推进高水平高校院所建设，聚焦区域产业发展需求，鼓励高校和科研院所加强基础研究和应用基础研究，提升其服务地方产业转型高质量发展的创新能力。推动建设特色化高水平应用型研究型大学，引导大学加强主干基础学科、优势特色学科、新兴交叉学科建设，组建跨学科、综合交叉的学科团队，提升高校人才培养、学科建设和科技研发"三位一体"创新水平，增强高校原始创新能力。深化产教融合，推进校企合作，加快培养各类专业紧缺人才。支持四川轻化工大学争取博士学位授权点、国家大学科技园建设，培育一批具有国内外影响力的一流学科，努力进入"双一流"建设行列。支持四川卫生康复职业学院建设高水平高职学校和高水平专业，立足康复专业特色，建设康复领域高端研发机构，建设一流科技创新中心，在康复、医养等方面形成一批高水平原创性科研成果，努力打造集知识技术创新、人才培养创新、康复服务创新、科研创新于一体的康复大学，培养康复领域高技能专门人才，建设康复服务和康复产业发展高地，打造集教学、科研、治疗、产业、服务于一体的康复基地，推动大健康产业发展。优化高校院所创新平台布局，提高承担重大科技任务的组织化程度和集成攻关能力。大力引聚国省级名院名所，推进中国科学院大学、浙江大学、四川大学等在自贡建立分支机构，打造一批一流科研机构，促进科研院所规模化品牌化发展。主动融入成渝绵重点实验室体系，支持高校院所主动对接服务国家实验室和天府实验室建设，创建前沿技术创新中心、研究院等创新平台，鼓励各类企业、高校院所独资或合作建设多种形式的新型研发机构，构建需求导向、自主运行、独立核算、不定编制、不定级别的市场化运行机制。协同推动高校、职业学校等围绕区域优势产业设置特色学院和专业，打造高端焊接、彩灯、医疗康养、家政服务等产教融合实训基地，创建国家产教融合型试点城市。

四、打造新时代川南渝西科技创新人才高地

深入实施人才强市战略，建立健全创新驱动发展人才支撑政策体系，完

善科创人才发现、流动配置、服务和激励等机制，围绕全市重点产业、重点领域需求，制定差异化人才引进政策，全方位培养、引进和用好科创人才，把人才链建在科研创新链和产业链上，充分激发科创人才创新活力，大力培养造就一支数量充足、素质优良和结构合理的高质量科创人才队伍。深入开展"盐都百千万英才计划""盐都特聘专家"、高端人才引进储备计划，加强科创人才需求调查，合理编制人才引进指导目录，实施更加积极、开放、有效的人才引进政策，对有助于解决长期困扰本市关键技术、核心部件难题的"高精尖缺"科创人才，开辟专门渠道，实行"一人一策"等灵活引才政策。加强科创人才培养引进平台建设，探索基于重大科技创新平台、重大科研项目和工程项目的人才团队培养机制，支持高校、科研院所与企业联合引才用才、培养研究生、建设院士（专家）工作站、博士后科研工作站。聚焦重点产业实施项目引才，形成"项目+带头人+团队"链式引才格局，积极引进一批能够突破关键技术、发展高新技术产业、带动新兴学科建设的高层次人才、高端国内外专家和高层次创新团队。大力实施柔性引才，鼓励企业在外设立孵化器、研发机构等"人才飞地"，探索"异地实验室""周末工程师"等招才引智新模式。深化科技人才计划管理改革，推动人才培养体系与创新活动全过程和产业发展有机衔接，加强创新型、应用型和技能型人才培养，加大青年科技人才后备军培养力度，培养一批创新意识强、学术和技术业绩突出、具有骨干核心作用的中青年学术技术带头人和技术创新人才。实施知识更新工程、技能提升行动，支持在职人员攻读硕士、博士学位。构建现代职业教育和技能培训体系，加大盐都工匠培养力度，拓宽高技能人才发展通道。支持各类优秀人才申报国家、省人才计划和人才奖项。加强高端科技智库建设。

第二节 提升优势产业核心竞争力

深入实施创新驱动战略、制造强国、质量强国等战略，面向世界科技前沿和经济主战场，服务国家重大战略需求，把握数字化、智能化和绿色化发展趋势，立足自贡科技和产业发展基础及比较优势，推动龙头企业、高校院所、产业链协同的方式联合开展攻关，促进创新链产业链深度融合，聚力打好关键核心技术攻坚战，加快实现优势领域重点突破。积极融入成渝产业链供应链建设，强化打造制造强市和成渝地区先进制造业协同发展示范区科技支撑作用，推进产业链供应链现代化，重塑产业链创新链优势，加快产业创新集群发展，构建适应高质量发展要求的创新驱动的现代产业体系，树立全国老工业基地产业转型发展的标杆示范，全面提升自贡优势产业核心竞争力。

一、加快推进重点领域关键核心技术攻关

聚焦高端装备制造、先进材料、通航及无人机、新能源化工、生物医药、文化科技等重点前沿领域，服务国家科技自立自强，抢先布局战略性新兴产业前沿技术，支持优势创新型企业与中科院、浙江大学、中国人民大学等学术机构、高校院所或创新团队组织发挥比较优势，围绕本市重点产业技术创新需求，坚持建链、延链、补链、强链、提链，建立健全全市重大科技创新项目储备库，集中力量和资源开展核心技术攻关与研发运用，共同承接国家重点研发计划项目和重大科技项目，探索关键核心技术攻关的"自贡路径"，着力破解一批关键核心技术"卡脖子"问题，锻造"长板"技术，布局一批高价值发明专利，研制一批重大战略创新产品，为产业转型升级提供科创原动力。

（一）高端装备制造领域

以实现关键零部件和共性技术自主可控为目标，深化与东方电气集团等合作，依托东方锅炉、华西能源等重点企业，开展高效清洁燃烧、高压储氢、

高参数油气泵阀等技术创新，实施加压富氧燃烧碳捕集 CO_2 驱油技术与关键装备研发及大型工业示范、化学链燃烧 CO_2 捕集技术及关键装备研发与工业示范、大型容器智能制造技术及制造信息监测系统、危废处理工艺特种泵关键技术研究与应用、管状带式输送机智能巡检机器人、新型全焊接锻钢球阀系列产品创新研制与应用、压缩机防喘阀和低温控制阀研制等重大科技攻关项目，不断提升高端装备制造的智能制造和绿色制造水平，助力碳达峰碳中和，打造国内节能环保装备科技创新策源地、国家级节能环保装备产业示范基地。

（二）先进材料领域

以推进建设千亿级先进材料产业集群为目标，围绕高性能金属及复合材料、高性能氟材料、高性能碳材料等领域，开展核心技术攻关和产业化应用研究。深化与中国五矿集团等合作，依托自硬公司、大西洋等企业，加强硬质合金、硬面材料、高性能新型焊接材料等科技攻关，推动解决航空发动机和燃气轮机、大型盾构机、核电、深冷低温关键材料等瓶颈问题；深化与中国中化合作，依托中昊晨光研究院等企业，聚力攻坚大飞机等航空领域用特种氟材料、电子领域用氟材料、新能源汽车用特种氟橡胶等技术，填补国内空白；围绕大飞机、高铁、潜艇等配套产品领域，深化与商飞集团合作，依托中天胜、辉腾、黑元化工等企业，强化特种聚酰亚胺、芳纶III、高性能碳材料等技术攻关与研发运用，为高端装备制造提供配套。实施高纯净高强韧临氢耐热钢焊接材料研究、高端装备用镍基焊接材料研制、数控加工和盾构机用硬质工具材料研发、功能性特种炭黑及其复合材料开发、聚酰亚胺复合耐磨滑片研究、苄基三苯基氯化膦合成新工艺研究、航空发动机成套封严装置研制、高性能大规格各向同性石墨的研发与智能制造、新能源汽车用石墨材料技术攻关及智能制造、高强度高耐磨机械用碳及其制品研发、高功率圆柱式锂离子电池和石墨烯电池技术开发与应用等重点科技攻关项目，加快突破关键原材料及核心技术，建设具有国内外影响力的新材料创新高地。

（三）通航与无人机领域

围绕通航产业链串起创新链，立足已有无人机产业整合创新资源，深化与航空工业集团合作，依托成飞集团等企业，开展大数据、云计算、人工智能等新技术与无人机设计、制造、应用技术的融合研究，推动特种无人机研发取得突破，力争本市通航与无人机领域形成更高水平的技术研发、智能制造、测试验证协同创新体系，打造区域领先的通航与无人机高端制造承载区、国内外知名的通航与无人机产业城。

（四）新能源化工领域

围绕加快实现碳达峰碳中和的目标，聚焦先进储能、清洁能源、能源高效利用、碳捕获等领域，突破关键核心技术和产业化先进工艺，提升新能源核心装备和工艺的融合、产线自动化技术水平，形成产业化方案的设计能力和产线的集成能力，实现能源高效互补利用。实施加氢站安全技术与核心设备国产化、大规模长距离的有机液体安全储运氢技术、与燃煤电厂耦合的吸收增强式生物质化学链气化制氢、工业煤气（尾气）发酵制燃料乙醇工艺气液混输泵研制等重点科技攻关项目，打造一批标志性成果。

（五）生物医药领域

以生物医药、中医药、高端医疗器械等为主导，加强与国家合成生物技术创新中心、四川大学华西医院、成都中医药大学等合作，与生物医药行业领军企业对接，招引培育生物医药技术产品研发、高性能医疗器械项目，在园区设立工程中心和成果转化基地，实施美沙拉嗪关键制剂技术研究与开发、二甲硅油乳剂活化和乳化关键技术攻关研究、可控式泡菜（腌菜）生态加工技术等重点科技攻关项目，积极推进园区科技成果转化和产业化。

（六）文化科技领域

抓住国家文化出口基地建设机遇，以文化与科技融合为突破口，依托自贡海天文化股份有限公司、海天彩灯创客中心等一批具有国内影响力的创新平台及自贡恐龙博物馆科普基地等一批国省级科普基地，不断深化政产学研合作，抢占彩灯产业技术制高点，实施声、光、电等有机融合智能化彩灯新技术等重点科技攻关项目，推动自贡彩灯与工业制造相融合，促进彩灯产业转型升级，打造具有国际影响力的中国彩灯之城。

二、加快构建以科技创新为支撑引领的现代产业体系

实施产业链协同创新工程，围绕产业链部署创新链、围绕创新链布局产业链，建立健全建链、延链、补链、强链项目库，以科技创新为传统制造业升级和战略性新兴产业赋能，大力发展高新技术产业，编制装备制造、先进材料、无人机及通用航空、彩灯制造、数字经济、食品饮料、能源化工等重点产业链图谱，实施产业技术路线图，着力补短板、锻长板，加快构建现代产业体系。围绕重点优势产业，深化品牌、标准化和知识产权战略，组织实施科技成果转化示范项目，推动关键核心技术攻关成果快速转化为高科技产品并形成产业链条，培育科技成果转化示范企业，建立优势特色产品质量标准体系，推动自贡制造向自贡智造、自贡创造转变，重塑"自贡造"名优特色品牌，培育形成产业集群发展新优势。

（一）加快发展新能源装备产业

顺应绿色生态发展新趋势，贯彻落实国家碳达峰碳中和重大战略部署要求，以氢能、节能环保技术装备等领域为重点，加强绿色低碳技术创新，在关键材料、核心器件、制造工艺、重大装备等关键技术领域取得突破，增强产业链供应链自主可控能力和现代化水平。积极融入中国"气大庆"建设，深化与东方电气集团等企业合作，发展制氢、轻质储氢材料、储运介质制备技术，打造制氢、加氢、氢储备、氢运输、氢设备制造等氢能产业链，全面推进新能源装备标准和品牌建设，并探索氢能在工程机械、新能源汽车、航空航天等领域的研究和应用，推动新能源装备产业高质量转型发展，把自贡打造成为全国重要的新能源装备技术研发制造基地、国家节能环保装备制造示范基地。

（二）加快发展壮大先进材料产业

进一步优化全市先进材料产业发展生态，推动先进材料产业规模化、高端化和绿色化转型发展，加强工艺创新、优化产业布局、完善产业链、提升关键技术水平和高端产品，建设先进材料智能制造产业示范基地，鼓励自动化、数字化、智能化技术装备研发和推广应用，构建智能制造生态体系。推动以氟材料、光伏玻璃、碳材料等为代表的先进材料技术原创和产业化，通过先进材料促进产业链完整化、规模化、高端化和集群化发展，巩固和扩大产业领先优势，深化与中国中化合作，打造具有全球影响力和国内领先的氟材料基地；与中国建材合作打造西部地区最大的光伏玻璃生产基地；培育壮大高分子合成材料、金属及复合材料、新型碳材料、光伏玻璃、新型建材等产业，加快推进先进材料产业与其他产业的融合发展，培育全市经济增长新动能，打造国家新材料高新技术产业化基地。

（三）突破性发展无人机及通用航空产业

树立"大通航""大国防""深融合"的思想观念，推进通航产业军民融合发展，高标准建设自贡航空产业园，开展通航无人机和载荷装备的研发及生产、服务，积极构建通航无人机和机载产品型谱体系，推动成飞集团、电科特飞、中航一飞院等企业院所科研成果落地转化，招引布局一批航空与燃机零部件、航电航材、机载设备、无人机研发制造等优势产业项目，打造百亿级无人机制造基地，建设全国民用无人驾驶航空试验基地，创建全国通用航空产业综合示范区。积极整合通航产业相关技术及生产资源，带动临空区通航产业聚集，打通无人机通航业务产业链，融合通航产业资源与文化旅游、科教、医疗等资源，创建"通航+文旅""通航+科教"等新模式，形成产业发展新生态，打造国家级通用航空产业综合示范基地、省级军民融合高技术产业基地、区域领先的通用航空产业高端制造承载区、国内外知名的通用航空产业城。

（四）加快发展彩灯制造产业

充分利用好自贡灯会"天下第一灯"这张名片及占据现有国际国内彩灯市场份额的绝对优势，推动彩灯产业转型升级，实施品牌战略，引导企业加大技术创新投入力度和产品开发设计力度，打造核心竞争力，积极开展彩灯产业生产工艺改造，推进智能制造和绿色制造，鼓励企业运用新工艺、新材料和新技术，开发高端彩灯产品、高附加值灯饰及其衍生品，力求在灯会展出、彩灯设计制作、创新技术开发、城市景观打造、会展、广告宣传、文化传播、灯饰照明等领域取得新突破，打造西南灯饰照明生产基地。深入推进"彩灯+""+彩灯""彩灯进街道、进家庭、进社区、进商铺、进厂区、进校园、进广场"等跨界融合，不断提升彩灯、仿真恐龙等文化创意设计和技术研发水平，增强国家文化出口基地创新能力，建成国家文化和科技融合示范基地。

（五）大力发展数字经济

抓住数字经济战略机遇，深度融入四川国家数字经济创新发展试验区建设，大力推进数字产业化、产业数字化，加快数字新基建，全面加强数字化创新能力建设，培育壮大电子信息产业，推进面向工业软件、互联网和信息服务业创新发展，培育跨境电子商务、科技金融、区块链等新业态，提升工业智能化数字化水平，培育一批本地软件和信息服务企业、大数据应用中小微企业，支持智慧城市公司与中国电子等国内数字经济领军企业和科研机构合作，做大做强，积极发展云端产业、人工智能产业，建设特色数字产业创新基地，打造具有核心竞争力的数字产业集群。推动产业数字化发展，实施数字经济赋能升级工程，依托东方锅炉、大西洋、海川实业、滕洋科技等企业，深入推进"智能+传统制造业"，开展"5G+工业互联网"试点示范，建设一批智能制造单元、智能生产线、数字车间、智能工厂，推动工业企业"上云"；应用5G、VR、AR等技术，加大开发城市超级IP、文创产品、沉浸式体验场景，打造云智慧、云商务、云贸易、云会展、云咨询、"HR+"等生产性服务线上应用场景；推动商业贸易、现代物流、文体旅游等服务业数字化发展，加快数字农业建设；深化与中国电信、中国移动、中国联通等合作。同时，统筹抓好科技经纪①、检验检测、信息咨询等科技服务业，支持运用高新技术改造食品饮料、纺织服装等传统特色产业，大力推动技术、品牌、管理和商业模式等创新，进一步延长产业链、提升价值链。

（六）加快发展壮大特色优势农业与食品饮料产业

围绕全市现代都市型农业绿色发展和实施乡村振兴战略的重大科技需求，引导优质科技资源向乡村集聚，强化农业科技和装备支撑，构建现代农业科技创新社会化服务体系，完善农业科技创新转化平台，加强与高校、科研机构合作，建设数字农业、智慧农业，加快构建现代农业产业体系，打造一批特色优势农业与食品产业集群。实施新一轮现代种养业提升工程，推进优质农产品生产直供基地、国家优质粮油保障基地和生猪生产基地建设，建设自贡川南大豆"育繁推"体系和高蛋白大豆种植基地，加强四川麻鸭、南方鲶翘嘴鲌、黑山羊等农业种质资源保护和开发利用，加快打造西南禽兔种业基地、川南肉牛基地，充分发挥国家骨干冷链物流基地作用，发展农产品和食品的精深加工新工艺新技术、食品加工机械装备、贮藏保鲜及冷链物流等技术，培育做强"自贡冷吃兔""冷吃牛肉"等知名品牌。持续开展品种品质品牌"三品"提升行动，打好"丘区果蔬、绿色有机、非转基因"三张种植业特色牌，推进优质农畜产品"明标上市、过程可查、质量可溯"，打造国家级绿色食品原料标准化生产基地，争创中国特色农产品优势区。完善品牌培育机制，依托优质盐卤资源，擦亮"天车""太源井"等中华老字号品牌，培育壮大"贡井大头菜""富顺再生稻"等农产品地理品牌，做响"自然贡品"区域公用品牌。实施农产品加工业提升行动，重点开发肉类休闲食品、特色调味品、精制茶等精深加工产品，打造以冷吃兔、冷吃牛肉等为主的肉食品和以香辣酱等为主的调味品产业集群。

---

① 科技经纪：主要是科技成果的市场化，主要由科学与工程师组成的科技经纪人来完成技术与市场的衔接。

第三节　完善促进科技成果转化的体制机制

推动科技成果转化是落实"科学技术是第一生产力"的关键，是促进科技和经济结合的重要手段，是推动创新链与产业链融合发展、加速科技成果产业化、加快产业转型升级、实现创新驱动发展的重要举措。近年来，自贡以促进科技成果转化为抓手，采取多项举措助推重大科技成果转化取得积极进展。但阻碍科技成果转化的体制机制障碍还不同程度存在，还需进一步创新完善促进科技成果转化的体制机制，营造有利于科技成果转化的环境条件，努力实现责权利的统一，激发科技成果转化的内生动力，使更多高质量的科技成果向现实生产力转化，为自贡产业转型发展插上腾飞翅膀。

一、完善市场导向的技术创新机制

围绕全市高质量发展的现实需求，充分发挥市场在创新资源配置中的决定性作用，着力构建以市场为导向的重点领域关键核心技术攻关机制，大力提升创新成果源头供给能力和质量。

（一）建立健全支持新型研发机构发展的机制

聚焦构建高效运行的科研体系，推进创新联合体、新型研发机构体制机制改革探索，着力解决责任归属不清晰、联合形式松散、知识产权责权利分享规则不明晰等体制机制问题，鼓励各类创新平台、创新联合体、新型研发机构以独立法人实体或领军企业牵头、其他参与者出资、出技术、出人等多形式开展业务，以创新联合体为载体和平台，积极探索科技成果转化、人才活力激发、科技体制机制创新改革先行先试。认真落实科研经费"放管服"改革，推动科技基础资源、大型科研仪器和工业设备开放共享。

（二）建立健全以企业为主导的产业技术创新机制

强化企业在技术创新决策、研发投入、科研组织和成果转化中的主体地位，增强企业创新发展的主动性和自觉性。支持企业参与制定重大技术创新计划和规划，扩大企业创新决策话语权。建立健全以企业为主体、市场为导向、"政产学研金服用"深度融合的创新体系，支持企业牵头组建创新联合体，新建一批院士、专家工作站等科技创新平台，开展产业重点技术攻关，促进科技成果转化；支持企业牵头联合高校和科研院所，共同承担国家、省、市级重点科技研发项目；支持企业牵头实施重大科技成果产业化，每年筛选支持一批成效显著的产学研合作项目。提升企业研发投入强度，支持引导企业加大科技投入，扩大设备更新和技术改造投资，完善企业承担科技项目与研发经费投入挂钩制度，加大企业创新转型的考核力度。强化创新型企业和高新技术企业群体培育，建立"雏鹰—瞪羚—领军"高成长企业接续发展梯队培育机制。

（三）建立健全以需求导向的开放协同转化机制

建立技术预测机制，组建技术预测团队，重点开展技术竞争评价、重大科技需求分析、科技前沿趋势分析等，准确把握全市科技创新现状，规划未来科技发展路线图。面向产业经济主战场，推动高校院所等科研机构进一步转变意识，大力激发研发人员的成果转化意识和鼓励在校师生开展创新创业，突破内外部的机制壁垒，促进创新组织从个体、封闭方式向流动、开放的方式转变；促进创新要素从孤立、分散的状态向汇聚、融合的方向转变；促进知识创新、技术创新和产品创新的分割状态向科技工作的上、中、下游创新链相贯通的方向转变。建立需求导向精准合作机制，打造区域科技精准合作升级版，加快融入区域内外创新网络，抓住成渝地区双城经济圈建设及共建川南渝西融合发展试验区、协同建设承接产业转移创新发展示范区等重大机遇，全方位扩大对外开放合作，围绕打造产业转型升级示范区的战略需求，加强产学研协同技术攻关与成果转化应用，构建以市场需求为导向的区域科技创新协同转化机制。以推动建设区域创新共同体为目标，围绕区域共性问题和共性需求，以项目为纽带，探索建立科技创新规划衔接机制、重点科技计划合作机制，积极构建"成渝研发、自贡转化、自贡制造"创新协作机制，做强科技成果转化承接载体，以中国（四川）自由贸易试验区自贡协同改革先行区等为载体，贯通成渝自三地源头创新与成果转化链条。拓展科技交流合作，加强与世界主要创新型国家、国际科技组织等开展多层次、宽领域的科技交流合作，建立多边科技合作机制，支持自贡企业和科研机构参与国际科技创新合作，与国际组织共同举办科技创新活动；对接国家"一带一路"科技创新行动计划，建设联合实验室和技术转移平台，建立科技园区合作关系，推动创新成果在自贡转化落地，积极打造全球创新网络重要节点城市。加强与京津冀、长三角、粤港澳等地区科技交流合作和产业对接，围绕高端制造、先进材料、生物医药、新能源及新能源汽车等领域开展合作，共享互用重大创新平台，构建统筹内外的科技合作网络，促进技术市场互通和成果转移转化。

二、推动绩效导向的科技管理体制机制改革

促进科技成果转化的关键在于体制机制创新。在系统集成全市近年科技体制机制改革与创新体系建设实践成果的基础上，坚持以绩效为导向，针对科技成果转化存在不力、不顺、不畅等问题与瓶颈制约，重点围绕科技创新能力、活力、动力和环境等提出改革举措，努力打通关卡，建设高效的科技成果转化生态，提供高质量科技成果供给，切实增强科技创新对产业转型高质量发展的驱动能力。

（一）完善科技项目组织机制

着力打好关键核心技术攻坚战，创新科研项目组织管理方式，建立完善重大科研项目"揭榜挂帅""首席科学家""赛马制"、财政科研经费"包干+负面清单"、项目申报"常态制"等制度，赋予创新领军人才更大人财物支配权、技术路线决策权。

（二）完善科研项目生成机制

建立多方参与的科技计划项目指南论证机制，建立健全科技项目库和成

果库，在指南编制、立项评审等关键环节，增加创新型企业家、行业协会、产业技术创新战略联盟话语权。

（三）完善科研项目绩效评价机制

对基础研究、应用研究、产业示范进行全链条设计和一体化实施，将知识产权创造和运用纳入科技计划评价体系，基础研究类项目突出应用导向，实现知识创造与知识应用的有机联结；技术研究类项目突出成果转化和产业化导向，实现从技术研发到市场应用的有机贯通。围绕区域产业集群发展，强化以"知识成果转化实绩"为标准的评价导向，对于科研成果的作用，不仅看其理论的先进性，还要看其是否能真正帮助企业实现核心技术的突破，助推企业改变现有产业结构、实现产业升级，然后按照社会效益进行奖励，不完全以科研成果的完成与否作为评估依据。

（四）完善人才评价奖励机制

坚持"破四唯"（唯论文、唯职称、唯学历、唯奖项）和"立新标"并举，加快建立以创新价值、能力、贡献为导向的科技人才评价体系。强化用人单位评价主体地位，落实代表性成果评价制度。建立职称评审"直通车"机制，畅通高级职称直接申报渠道。对有发展潜力的科技人才和创新团队，持续给予项目资金支持。研究制定全市重点产业高层次人才地方贡献奖励措施，对经认定的高层次人才，在 5 年内按其上一年度所缴工薪个人所得税市级及以下地方留成部分的 50%给予奖励①。实行以增加知识价值为导向的分配政策，提高科研人员成果转化收益分享比例，鼓励对科技创新领军人才实行年薪制、协议工资制、股权期权分红等多种激励分配方式。完善符合人才创新规律的科研管理模式，开展科技人才分类评价改革试点，进一步下放重大人才工程评审和管理服务权限。

---

① 《中共自贡市委关于深入推进创新驱动引领超常跨越和高质量发展的决定》，2021 年 7 月。

（五）创新事业单位管理体制和运行机制

深入推进事业单位改革，赋予高校、科研事业单位人才"引育用留"自主权，完善科研事业单位岗位结构比例和绩效工资水平核定动态调整机制。支持和鼓励科研人员保留人事关系离岗或兼职创新创业，与原单位其他在岗人员同等享有参加职称评聘、岗位等级晋升和社会保险等方面的权利。突出高校、科研院所等用人主体在职称评审中的主导作用，推动专业技术高级岗位向重点发展学科、优势学科倾斜。探索将技术经纪人①科研成果转移转化绩效作为职称（职务）评聘、岗位聘用的重要业绩。

（六）建立健全新产业新业态包容审慎监管机制

进一步激发市场主体活力，按照鼓励创新的原则，对共享经济、人工智能、工业互联网等新技术、新产业、新业态和新模式（简称"四新"），分类量身定制监管规则和标准，建立包容审慎监管目录库并动态调整，允许未纳入负面清单管理的行业、领域、业务等市场主体均能依法平等进入，支持使用新兴行业用语表述经营范围。加强"四新"市场主体知识产权保护，开通维权绿色通道，严查侵权行为，努力降低维权融资成本，促进平台经济、共享经济等新模式新业态健康发展。

（七）建立健全尽职容错免责机制和风险防控机制

遵循科技创新客观规律，针对不同创新主体、类型和情形，研究制定人才科技领域容错纠错实施细则，建立科研项目监督、检查、审计信息共享机制，为推动科技创新解压松绑，激励科研人员敬业报国、潜心研究和攻坚克难。

（八）完善科研诚信长效机制

建立健全科技督查机制，加强科技监督队伍建设；建立自贡市科研信用信息数据库，健全覆盖科研项目管理全过程的诚信管理体系；推进科研守信

---

① 在技术市场中，以促进成果转化为目的，为促成他人技术交易而从事中介居间、行纪或代理的自然人、法人或其他组织。

联合激励和失信联合惩戒，全面实施科技计划项目承担单位科研诚信年度报告制度。

三、建立健全价值导向的科技成果转化激励机制

深化科技成果权属、转化收益分配等制度改革，建立健全以价值为导向的成果转化激励机制，激发科技成果转化主体活力。

（一）推进职务科技成果权属混合所有制改革

探索形成充分肯定科研人员个人努力，兼顾国家和机构利益的科技产权制度，完善科技成果、知识产权归属和利益分享机制，探索赋予科研人员职务科技成果所有权和长期使用权，激发科研人员的创新活力和成果转化积极性。鼓励企业借鉴"模拟独立法人""共享经营体"等先进经验促进内部成果转化。

（二）建立健全科技成果转化激励机制

建立与市场接轨的科技人员薪酬制度，构建充分体现知识、技术等创新要素价值的收益分配机制，完善科研人员职务发明成果权益分享机制，高校、科研院所等事业单位在推进科技成果转化过程中，允许科研人员以"技术股+现金股"组合形式持有股权，与孵化企业"捆绑"形成利益共同体，提升科技成果转化效率和成功率。支持高校、科研机构以技术成果入股、实施许可等方式进入企业转化，加速促进技术成果转化。

（三）完善科技成果评奖机制

推进科技奖励制度改革，优化科技奖励项目，强化国家奖励配套扶持，引导社会力量设立定位准确、学科或行业特色鲜明的科技奖，探索建立信息公开、行业自律、政府指导、第三方评价、社会监督和合作竞争的社会科技奖励发展新模式。优化科技奖励评价标准，对于自然科学奖，注重对成果的原创性、科学价值、公认度等进行评审；对于科技进步奖、技术发明奖，注

重对成果的创新性、先进性、应用价值和经济社会效益等进行评审。完善专家评审机制，探索实行提名制，坚持质量、绩效和贡献为核心的评价评奖导向，重在奖励真正作出创造性贡献的科研人员或一线科技人员，提升奖励质量，优化奖励结构。

（四）探索建立科技特派员制度

面向全市高新技术企业和科技型中小企业增派科技特派员，让技术和成果在一线转化，支持企业建立科技特派员工作站，财政给予适当资助。推动高校建设概念验证中心，发挥企业科技特派员作用。

四、构建目标导向的全链条长效服务机制

科技成果转化一般需要经历成果研发、后续试验、开发、应用、推广等多个环节，具有难度大、高投入、高风险、高收益、不断创新、长周期等特点。围绕科技成果转化主体、中介服务机构、技术市场等主要环节，建立健全更加符合科技成果转化特点的、以目标为导向的全链条长效服务机制，努力畅通科技创新成果从研发到市场化的渠道。

（一）强化政策支持

构建适应未来发展需要的科创政策体系，突出创新驱动导向，加大政策有效供给，完善财政科技投入稳定增长机制，制定实施全市中长期科技发展规划、"十四五"科技创新和知识产权规划，围绕搭建平台、聚集人才、创新机制、优化环境出台配套支持科创的若干政策，根据新形势全面清理涉及项目评审、职称评定、薪酬激励、经费使用、成果转化等方面政策，对不符合创新发展要求的文件及时修订或废止。对新制定的政策文件，把是否制约创新发展纳入审查内容。强化科技、教育、财政、投资、税收、土地、产业、人才、金融、知识产权、政府采购、审计等政策协同，提升创新体系整体效能。定期开展专项督查，推动创新发展各项政策落地落实，有效推进成果转化。

（二）完善金融服务科创体系

加快建立完善多元化、多层次和多渠道的科技投入体系，建立财政科技投入稳定增长机制，优化投入方式，持续加大对科创平台、人才计划等的财政科技投入；全面落实研发费用税前加计扣除、高新技术企业所得税优惠政策，优化企业研发投入后补助支持方式；完善科创企业"全生命周期"服务链条，引导激励企业和社会力量加大科技投入。政府和金融机构形成合力，针对幼稚期、发展期的科技企业大力发展风险投资体系和债券市场，针对企业自主创新和成果转化提供多样化的金融产品和创新服务，建立多样化银行信贷体系和信用担保体系，设计合理的风险共担机制和顺畅退出通道。设立自贡科技成果转化基金，积极吸引和支持国内外知名天使投资机构、创投机构入驻自贡，与各区县、高校院所、园区联合设立各类创投子基金，逐步形成覆盖科创企业全生命周期的"专项投资+天使投资+创业投资+产业投资"股权投资体系。进一步畅通科技金融融合通道，完善"创业投资+银行信贷+债权融资+股权融资"等多层次创业融资服务体系，搭建全市"政产学研金服用"沟通交流平台。建立融资便捷高效的科技信贷体系，鼓励各类金融机构设立分支机构，为科技企业提供"科创贷""科创投"等个性化金融创新产品，完善"科创贷+风险资金池"机制，并鼓励保险机构开发科技成果转化险种。探索建立科技型企业"白名单"，引导各银行业金融机构加大信贷支持力度。依托国企建立自贡科创投资集团，构建"政银担企"风险分担机制，支持开展关键核心技术攻关、中试基地建设、成果中试熟化和落地产业化等。支持鼓励金融机构建立面向科技企业的专营机构，加大科技担保支持力度，探索建立科技担保公司，探索开展科技保险、科技租赁、知识产权、应收债款质押融资等，为创新企业提供创业融资、贷款担保等服务。实施科技型企业上市培育工程，鼓励政府投资引导基金对种子期、初创期科技型企业给予支持，鼓励行业骨干企业、社会力量对在孵企业进行天使投资，引导科技型企业在各类资本市场上市或挂牌融资。建设一批专业化科技金融对接服务平台，开展特色化科技金融培训、投融资对接路演等服务。

（三）建立健全技术转移转化服务体系

组建自贡市技术转移促进平台，发展区域、高校院所、行业、服务等技术转移机构，加强与中国技术交易所、成都技术产权交易所等技术转移机构互联互通，推动构建成渝自一体化的技术市场和省、市、县（区）三级技术转移机构网络。吸引国内外一流高校院所在自贡建立技术转移机构，加强与清华大学、浙江大学、中国人民大学、四川大学等高校院所长期紧密合作，鼓励在自贡建立技术转移中心，积极争创省级和国家级技术转移示范机构。强化技术交易服务，推动高校院所和科技企业设立技术转移部门，加快科技成果转移转化和产业化应用。支持建设面向高校院所和企业的中试熟化平台，围绕装备制造、先进材料、通航与无人机等重点产业关键技术中试需求，充分发挥国家技术转移（西南）中心自贡分中心、知名高校院所驻自贡技术转移中心以及自贡科技创新服务中心等作用，吸引各类实验室技术成果在自贡开展概念验证、技术成熟度评价、中试熟化、小批量试生产、产业化及应用，建设川南渝西科技成果中试熟化基地。鼓励企业建设科技成果转化中试熟化基地，培育一批科技成果转化示范企业，开展产业技术创新联盟建设试点示范。

（四）进一步完善科技成果转移转化中介服务体系

推动技术市场一体化，探索建立企业需求联合发布机制和财政支持科技成果共享机制，培育一支专业化技术经纪人队伍。鼓励和引导市场（技术）预测、资产（项目）评估、管理（法律）咨询、知识产权代理、融资担保、科技孵育等科技服务类机构从功能简单的中介服务机构转型升级为服务成果转化的专业机构。加大对科技成果转化中介服务机构的支持力度，优选部分和有成果转化经验的服务机构加以重点扶持，政府可通过购买服务的方式在资金上给予一定的支持，对此类机构进行认证和授牌，使其成为专业化、有公信力的成果转化服务品牌。

（五）积极打响科技成果对接活动品牌

建立科技成果库和企业技术需求库，打造科技成果展示交易中心、供需对接、成果融资等科技成果市场化流动平台，推动技术要素市场化流动。强化科技成果与重点产业的精准对接，建立全国性、区域特色、常态化等多层次系列科技成果对接活动组织体系，开展系列"科技成果直通车"活动，营造更具活力的科技成果转化氛围。

（六）加快建设技术转移专业人才队伍

积极招引和培训技术转移专业人才，加快建立专职和兼职相结合的技术转移队伍；对接知名技术经纪人培训机构，加快引进集聚技术经纪专业人才，着力培育一批懂技术、会经营、复合型、高水平和专业化的技术经纪人、科技咨询师队伍。引导四川轻化工大学等高校设立技术转移相关学科或专业，设置从事技术转移的专职岗位，并通过技术转移中心、产权交易所等机构进行"实训"；鼓励社会专业机构依法开展技术经理人专业职称评定，培养技术经纪专业人才。推动在自贡科研院所技术人员兼职从事技术转移工作，深入园区、企业开展资本对接、科技成果竞价（拍卖）和技术难题招投标等活动，增强技术交易服务能力。培养一批善于将科技成果转化为产业的本土企业家队伍，尤其是民营企业"创二代"、中小微企业管理者等，最大限度地激发其创新创业热情，鼓励有能力的科研人员和管理者转变成为独立的公司和机构的经营者，提高科技成果本地转化率。

第十章 加快开放合作，做大转型升级增量

对外开放，合作共赢是一个国家一个地区产业转型升级、经济发展的重要动力源。历史和现实都证明，闭关锁国、封闭保守带来的必然是落后守旧。明清时期的海禁与闭关锁国，导致近代中国落后挨打。1978 年以来的新中国对外开放，则造就了中国历史上伟大的经济奇迹，让中国成为世界第二大经济体，著名学者郑永年就认为改革开放让中国"可以从世界各国继续吸纳更多的资本与技术，取得更广阔的市场"。自贡作为老工业基地，产业的转型升级、经济的振兴发展也离不开进一步的对内对外的深度开放与合作。

第一节 加强与川南经济区的合作，促进内自同城化发展

促进自贡市产业转型升级和经济发展的途径之一就是加强与川南经济区的深度合作，让自贡全面融入川南经济区的发展，充分利用川南的资本技术与市场来为自身产业转型升级与经济发展服务。实际上，加强与川南经济区合作首先要做到内自同城化发展，并逐步推进与川南宜宾、泸州的共赢发展，推进内自同城化发展要做到四化。

一、道路交通及信息技术与网络等基础设施同城化

现代化的立体交通体系是区域经济一体化的基础条件，也是自贡融入川南经济区，推进内自同城化的重要因素，必须打破区域行政区划界限，加强跨界交通基础设施项目交流合作，推进各种运输方式的协调发展和有效衔接，形成区域间互联互通的综合交通网络，推进基础设施在区域内的共建共享。构建与周边区域及内江中心城区的便捷通道，为推动内自同城化发展、打造区域商贸物流中心和旅游目的地奠定基础。

目前，内自快速通道项目已经开工，正在快速推进中，内自快速通道项目起于内江经开区汉渝大道与冷家湾枢纽互通连接线交叉点，止于自贡东盐都大道，是推动内自同城化，形成双城生活圈同一化的重要基础设施保障（见图 10-1）。

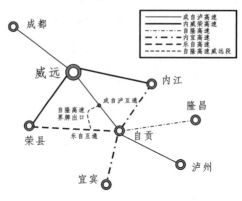

图 10-1　内自同城交通示意图

同时，推进内自同城化发展，还离不开信息技术网络资源的共建共享。信息技术与网络是消除空间障碍的有效手段，必须把信息一体化作为内自同城化的重要抓手。建设区域间相互融合的信息网络，打造区域协同发展信息沟通平台、商贸合作网络平台，完善信息传输机制，推进政府、行业及公众层面的信息资源融合共享，共同推进"互联网＋"行动计划，促进产业转型升级。

二、教育、医疗、住房等公共服务一体化

内自同城化除了交通等基础设施互联互通之外，重要的还有民心相通，这就必然要求在教育、医疗、社保、治安、住房等领域实施相通的政策，让两地民众互相认同为一个统一体。目前，内自已经实现了社保、医保、教育、公积金贷款等公共服务领域一体化。同时还在进一步推进一体化进程，比如内自同城化先行区大安区就与内江市市中区委组织部在大安区签订内自同城党建一体化战略合作协议，全面构建两地组织联建、干部联育、服务联手、

资源联享、发展联促的党建一体化格局，助力内自同城化发展，主动融入成渝地区双城经济圈建设。根据协议，双方将结合内自同城化发展实际，探讨加强和改进区域化党建工作的新途径、新方法，激励党员干部人才，争当成渝地区双城经济圈建设的表率先锋；举办形式多样的党建活动，交流推广各类型党组织的工作经验，推动双方党建工作整体提升；搭建干部人才交流互动平台，互派干部人才到重要部门、经济和社会发展一线和急难险重岗位实践锻炼，不定期开展主题论坛交流互动，不断提升干部人才能力素质，为内自同城化发展提供干部人才支撑；充分整合利用区域资源，发挥各单位的优势特色，共享互补，聚力推进内自同城化。目前，两市正共同研究谋划建设省级"川南（内自）新区"，全面推进内自同城化发展。2022年，内自同城化先行区大安区将加快推动内宜高速内自段市政化改造，推动沱江泸州段航道等级提升工程延伸至内江白马段等，还将与内江开展文旅合作，制定川南旅游景点一体化方案，助力大安建设天府旅游名县。

三、城市发展、产业布局等规划统一化

内自同城化发展离不开整体规划布局的统一，要从内自一体的角度来整体规划内自城市的发展和产业的协调布局。要立足新发展阶段、贯彻新发展理念、融入新发展格局，以成渝地区双城经济圈建设战略为引领，深入实施四川省"一干多支"发展战略，坚定不移推动高质量发展的区域经济布局，以打造成渝地区现代产业配套基地、成渝地区南向开放重要门户枢纽、老工业城市转型发展引领示范区、巴蜀文化旅游重要名片为发展目标，在这样的理念引导下进行内自同城化的规划布局。正如中国城市和小城镇改革发展中心规划设计主任、研究员范毅认为的，内自同城化发展规划要放在成渝城市群发展的大背景下来做，力争将内自同城化打造为成渝城市群的支点和节点，形成第三增长极和四川南向开放门户。内自同城化要依靠成渝，但不依赖成渝。在他看来，要立足两地庞大的人口和产业基础，盘活本地资源，吸引外出人口回流创业，带动本地产业发展，更好地参与到经济分工中。在空间布

局和产业发展布局方面，内自同城化以经济走廊的形式将两地的产业带和园区串联起来，构建全新的产业布局形态。

四、产业发展、区域市场等配套化

产业是区域合作的纽带，推进区域一体化，重点是推动区域内的产业整体联动。一方面以区域之间互补型的水平分工来加强产业联系，通过共同开发建设产业园区、引导企业合作、促进市场资源整合等方式，形成产业集群；另一方面，通过区域间产业的垂直分工构建共同的产业链条，结成经济共同体，以此构建错位分工、优势互补的产业发展格局。比如建设省级"川南（内自）新区"，又比如，大安区作为内自同城化先行区应明确所在区域的产业分工，将自身的发展与整个区域发展进行全方位对接，尤其是要将恐龙馆、彩灯大世界旅游与川南大草原的生态旅游，甜城湖龙舟赛与牛佛节庆活动全方位对接，实现区域旅游产业的一体化发展，推动整个区域发展的战略升级。

第二节　深度融入成渝双城经济圈

成渝地区双城经济圈建设，是国家为打造带动全国高质量发展重要增长极的战略决策，是深化川渝合作、促进区域优势互补协同共兴的战略举措，也是自贡走出转型升级新路、再造产业自贡、重铸盐都辉煌千载难逢的重大历史机遇。推进自贡深度融入成渝地区双城经济圈建设，有利于完善基础设施新布局、塑造区域协同新格局、构建现代产业新体系、培育创新驱动新优势、形成全面开放新态势、迈入绿色发展新阶段，是推动自贡在国家战略布局中凸显区位优势、加强区域协同、重构产业体系、增强创新动能、扩大对外开放、提升城市能级、改善生态环境的全面振兴之路。唯有牢牢抓住这次重大战略机遇，才能乘势而上，推动自贡转型发展、创新发展、跨越发展和高质量发展。

一、深度融入成渝双城经济圈的战略目标

自贡融入成渝经济圈的战略目标是要重铸辉煌，再现千年盐都的整体实力。为此我们必须坚持新发展理念，坚持高质量发展，坚持以供给侧结构性改革为主线，深入实施城市全面振兴"七大行动"，大力推进老工业基地改革创新和转型升级、高质量建设国家文化出口基地，着力共建川南渝西融合发展试验区、承接东部地区产业转移创新发展示范区，加快建设新时代成渝地区深化改革扩大开放示范城市、高品质生活宜居现代化历史文化名城、城乡一体繁荣幸福新自贡。以开放倒逼改革，以改革促进创新，以创新为高质量发展提供动力和支撑。坚持一体谋划协调共进。在深化实施"一干多支"发展战略中融入成渝扩大开放，紧跟极核双圈主动接受辐射带动，加强与"一轴两翼"协同合作，聚焦南翼率先跨越，加快推动川南渝西融合发展和川南一体化、内自同城化。主动融入西部陆海新通道建设，打造区域性物流中心。高标准建设中国（四川）自由贸易试验区自贡协同改革先行区，破除体制机

制障碍，打造一流营商环境。深化国际国内合作，建设四川南向开放重要门户城市。协同建设承接东部地区产业转移创新发展示范区，聚焦基础设施互联互通、产业错位布局、城市功能互补等重点领域，健全合作开发、产业互动和利益共享机制，推动形成错位协同、各具特色、各展所长的联动发展局面。

二、深度融入成渝地区双城经济圈，为自贡产业转型升级提供广阔空间

（一）推进道路交通、互联网等基础设施融合贯通，打造互联互通的立体交通体系

要构建"外联内畅"现代综合立体交通体系，夯实"再造产业自贡"基础支撑，为自贡产业转型升级提供要素保障。

协同推进对外快速交通网建设，构建内自半小时通勤圈、川南半小时通达圈和成渝双核1小时联动网。加快建设成自宜高铁和川南城际铁路，着力推进雅眉乐自城际铁路前期工作，加快自贡至重庆铁路规划论证。推动成自泸赤高速公路扩容和成自渝城际快速通道规划建设，加快推动自贡至永川、乐自犍、内富南、成自泸赤—乐自高速公路连接线等高速公路建设，全力推进内自、自隆等快速通道建设。提升市域交通网络能力，统筹推进干支衔接、合理布局的干线公路网和覆盖广泛、建管养有机衔接的农村公路网建设。提升凤鸣机场能级，争创全国民用无人驾驶航空试验区。打造区域性物流中心。协同构建公、铁、水、空多式联运和"一单制"服务的网络体系，参与建设国际铁路物流大通道，打造西南（自贡）国际陆港、"蓉欧+"东盟国际班列（自贡）基地。加强与泸州、宜宾等港口协同发展。高水平建设国家骨干冷链物流基地，打造西南地区农产品冷链物流枢纽和产业集群、成渝地区双城经济圈大宗农产品集散地、东盟国际农产品西南冷链物流中心、国家战略物资储备中心。推动新一代信息基础设施共建共用。实施智慧城市建设工程，

高标准建设综合型云计算公共服务平台，推动政务数据、公共数据、社会数据等融合共享、创新应用。实施 5G 建设三年行动计划，推进千兆光纤接入网络广泛覆盖，打造 5G 应用场景。积极发展物联网，建设全面覆盖、泛在互联的城市智能感知网络。大力推进水利能源基础设施建设。完善区域重大水利基础设施布局，加强协同、积极推进长征渠引水工程、向家坝灌区工程、长葫灌区续建配套及节水改造等重大水利设施建设，推动小井沟灌区渠系配套工程建设。协同建设跨区域输气管道、骨干电网等重大能源设施。

（二）全面对接成渝双城产业发展布局，打开自贡产业转型升级的大门

突出制造业高质量发展。坚持传统产业转型升级和新兴产业培育并举，强化高端引领、创新驱动和龙头带动，着力强核心、补短板、提价值，对接融入全省"5+1"现代工业体系、成渝双圈工业布局，联动南翼地区集聚发展装备制造、先进材料、食品饮料、电子信息、能源化工等产业，打造成渝地区先进制造业协同发展示范区。依托国家战略性新兴产业集群发展工程（节能环保装备），加强与川南渝西城市产业发展平台协作，高效分工、错位发展、有序竞争、相互融合，支持东方锅炉、华西能源等骨干企业强链、补链，辐射带动一批节能环保特色产业聚集发展，带动形成千亿级装备制造业产业集群。依托国家新材料高新技术产业化基地，发挥氟材料、焊接材料、硬质合金、特种炭黑等产品比较优势，加强与相关城市产业基地和园区合作，支持中昊晨光、大西洋等企业创新发展，加快科研成果转化，支撑建设川南新材料产业基地，带动形成千亿级先进材料产业集群。积极培育并大力推动消费品工业高质量发展，加快建设西南（自贡）食品工业园，支持食品饮料、纺织服装、防护用品等消费品提升供给质量，打造自贡冷吃兔统一品牌、创新营销模式、扩大产业规模，打造自贡特色的终端消费品工业，带动形成五百亿级以上的消费品工业产业链。积极对接境外和东部地区，聚焦电子信息相关领域，坚持招大引强和培育创新型中小企业集群并举，壮大电子信息产

业，加快形成两百亿级以上的电子信息产业集聚区。突出能源化工、新型建材、灯饰照明等领域，加快培育多个百亿级产业。积极推动军民融合产业发展，加强与军工企业配套协作，推动民参军企业提质增效。

培育发展现代服务业。对接融入全省"4+6"现代服务业体系，重点抓好文化旅游、商业贸易、现代物流、金融服务等支柱型服务业，科技信息、医疗康养、商务会展、家庭社区等成长型服务业。依托世界地质公园、国家历史文化名城、中国优秀旅游城市等文化名片，推动文化旅游资源转化为旅游产业发展优势。加快建设一批高品质城市综合体，培育一批商贸服务龙头企业，提档升级核心商圈，打造商贸新地标。加快引进现代物流重点企业，整体提升物流业平台功能和发展水平。加快电商融合，建立"自贡造"特色商品电商采购平台，围绕先进制造业服务，重点打造集研发设计、科技咨询等功能为一体的科技服务中心。发挥医疗资源优势，推进医疗康养融合，构建智慧医疗便捷服务网络，完善养老服务体系，培育壮大康养产业。探索举办百年工业文明科技发展研讨会、国际恐龙学术交流会、数字经济和实体经济融合发展研讨会、川南渝西汽车展等，发展壮大商务会展经济。推动家庭社区、物业服务特色化、标准化、信息化发展，鼓励发展定制配送、智能快递等便民新业态，满足群众多元化个性化需求。

大力发展现代高效特色农业。对接融入全省现代农业"10+3"产业体系，做足做够精品特色文章，推动农业标准化、智能化、绿色化、融合化发展。突出标准化建基地，融入国家优质粮油和商品猪战略保障基地、长江上游柑橘和全国优质蔬菜产业带、成渝高速沿线现代畜牧业产业带布局，做强稻粱、晚熟柑橘、蔬菜、茶叶油茶四大特色种植业和生猪、肉羊、肉兔、肉鸡四大特色养殖业，建成一批省级现代农业园区，争创国家现代农业产业园，协同共建成渝现代高效特色农业带。突出智能化强支撑，采取"院校+企业+项目"模式，共建生产加工与科研一体的创新研发中心和现代农业科技园区，加强与成都数字农业、重庆"农村云"、荣昌生猪大数据中心等平台协作，加快推动智慧农业发展。突出绿色化创品牌，积极发展种养结合、生态循环农业，健全农产品质量安全追溯体系，做强地理标志产品，培育推广"自然贡品"区域品牌，融入成渝区域公用品牌共建共享平台，大力拓展农产品市场。突出融合化延链条，依托国家骨干冷链物流基地，建设一批优质农产品生产直供基地和精深加工园区，加强与旅游、教育、文化、康养等深度融合，加快建设一批省级农业主题公园和休闲农庄。实施"互联网+农业"，举办特色鲜明直播带货活动，大力推动农产品线上线下销售。

推动数字经济与实体经济融合发展。积极融入国家数字经济创新发展试验区建设，推动产业数字化转型。实施工业互联网创新发展工程，支持开展"5G+工业互联网"试点示范。实施中小企业数字化赋能行动，推动企业"上云用数赋智"，支持传统企业运用智能化平台优化生产、物流、管理流程。着力以需求为导向丰富应用场景，打造5G、人工智能、4K/8K生态圈，发展虚拟现实、共享经济、平台经济等新模式新业态。支持本地化软件及信息服务企业发展，培育本地化软件信息服务应用型人才队伍，提升信息技术应用水平。

强化产业园区支撑。聚焦产业基础能力建设，鼓励社会资本参与园区建设和运营，加快完善标准化厂房、能源、水电气、信息保障等生产生活性配套服务设施，提高园区承载能力。聚焦园区产业链协同发展，大力实施产业链填缺补短、产业基础再造工程，推动产业配套链、要素供应链、产品价值链和技术创新链整体成势。聚焦承接产业转移，做优存量、做大增量，盘活资源精准招商，完善信息对接、权益分享和税收分成等政策体系，协同川南渝西城市承接东部地区和境外产业链整体转移、关联产业协同转移。聚焦供给创新，建立土地产出效益与新增建设用地计划分配挂钩制度，开展园区"亩均论英雄"评价。聚焦园区绿色发展和安全生产，推进园区循环化改造，构建覆盖全产业链和产品全生命周期的绿色制造体系，完善生产安全风险防控和隐患排查治理体系，运用新一代信息技术提升重点行业本质安全水平。

（三）打造协同成渝双城经济圈创新创业高地，营造自贡产业转型升级的技术基础、人力资源

构建区域创新共同体。紧密对接科创中心建设和西部科学城"一城多园"布局，谋划建设科创中心自贡基地和西部科学城自贡科创园。加强与成渝绵"创新金三角"合作，联合组建技术创新联盟，参与建设高能级创新平台。融入成渝一体化技术交易市场，共建一批技术转移中心，加强与知名高校和科研院所合作，共同建设科教产业园和科技成果转化与孵化基地。

协同营造创新创业创造良好生态。突出产业创新引领，构建有利于创新创业创造的体制机制。共建共享创新创业服务平台，建立"创业投资+债权融资+上市融资"多层次创业融资服务体系，积极参与成渝地区高新区联盟、大学科技园联盟和双创示范基地联盟。完善支持科技创新的财政金融服务体系，构建覆盖科技创新全过程的财政资金支持引导机制。深化政产学研用协同融合，支持企业开展自主创新、协同创新，协同构建关键核心技术攻关新型体制。建立科技基础资源共享共用机制，探索产业创新共同体模式。深化赋予科研人员职务科技成果所有权和长期使用权改革，探索试点科研事业单位区别于其他事业单位的管理方式。

充分激发市场主体活力。着力培育优质企业，实施中小企业梯度培育计划，推动大中小企业共同发展。大力支持民营经济健康发展，建立规范化常态化政商沟通机制，帮助解决民营企业和中小微企业发展难题。面向民营企业搭建项目推介、银企对接等服务平台，强化政策支持、要素保障和长效服务，争创民营经济示范城市。推动市属国有企业与成渝地区国有企业协同合作，支持国有平台公司在基础设施建设、产业发展、生态环境保护和公共服务等领域发挥排头兵作用。大力支持个体工商户发展，加大租金、税费、社保、融资等方面帮扶力度，推动一批"个转企"。

做强人才支撑。深入实施盐都人才新政、"一业（企）一策"人才支持政策，注重本土人才培养提升，推行柔性引才用才机制，持续开展"盐都百千万英才计划"、高端人才引进储备计划，提高人才资源与城市战略的匹配

度。培育壮大技能型人才队伍，培养盐都工匠、产业大军。加强新时代高素质企业家队伍建设，打造推动高质量发展的生力军。

（四）打造成渝双城经济圈旅游消费目的地，开拓自贡产业转型升级的新业态

顺应消费理念、生产生活方式转变，着力培育新型消费、特色消费、品质消费，促进消费转型升级，有效提升文旅融合的开放性、吸引力，壮大"再造产业自贡"特色优势。

协同共建巴蜀文化旅游走廊。主动融入全省"一核五带"文旅发展格局，加强与川渝两地文旅项目对接合作，协同打造沱江流域生态经济、川南渝西民俗、川盐外运等文化旅游带，搭建区域文化旅游推广联盟，共同打造巴蜀文化精品旅游线路、文化旅游品牌、文化旅游公共服务体系，协同建设具有国际范、中国味、巴蜀韵的重要旅游目的地。高标准建设、高水平运营恐龙文化科技产业园、中华彩灯大世界等一批标志性重大文旅项目，积极培育文旅消费新业态，推动文化旅游多领域全链条融合。推进文旅品牌创建，争创5A级景区，提升4A级景区功能，争创国家全域旅游示范区和天府旅游名县。

打造独具特色文化产业。以国家文化出口基地为总抓手，依托盐龙灯食文化资源，挖掘龚扇、扎染、剪纸等非物质文化遗产，引进打造一批行业头部企业、领军企业，实施文创"小巨人"、文化出口领军企业培育行动，共建文化出口产业发展联盟。高质量建设文化地标、公共空间，加强盐业、彩灯、"三线建设"等历史文化资源的挖掘保护和活化利用，打造一批文创公园、文创街区、文创小镇，加强文创产品开发，争创国家文化和科技融合示范基地。推动"彩灯+""+彩灯"跨界融合，促进彩灯实用化、生活化、商品化，推动彩灯进家庭、进商铺、进社区，借力进博会、彩灯外展等平台推动川渝美食文化、文艺演出、非遗产品、名特优新产品等"借灯出海"。

构建多元复合的特色消费应用场景。围绕特色美食、传统工艺产品、民俗节庆、历史和文化遗迹建设特色消费聚集区。协同建设区域品牌培塑工程，打造城市超级IP，争创国家文化和旅游消费试点城市。创新打造节会活动品

牌，办好国际恐龙灯（贸）会、中华彩灯灯光节、盐都古镇民俗丰收节等特色文旅活动，发展假日经济，大力推广"旅游+"产品。打造特色商业街区，建设一批彩灯、恐龙、盐运、动漫等特色小镇，提升釜溪夜游等夜经济消费场景品质，打造新消费"网红"打卡地。因地制宜发展通航旅游、山地户外运动等文旅消费业态。大力推广"中国盐帮菜之乡"品牌，培育壮大盐帮美食企业。构建"智能+"消费生态体系，大力推动线上线下消费融合发展。

第三节　坚持资本招商，引资与引智并重

当今时代，虽然国际、国内区域经济合作、产业互动和产业转移步伐加快，但逆全球化的潮流也在涌动，招商引资、合作开放面临全新的局面，各地都在千方百计吸引项目、资金和技术、人才。传统的招商引资面临越来越大的挑战。资本招商、引资引智的兴起，就是对这种情形的一种回应。实际上，资本招商、引资引智引技也是自贡实现产业转型升级的重要条件。

一、突破传统招商引资局限，以资本招商开创自贡产业转型升级新格局

与传统的招商引资方式相比，资本招商具有精准和高效的特点和优势。通过发挥政府引导资金的作用开展的资本招商，既解决了企业发展面临的融资难点，也帮助地方政府解决了招商引资的痛点。地方主要面临招商引资项目落地难的问题，一些招商项目因前期论证、准备工作不充分，对相关的规划要求、项目投资建设程序、政策法规等了解不够全面，策划包装项目不翔实，项目过于概念化，抽象描绘多，让人感到不踏实，心中没底，难以确定投资，导致项目搁浅甚至放弃。各地招商引资竞争激烈，无序竞争及同质竞争，导致公共资源浪费，资源配置不合理。拼优惠政策，拼资源要素价格，导致有限的资源要素和土地利用率不高，有些投资项目土地"征而不用""征多少用"。盲目招商的问题不容忽视，少数地区为了局部利益，盲目进行产业发展，导致了大量的重复建设，造成资源的浪费。

通过市场主导作为底层逻辑的资本招商模式的引入，可以在很大程度解决这些传统招商引资存在的痛点与问题，从而提升招商引资水平，打开招商引资的局面，为自贡产业转型升级提供资本和技术支撑以及广阔市场。资本招商，通俗解释，就是利用产业基金购买企业的股权，进而撬动企业投资。地方政府的资本招商一般来说可以这样来运作：成立一个政府投资基金，由

政府单独出资管理，或者由政府出一部分资金作为母基金，作为成立政府投资基金的引导基金，委托基金管理公司管理；通过杠杆效应吸引其他资本成立各种子基金，再配套社会资本，采用市场化方式建立的股权投资基金；为地方嫁接金融资本、社会资本和项目资源，构建起服务企业全生命周期的基金投资体系。

产业引导股权投资基金具有"四两拨千斤"的功效，一般会产生 1:5 甚至更高的杠杆比。比如政府出资 10 亿元，凭借其良好信用可吸收 50 多亿元社会资本参与，整个投资基金规模可达将近 100 亿元。通过这种杠杆放大效应，有限的财政资金可以投入更多技术改造、科研成果产业化过程中，还可以推动企业重组和并购。

这种股权投资基金本身是一种市场化选择机制，具有优胜劣汰的功能，由基金管理人选择项目投资，总体上会选择那些技术含量高的、市场前景好的优质项目，避免政府行政主导产业转型的低效和粗糙，从而助推产业结构调整和产业优化升级。通过资本杠杆的力量，可促进地方政府"大招商""招大商"，形成产业集群化发展，促进产业的转型升级。自贡的产业招商和资本招商要围绕融入成渝双城经济圈，加强与成都"一芯一屏一端"和重庆汽车产业的配套，做好航空与燃机、灯饰照明、电子信息、新能源等重点领域的建链、延链、补链工作，通过产业招商、资本招商，引进龙头企业带动产业转型升级。

【案列1】 绵阳产业项目聚集案例[①]

今年，绵阳通过举办全市重点项目融资对接会，拓宽重点项目融资渠道，细化重点项目服务措施，切实提升金融支持重点项目建设力度。通过统筹协调重点项目"一对一"用地保障等措施，加快推动项目尽早开工。

通过改革，绵阳也摸索出一系列创新举措。以涪城区与四川发展（控股）有限责任公司签署的"1+6"系列重点项目为例，其签约总金额达 321.7 亿元，而整个合作对接仅用时 100 天，其间双方对接 150 余次。高效率，在于双方

---

① 引自《四川日报》2021 年 9 月 14 日 08 版。

在"平台化"合作方面的共识——致力于打造园区等平台，而非单个的项目。以双方共同打造的中国科技城四川发展融合创新产业园区为例，项目总投资100亿元，要打造为先进制造业和现代服务业深度融合的创新产业园区。

如果将过去的项目招引视为单棵"植树"，平台思维招引则是成片"造林"。近年来，涪城区通过与平台公司合作，发挥其在细分领域的专业能力，由招企业向招平台转变，由政府与专业公司合作，请专业团队招引、培育、服务目标项目，在全国范围内筛选对接更多符合涪城区发展定位的优质项目落地，促成双赢。

以创业黑马西部（绵阳）科创基地为例，已带来首批30家优质企业，其中不乏航空航天领域的"独角兽"企业；围绕新型显示产业，联东U谷助力串起产值近700亿元的产业链条。

【案列2】 武汉光谷的案例①

利用引导基金招商引资的比较成功的案例，是武汉光谷生物城。"用好资本招商手段，让生物城聚集大量产业基金，这些基金有动力在全球找项目落户生物城"，武汉国家生物产业基地建设管理办公室领导如是说。对于新兴产业而言，资本是最好的"选择器""放大器"和"加速器"。通过精细化服务于投资机构，2016年光谷生物城已引进新增注册基金管理机构28家，管理资金规模350亿元人民币。而此前，光谷生物城仅有22家投资机构落户，管理资金规模仅有23亿元，去年一年激增的资金规模是往年总和的15倍，这些资本在今年将发挥巨大的招商引资功能。

新兴产业领域竞争异常激烈，各国都在布局，"都是从小到大，竞争提前"，其实就是在地方引进和投入项目时，考验决策层的前瞻眼光。专业投资机构遴选项目嗅觉更灵敏，全球甄选，一旦项目落地，还会引入更多专业资源把项目做成，把投资机构作为重要的招商对象引入园区后，很多项目会自己找上门。

---

① 引自《长江日报》2017年3月3日05版。

早在 2009 年，光谷生物城就成立了生物产业创业投资基金，以 8 600 万元的政府引导资金，形成 1.5 亿元基金规模。"当年主要是从帮助创新企业解决融资难问题考虑"，生物基地建设办负责人坦言，近年来，生物城[①]在资本推动新兴产业发展作用上，有了更深理解，"除了让创新成果放大、加速，资本还有全球配置资源的能力"（见图 10-2）。

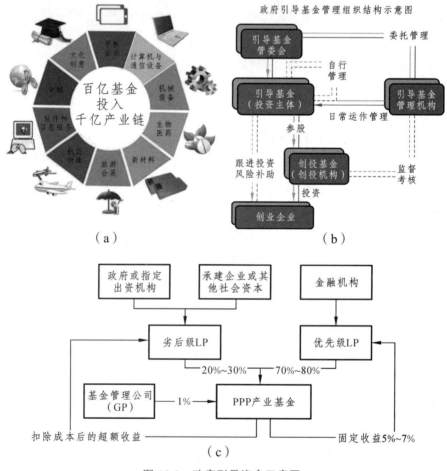

（a）　　　　　　　　　　　　（b）

（c）

图 10-2　政府引导资金示意图

---

① 报纸原文，应该是指生物城金融服务中心。

二、营造良好招商引资环境，为资本招商提供配套保障

自贡产业转型升级，招商引资是必然的要求，要确保能够招得来、留得住，必须要打造良好的营商环境，聚焦要素市场化配置改革等重点领域，协同推动开放通道、开放平台、开放环境等建设，全面提升开放型经济水平，优化营商环境。全面对标一流标准，以强烈的自我革命精神大力优化营商环境。完善公平竞争的法治环境，贯彻实施《中华人民共和国民法典》和相关法律法规，依法平等保护国有、民营、外资等各种所有制企业产权和自主经营权。坚持一切围绕企业、一切为了企业、一切服务企业，支持国有企业做优做强做大，大力发展民营经济，支持中小企业创新发展。完善优质高效的政务环境，深入推进以"3+3"为重点的"放管服"改革，落实市场准入负面清单制度，实施依法依规、包容审慎监管，推动更多政务服务事项"一网通办"，建设优质政务服务示范市。完善精准有效的政策环境，落实好纾困惠企政策，持续推进减税降费、税收征管一体化和办税便利化、惠企政策"一窗兑现"、清理和防止拖欠账款等政策措施。完善诚实守信的人文环境，建立知识产权保护合作交流、执法协作等机制，持续构建"亲""清"新型政商关系，营造尊重企业家、厚待投资者的良好氛围。

三、坚持招商与引智引技并重，为自贡产业转型升级插上人才翅膀

随着自贡开启产业转型升级的道路，对于人才的需求，成为产业转型升级成功的必要条件，特别是新略性新兴产业、新材料、节能环保装备以及智能制造、大数据、人工智能、智慧城市，均需要大量高素质人才支撑。有专家认为，人才结构优化是产业结构调整的基础。人才结构的层次性决定了产业结构的层次性，只有不断提升人才结构层次，才能推动产业结构优化，促进处于产业链高端的技术密集型和知识创新型产业发展。人才结构优化支撑产业结构升级，谁拥有更多的高层次人才，谁就能抢占竞争的制高点、掌握发展的主动权。同时，转变经济发展方式，促进产业转型升级，对人才结构

优化调整也提出了新需求。加快人才结构调整，以人才优势引领和推动产业结构转型升级，才能逐步形成以产引才、以才促产、产才融合的良性格局，从而推动经济社会持续发展。

当前自贡产业转型升级对各类人才的需求还存在很大的缺口，同时产业转型升级与现有人才的匹配度相去甚远，必须围绕自贡产业发展规划和产业转型升级需求，制定人才发展专项规划，引导人才结构根据产业结构调整需要来调整，提升人才与产业发展的匹配度，建立健全人才需求监测机制、人才动态调整机制、人才培养联动机制等，提高人才资源与自贡经济发展结构相协调、相适应的程度。通过定期发布人才开发目录，提供急需高层次人才的宏观数量和微观产业分布、专业结构和重点研发领域等信息，提升市场化配置人才资源的效能。

自贡市实施的盐都人才新政，就是敢于突破各种束缚，善于利用倾斜政策和有效措施促使人才合理流动，推动人才协调持续发展，形成高效优化的人才产业结构。我们必须要进一步健全人才服务保障落实机制，为企业引才提供良好外部条件。政府要大力实施人才服务体系建设。建立人才工作联络员队伍，对高层次人才创新创业项目从政策咨询、项目谈判、场地协调、企业注册到开工投产、人才储备等实施"一站式"服务，帮助高层次人才协调解决项目实施中的各类问题。在生活保障方面，及时了解高层次人才相关需求，帮助协调解决落户、子女教育、医疗等方面的问题，切实保障高层次人才招得来、留得住。

同时，大力引进和培养掌握关键技术、战略性新兴产业发展的高层次人才和创新团队。通过开展海内外各类人才洽谈会、对接会等途径，畅通"走出去"引才渠道，在更大范围、更高层次上寻揽人才。推进多元化引才模式，可以聘请国内外专家和科技人员在不迁户口、不转人事关系的前提下，通过兼职、短期聘用、技术合作、承担研究课题等方式，灵活引进紧缺急需人才和高层次人才。着力引进培育高层次、专业的猎头公司，对成功引进高层次人才的海内外社团组织、人力资源公司、海外引才工作站和个人，给予一定奖励。不断完善金融财税政策，创新金融产品，在有效防控风险的条件下，扩大信贷支持，优化投入方式，为创新型高层次人才和创新团队发展创造良好环境。推进各类人才培养平台建设，加快推进产学研结合、深化产学研合作，鼓励企业与大学科学院所联合建立实验室和技术中心，促进更多的科技人才投身创新实践，激发专业技术人才、高技能人才等的创造潜能，强化基础研究和应用技术研究的有机结合，实行协同创新和集成创新，实现高层次人才队伍建设、高科技创新成果转化、高新技术产业发展联动，让人才智力优势更好地服务自贡经济社会发展。积极引导企业与职业院校对接，发挥大企业和科研院所、高等院校的领军作用，在浙江大学自贡创新中心成功运作的基础上，根据自贡产业转型升级发展需要，探索实行"校企合作办学，工学结合育人"等现代化技能型人才培养模式，帮助企业订单式培养一线技能型人才，特别是高技能人才，破解企业用人荒和人才本领荒的难题。

第十一章　坚持绿色发展，再造转型升级优势

第一节　坚持碳中和背景下自贡产业的绿色发展

"碳中和"和"碳达峰"是我国政府向世界做出的庄严承诺。"碳达峰"就是我国承诺在 2030 年前，二氧化碳的排放不再增长，达到峰值之后再慢慢减下去；而到 2060 年，针对排放的二氧化碳，要采取植树、节能减排等各种方式全部抵消，实现二氧化碳"零排放"，这就是"碳中和"。这意味着我国经济社会发展方式将发生改变，利用能源的方式将要向节约、集约、高效发展，并强调减少碳排放和消除排放的碳，生态文明的建设将不可或缺，绿色发展、低碳发展成为一种必然的选择，绿色经济发展也就此提出。"绿色经济"是人类社会出于对社会经济与生态环境协同发展的思考，探索出的一种更加高效、和谐、可持续的新经济形式。在过去的几十年间，中国经济高速增长的同时也付出了相当的资源和环境代价。当前，我国已进入增速放缓、结构优化、追求高质量发展的新阶段，习近平总书记也明确指出：要完整、准确、全面贯彻新发展理念，保持战略定力，站在人与自然和谐共生的高度来谋划经济社会发展，坚持节约资源和保护环境的基本国策，坚持节约优先、保护优先、自然恢复为主的方针，形成节约资源和保护环境的空间格局、产业结构、生产方式、生活方式，统筹污染治理、生态保护、应对气候变化，促进生态环境持续改善，努力建设人与自然和谐共生的现代化。[①]

"碳中和""碳达峰"必将对我国经济社会的发展产生全方位的深刻影响，自贡的产业转型升级也因此而有了重点和需要突破的方向。实现"碳达峰""碳中和"目标是一项极具挑战的系统工程，是一场与经济社会变革密切相关的大战略。在碳中和大背景下，更多追求绿色发展、绿色转型，将对产业转

[①] 习近平 2021 年 4 月 30 日在十九届中共中央政治局第二十九次集体学习时的讲话。

型升级产生深远影响，节能减排降耗、清洁及再生能源优化配置、废物利用、垃圾处理、环境治理等将是产业投资的重要方向，也是生态文明建设的重点。

一、转变观念，推进传统产业的绿色转型，实现自贡产业转型升级的绿色蝶变

绿色发展是"碳中和"背景下的必然要求，也是开启高质量发展的主要路径。正如习近平同志指出的："必须加快推动生产方式绿色化，构建科技含量高、资源消耗低、环境污染少的产业结构和生产方式，大幅提高经济绿色化程度，加快发展绿色产业，形成经济社会发展新的增长点。"①自贡产业转型升级必须在观念上树立走绿色发展道路。要对传统产业进行绿色转变，推动产业向高质量发展的转换，传统的高耗能、低效率产业的发展不可持续，提高生产效率，转换增长动能和提升发展质量是当前产业发展的重要任务，也是自贡产业转型升级，走绿色发展道路必须坚持的理念。要进一步优化产业结构、改进生产生活方式，加大生态系统保护力度，加快生态文明体制改革，走一条绿色低碳、创新驱动的发展道路。

要在自贡推行绿色发展理念，实现绿色转型发展，首先就要转变观念，认识绿色发展的深刻内涵。绿色发展内容广泛，绿色能源、绿色工业、环保产业、信息技术产业、新型材料、战略性新兴产业均是绿色发展的范围，其为企业发展以及一个地区的产业提供了广阔的发展空间。实际上，我国在诸如风电、光伏发电、智能电网、因特网络、特高压输电、低碳技术等绿色技术发展方面具有国际竞争力，企业抢占绿色产业技术，就赢得了未来，地方的产业发展也就站在了未来的风口上。同时绿色发展还可为企业节省原材料成本，大幅度提高企业生产效率。企业绿色转型发展不会增加企业负担，反而会在一定程度上促进企业的竞争力提升，为一个地区的产业发展提供绿色优势。企业绿色转型意味着企业在生产过程中要做到节能节材和环境友好；

---

① 习近平 2015 年 3 月 24 日在中共中央政治局会议上的讲话。会议审议通过了《关于加快推进生态文明建设的意见》。

同时，生产出的产品是节能环保的。这是企业增强软实力、提升竞争力、争取竞争新优势的有利选择。实际上先进制造业作为产业绿色转型重点，推动制造业数字化、智能化转型，并基于消费端和需求侧的变革要求，推进传统制造业绿色化和循环化改造，就必然大量节约资源和能耗，减少碳排放，提升效率，可以显著提高竞争力，这与企业谋求自身利益一点不矛盾。产业的绿色发展也为开拓市场赢得了先机。随着人民生活水平迅速提高，居民消费观念更新，健康绿色的产品将是消费的主流。高品质、无污染的绿色产品将会是市场未来主要产品。绿色低碳产品也是国际贸易准入的重要标准，成为企业开拓国际市场的重要关卡。

因此，企业只有走绿色发展道路，创造绿色品牌，才能抢占国内外市场先机，在未来竞争中立于不败之地。这实际上就意味着产业的绿色转型，将在实质上提高绿色技术进步在产业发展中的贡献份额。因此，要以科技创新为总揽性抓手，加快创新链、产业链、人才链、资金链、服务链深度融合，整合社会创新资源，全面推进清洁生产技术、废弃物处理技术、资源循环利用技术以及绿色信息化技术等绿色技术创新及应用。自贡的产业转型升级的重要一环就是推动传统产业的绿色改造，推进清洁生产技术、废弃物处理技术、资源循环利用技术以及绿色信息化技术等绿色技术创新及应用，对传统产业进行绿色改造，从而降低能源消耗，减少碳排放。自贡东方锅炉积极推动创新驱动与绿色发展战略，形成锅炉、环保、服务、辅容核、新能源五大产业板块协同发展，实现了产业链向高效节能、绿色环保的升级。升级的节能环保产业，专注于废气治理、余热利用、水处理及废水零排放，拥有为客户提供先进技术、装备集成、项目总承包、项目投资及运维、服务等综合性一体化解决方案的能力。自贡川润股份有限公司，其设计的润滑供给系统，在不影响使用性能的前提下能够降低成本。同时，绿色的切削液供给系统通过科学配比确定切削液使用量，大大增强了冷却、润滑、防锈的效果。自贡大力推广企业采用该系统，在高新区实现了装备制造的工艺绿色化。同时还推广自贡高新区企业使用园区内四川长征机床集团有限公司生产的机床，该公司使用高速干切削技术、MQL（微量润滑）技术对传统机床结构进行改进，有效减少了机床使用过程中造成的环境污染，降低了切削液的使用。

目前，以东方锅炉、川润股份等机械加工通用设备制造业为代表的传统制造企业绿色转型，正在自贡的各个工业园区蓬勃发展。2020年，自贡高新区已拥有绿色产业企业106家，绿色产业产值占园区工业总产值比重超过70%[①]，形成了节能锅炉制造产业链、三废处理设备产业链、节能输送机械产业链等较为完备的五大绿色低碳产业链。自贡高新区提高"三废"的集中治理水平，鼓励废气回收技术的研发和推广应用，发挥节能环保装备产业优势，成为四川唯一的全国绿色产业示范基地和国家绿色工业园区。通过对传统产业的绿色改造，开拓了自贡产业转型升级的绿色途径，彰显了传统产业绿色优势。

二、大力发展战略性新兴产业，推进自贡产业转型升级的绿色含量

战略性新兴产业以工为主，注重新兴科技和新兴产业的深度融合，是作为老工业城市自贡产业转型的主要方向。自贡的战略性新兴产业发展迅速，截止到2020年，自贡战略性新兴产业实现产值占全市规模以上工业总产值比重达40.3%。[②]通过对自贡产业结构实施调整，构建绿色化的产业结构，把大力发展战略性新兴产业作为产业绿色转型的主战场。构建绿色化产业结构主要有三条途径：一是通过降低消耗、升级改造、循环利用等方式加快传统产业绿色化；二是依靠科技进步、管理创新和劳动者素质的提高，加快新兴产业绿色化，培育和形成新的经济增长点；三是通过政策引导、技术主导、投资带动等方式，大力发展节能环保产业，加快形成新的支柱产业。在工业生产领域，把先进制造业作为产业绿色转型的主战场，大力发展战略性新兴产业，特别是自贡具有比较优势的节能环保装备产业。自贡是国家战略性新兴

---

① 数据来源：自贡市高新区管委会。
② 《自贡市国民经济和社会发展第十四个五年规划和二〇三五年远景目标纲要》
　2021年3日，第10页。

产业节能环保产业集群城市，是四川省除成都市外唯一的上榜城市。其形成了节能锅炉制造、"三废"处理设备、节能输送机械等 5 条重点产业链，成为四川省三大重大技术装备制造基地之一、国家节能环保装备新型工业化产业示范基地。主要以东方锅炉、华西能源等为代表，专注于新能源、环保产业、清洁电站的设计制造。要进一步推动战略性新兴产业数字化、智能化转型，并基于消费端和需求侧的变革要求，推进装备制造业绿色化和循环化改造，完善产业链发展，推动节能环保产业高质量绿色发展。同时，发挥自贡先进材料产业优势，在有机氟、硬质合金、焊接材料、聚酰亚胺、特种炭黑、芳纶纤维等细分领域拥有一批具有自主核心竞争力的高新技术企业基础上，依助于川南新材料产业基地，形成高分子合成材料、金属及复合材料、新型碳材料等具有特色优势的产业链条，打造产业集聚区。要以科技创新为总揽，加快创新链、产业链、人才链、资金链、服务链深度融合，整合社会创新资源，全面推进清洁生产技术、废弃物处理技术、资源循环利用技术以及绿色信息化技术等绿色技术创新及在战略性新兴产业中的应用。

三、构建自贡产业绿色发展的平台，夯实自贡产业转型升级的根基

一是加快建立绿色生产和消费的法律制度和政策导向。创新产业绿色发展的体制机制。突出绿色转型和社会福祉，建立产业绿色发展标准的绩效测度考核指标，加大绿色 GDP 考核权重，指标设计要综合反映经济发展的质量和效益。建立绿色财政和税收征管体系，进一步调高高耗能、高污染、资源性行业和产品的税负及消费税征收范围，开启环境税、资源税和绿色转移支付试点工作；对于处于生态涵养和生态脆弱的主体功能区内，而税收又十分依赖"两高一资"产业发展的地区进行专项财政转移支付，帮助其摆脱税收路径依赖。

二是建立健全绿色产业发展的投融资体系，通过建立与绿色经济发展相适应、能配套、高效率的投融资和服务体系，为绿色产业发展和传统产业改

造提供资金支持和金融服务。通过金融向导引导资金投向绿色经济的相关产业、企业和项目，支持绿色生产与绿色消费，壮大节能环保产业、清洁生产产业、清洁能源产业，推动新能源汽车、新能源和节能环保等绿色低碳产业成为我市经济发展的支柱产业。同时在金融服务中加入绿色环保因素和实行环保否决制，促使企业遵从节能减排环保要求，采用先进技术，减少碳排放量，营造出有利于绿色经济发展的良好环境。

三是构建市场导向的绿色技术创新体系，通过绿色科学技术研发和创新政策激励，促进企业同科研机构的绿色科技联合，增强企业绿色技术创新能力，突破绿色技术难题和技术壁垒，重点研发和运用资源高效利用技术、清洁生产技术、循环利用技术、污染治理技术等。同时，构建绿色能源体系，持续推进能源生产和消费革命步伐，加快建设区域新型能源产业基地，着力推进清洁能源生产供给技术进步，着力发展清洁能源，完善能源税制，鼓励支持零碳智慧绿色能源体系建设。加快发展科技企业孵化器、大学科技园、众创空间等各类创业孵化平台。支持科技企业孵化器创新服务模式，提升服务水平。支持大学科技园积极依托高校技术、人才优势，推进高新技术成果转化及产业化。

第二节　着力塑造城市多角度特色

要牢固树立绿水青山就是金山银山的理念，始终坚持城市以人为本的理念，促进城市多角度发展满足人民多样化需求，城市发展最好立足自身资源禀赋，借鉴他山之石，扛起责任担当，用心塑造城市特色风貌，让城市更具自然之美和人文之美。从自然禀赋、文化特征、时代风貌、发展需求等多方面入手开展城市规划发展，努力塑造独具特色的城市风貌，形成独具特色的多功能城市景观。

一、因地制宜，打造形成完整的生态网络，把独特的自然风貌融入城市

确立城市总体意向和风貌特征的重点就是要研究城市发展的战略定位，确立城市风貌的总体形态和意向，协调山水格局和总体的构架，建立起空间秩序，管控好城市的地景、界面、机理、曲度和天际线，山水格局要协调好，去搭起总体的构架，建立起空间秩序。坚持"生态兴则文明兴"的城市文明观，立足自贡城市山水的自然资源禀赋，大力建设城市公园，形成城中有园、城园相融、人城和谐的城市发展格局；坚持"把城市放在大自然中"的城市发展观，逐步建立以产业生态化和生态产业化为主体的生态经济体系；坚持"以满足人民美好生活需要为导向"的城市民生观，让市民在生态中享受生活，在公园中快乐工作，在全社会引领形成绿色生产生活方式，共同营造宜业宜居环境，不断提升城市经济、社会和自然系统的可持续发展。

二、深入挖掘、提炼城市文化内涵，梳理好城市文化基因，把深厚的文化积淀融入城市，真正让城市更具自然之美和人文之美

摒弃重经济发展轻文化建设。城市的功能和价值要体现出城市的文化存在和创造性。要注重保护和传承城市的历史文化遗产和传统风貌，杜绝大拆

大建。保持遗存的原真性才能体现遗存的价值，这些遗存往往具有独特性和唯一性，是塑造城市特色风貌宝贵的资源，也是特色风貌的重要所在。所以，了解一座城市，往往先看它的老城区、历史街区及一些重要的建筑，包括名人的故居等。要坚持正规的商业取向，遵循美学规律。对于城市来说，要加强城市文化战略研究，对城市的文化资源要进行挖掘、评估、提炼，选择最能够代表城市自身文化特征和精神风范的文化元素作为主体，以此作为基础和依据来塑造城市的特色风貌，自贡天车、恐龙、彩灯是自贡特有城市标志物，以此形成自贡独特的城市风貌。对于风貌而言，建筑是物质需求的主体，是构成风貌的主要元素，它对风貌的形成和品质影响太大。普通的建筑是底色，基本上要管控，而节点的建筑可以适当放开，重要的单体给建筑师留下更多的创意空间。对于雕塑公益艺术，要坚持精品，坚持公益性，传递正能量，也要与时俱进。此外，特色风貌的塑造是一个不断创新的过程，不是一蹴而就的，必须提高创新意识、积累意识，提高原创能力。

三、进一步提升城市治理的科学化、精细化水平，解决好群众的操心事、烦心事、揪心事，让人民群众生活得更方便、更舒心，提升人民群众的感受度和获得感

习近平总书记指出："一流城市要有一流治理，要注重在科学化、精细化、智能化上下功夫。"①不断地创新城市治理工作，努力通过创新管理制度，建设智能化、便捷化、有序化的服务体系，在城市治理中不断深化"放管服"改革工作，推进智慧城市建设，促进城市治理信息化、智能化、精细化。做好城市治理的顶层设计，大胆地创新现代城市治理模式，构建"理念—体制—技术"一体化相互嵌入的治理架构。在理念上坚持以人民为中心，以城市"人文化"理念为治理新目标，由城市的"物质空间"管理向"社会空间"治理转变。在体制上，创新包容、合作、联动制度建设，建立"指挥+监督"的"双轴心"的城市治理体系。在技术上，用信息化技术，重塑城

① 习近平 2018 年 11 月 6 日到浦东新区城市运行综合管理中心时的讲话。

市公共服务治理"全模式"、闭环式的业务流程，创新"制度变革+技术赋能"的"互嵌"运行治理结构，从而实现城市治理有序运行的自组织规律。

城市治理还要回应群众的物质性需求、社会性需求、心理性需求，这是城市治理的内涵所在，更是党执政的根本价值取向。要着眼于社会治理需求侧层次的不断提升，将高质量发展成果转化为高品质治理效果，实现治理内涵更彰显和治理领域全覆盖。物质性需求进一步兜底，基本生活实现小康，社会保障和弱势群体救助帮扶到位，公共安全放心可控。社会性需求进一步扩面，加大老旧小区改造更新力度，为群众提供更舒适的居住条件、更优美的生活环境、更丰富的精神文化；提升便民服务质效，做实民呼我应机制，让群众在办事和诉求表达中得到尊重；及时调处利益诉求，排查化解矛盾纠纷，完善基层民主制度。心理性需求进一步满足，发挥群众党员先锋作用，挖掘群众中的人才骨干，培养"红人+能人"，引导城市居民增强主人翁意识，积极参与自治，发现自我价值，弘扬诚信、仁爱、友善的社会道德风尚，共建共享和谐美好城市生活。

四、统筹推进老城和新城建设，系统地规划好城市功能布局，完善好公共服务，让老城新城更宜居宜业、相得益彰

传承好城市历史传统的精髓和理念，并将这种精髓和理念通过创新性的转化，与当代的文化相协调，与现实生活相适应，呈现出具有时代精神的一种特色风貌，营造城市记忆场所和活力空间。记忆场所对于塑造特色风貌至关重要，人们对城市产生的印象是通过对物质空间的感受而形成，借助这些记忆场所来记忆一座城市，加深对这个城市文化的理解而产生共鸣。另外，记忆场所不仅包括物质记忆，还包括非物质的记忆，就是要讲故事，这是形成记忆场所的重要元素。所以，关于记忆场所，一方面我们要维护好、利用好原有的历史遗址，让它能够活化；另一方面要融入我们当代人的生活，这样才能真正体现它的价值。不管是老城更新，还是新区的开发，要结合公共空间，营造出能够体现文化主题，凝聚人气的活力区，或者叫作活力点，形成记忆场所。这些记忆场所既是特色风貌的所在，也是文化的重要载体，还可以通过记忆的链条，通过代际之间的传递留下难以割舍的乡愁。

第三节　切实改善城市生态质量

改善城市生态环境、提升城市品质、建设优美宜居城市是城市发展必须遵循理念，筑牢生态安全屏障，持续改善生态环境，使城市生态环境质量持续稳定向好，更加绿色宜人宜居，是一项系统性、全局性和战略性的工程，也是自贡市城市发展的一项长期性工程。

一、改善城市生态质量的基本规则

城市生态的提升是一项关系城市未来的重要工程，必须坚持以人为本、生态宜居、顺应自然、创新思路的原则，持续推进城市生态环境改善。充分梳理城市居民对生活、工作、居住环境的不同需求，引导广大民众参与城市生态环境治理，提升城市生态环境打造的包容度，营造高品质的城市街区环境以及高品质的城市公共空间，构建舒适宜居的人居环境，打造市民身边的绿色风景，治理城市污染水体，建造滨河绿道，让城市市民充分享受清洁空气、安全可靠的干净饮用水。树立尊重自然、保护自然的观念，顺应自贡城市自然山水资源，依照城市本身山势、河流走向，打造城市绿道、滨河公园等，将自然山水进行生态修饰，使其更适宜市民生活。坚持遵循自然规律，减少人工雕饰，构建以山、水、路、林等自然要素为主体的自然生态体系，保留地方文化特色和本土地域特点，体现生态建设与本土文化的结合。创造性开展城市生态品质建设，创新制度，形成多方参与共建共享城市生态建设的体制机制。注重生态创新技术、大数据、智联网等新技术在生态建设中的应用，为修复城市生态、提升城市生态质量提供支撑。

二、改善城市生态质量的主要途径

一要加大自然生态保护力度，以山水林田湖草沙一体治理为统领，全面系统治水、治土、治气，守住山头、管住斧头、护好源头。以釜溪河、威远河等城市河流为重点，进行城市污水治理、农村垃圾治理、园区乡镇污水处置等全域流域治理，推进"山水林田湖草沙"一体治理。保护城市水资源，推进河流水生态系统保护，以及湖泊水体富营养化防治，构建城市水系的生物多样性，让鸟类、鱼类回归城市自然河道。加强森林绿地、河流湖泊、农村耕地等自然生态系统保护力度，增强城市生态根基，为自贡城市生态改善提供坚实的基础。

二要拓展城市绿地空间，增大城市绿色覆盖。大力推进林地绿地建设，更多布局城市公园，让居民步行五分钟之内，就能到公园休闲、绿地散步。探索城市绿地、耕地、林地、湿地以及立体空间等生态资源的融合和高效利用，加大城市立交桥桥体绿化、桥下空间绿化、护栏绿化等以及拓展房顶和露台的绿化空间，充分利用这些被忽视的城市空间，开发特定条件下的绿化技术、实施方案和绿化方式，因地制宜种植一些适生植物，增加垂直绿化。可以从一定程度上丰富城市绿化景观，改善城市生态环境，同时带来一系列生态效益：减缓城市的热岛效应，吸附扬尘、改善空气质量。

三要推进水环境综合整治，河湖溪流是城市生态系统的重要因素，具有独特的景观价值，也有着重要的自然和社会功能。需围绕水生态的修复需要，充分利用广阔的河、湖、塘以及农田灌溉沟渠等水域，根据不同的自然条件，选择不同种类的植物组合，加强沉水植被的重建和挺水植被的恢复，发挥水生植物的生态净化功能，在一定程度上实现水体净化和景观美化。河岸带除了发挥护岸功能之外，也要强化生态功能，构建边缘地带生态环境，实现水生陆生生物的信息、能量、物质等的交流、交换和沟通。把河湖沟渠建设成行洪安全、水质优良、水体及沿岸生态系统健康，同时又具有优美景观的城市空间，为建设生态文明城市持续赋能。应进一步加大釜溪河河道岸线的修复与整治，推进釜溪河、李白河等骨干河道的生态廊道建设，促进城市河网的水景营造，打造半山半水的绿意盎然、清水绕城的宜人城市图景。

四要提升城市大气环境质量，聚焦能源、交通、工业、建设工地等重点领域，加大大气环境治理力度，进一步改善城市大气质量，推进工业领域污染治理，针对自贡化工、材料、装备制造以及建材等重点行业进行治理，鼓励采用清洁环保生产技术，降低粉尘、二氧化碳、二氧化硫等大气污染物排放量，严格实施交通运输业排放标准，加大机动车排放污染防治力度，发展新能源汽车产业，减少机动车对城市空气环境质量的影响，进一步开展扬尘污染治理，加大工地、道路、企业的扬尘污染治理力度，改善城市的空气质量。

第十二章　完善体制机制，强化转型升级保障

当前自贡市正在大力推进产业转型升级，这是走高质量发展道路的必然选择。但目前自贡市还存在产业层次不高、产业结构不优、产业发展效益偏低等问题，整体产业链水平偏低。自贡要着力提升创新能力，积极推进技术创新、制度创新、政策创新、业态创新，为产业链现代化提供更高效的技术要素与支持，提供更有力的制度保障，完善体制机制，为自贡市产业转型升级提供投入保障、融资便利和因素保障。要进一步理顺政府市场关系，营造出法治化、便利化、高效化的良好营商环境。

第一节　增加产业投入

产业转型升级是一项系统工程，提高企业自主创新能力，是加快产业转型升级的核心推动力。转型升级说到底就是产业提升，产业结构调整优化，这种结构优化，可以提升产业生产效率和附加值。产业转型升级本质上是要素替代，必须通过市场调节或政府干预来达成，也可通过高新技术对产业实施改造来实现转型。这种转型升级的前提条件之一，是必须要有大量的投入，这样才能顺利完成产业转型升级，进而使一个国家或地区的产业结构得到优化。目前自贡工业投资水平存在进一步提升的空间。2019 年，自贡市虽然实现投资增速为 16%，但投资额仅占四川省的 1.7%，仅为成都的 5.7%、德阳的 27.3%[①]，2020 年的投资仍然没有得到根本性的改变，工业投资不足仍制约自贡的工业发展。

---

① 数据来源：自贡市投资促进局。

一、增加资金投入，着力培育战略性新兴产业

以着力培育壮大战略性新兴产业为自贡市产业转型升级的战略基点。立足自贡市现有产业基础，突出特色和优势，选准重点领域和方向，对新材料、新能源、节能环保装备制造、电子信息、航空等新兴产业加大投入。发展壮大战略性新兴产业，需要大规模投入，存在一定的风险，仅靠企业和市场的自发行为还不够，还需要政府的支持。政府支持产业转型升级最有效的手段是财税金融政策，以及发挥政府产业引导性基金的作用。要进一步加大财税政策支持力度，增加对战略性新兴产业的投入力度。

一要建立起财政支持战略性新兴产业发展引导资金，增加资金的投入，加大对自贡市具有比较优势和发展潜力的新兴产业支持引导力度，促进新兴产业稳步发展。同时还要形成资金稳定投入增长机制，保障资金规模的稳定增长，适应战略性新兴产业进一步发展壮大的需要。

二要运用好政府资金投入，搞好自贡市中小企业发展基金的设立运行工作。出台基金设立、管理、运作等相关文件，大力发挥基金在产业发展方面的作用。提高中小企业发展的质量和效益。促进中小企业发展方式转变，坚持"专精特新"，鼓励中小企业走专业化、精细化、特色化、新颖化发展道路；坚持集群发展，积极发展专业化产业集群，提高中小企业集聚度，提高与大型企业的协作配套水平；支持中小企业运用先进适用技术以及新工艺、新设备、新材料进行技术改造，提高产品质量和附加值，形成自贡市战略性新兴产业发展的集群效应。

三要进一步研究税收政策。突出扶持科技型、创新型企业的发展，形成系统完备、有利于战略性新兴企业发展的税收政策体系，加大对中小微企业特别是科技型中小企业的税收减免力度，清理整顿和降低各种涉企费用及不合理负担，进一步提高研发费用加计扣除比例；有效降低企业创新成本，推进政府创新管理制度改革与规范，简化申报和审查流程，为创新主体减轻不必要的负担；建立适应互联网环境的生产许可数字证书管理系统，加强不同区域间的认证认可、检验检测结果互认，降低获取生产许可审批的交易成本。

二、加大产业投入，加快传统产业转型升级速度

自贡市作为老工业基地城市，传统制造业发达，推动传统制造业结构优化和转型升级是自贡产业转型升级的重要方面，对提升自贡产业在产业链分工中的地位，促进自贡产业结构从中低端迈向中高端水平，具有十分重大的现实意义。但自贡的传统产业转型升级面临较大的困难，企业自身积累和外部支撑不足。自贡传统机械行业以及盐业等行业企业在转型升级过程中缺乏新产品开发和技术创新所需的大量资金投入，特别是中小企业在获得间接融资方面存在较多困难。同时，多数科技资源集中在高等院校、研究院所，自贡真正有研发实力的企业并不多，一些行业关键共性技术缺失，使得企业进行技术创新和新产品开发受到严重制约，影响了自贡产业转型升级的步伐。所以，政府应加大对传统产业的支持力度。

一要加大政府支持传统产业转型升级发展的投入，构建促进传统产业转型升级的共性技术发展的平台，建立行业关键共性技术项目台账、加强行业关键共性技术的布局，集中资金、人才、设施等各类资源开展协同创新；加强产业共性技术创新组织建设，突破制约行业发展的共性和关键技术，促进行业新型通用技术的转移扩散和首次商业化应用，做好行业前沿基础性技术的研发与储备；在中小企业比较集中的区域，结合区域产业基础和产业规划以及产业集群的特点，搭建区域共性技术服务平台，发展质量检测、设计服务和市场信息等生产性服务业，加快自贡传统产业转型升级的进程。同时，高度重视智能化、网络化革命对传统生产方式、产业组织的创新变革和影响，以"互联网+"促进产业转型升级。互联网与制造业的深度融合，可以促进智能制造的发展，可重构的智能制造系统①能够实现原料供应、配送管理、机器运行与市场需求之间更加精准的协同和无缝对接，使得生产更加智能化、柔性化，真正实现优质、高效、灵活、低耗、清洁的生产。互联网将会创新产业组织模式，众包设计、网络协同研发、协同制造、个性化定制、工业云服务等产业组织创新将大大提高资源配置和经济运行的效率，使得供给能够在更高层次上满足客户的需求，让自贡传统产业跃上产业的中高端。此外，

---

① 可重构的智能制造系统，模块化建设，搭建容易，兼容性强。

还要重视绿色技术对传统产业的改造，促进产业转型升级。特别是自贡的盐化工产业，要对自贡盐化工企业增大投入力度，积极探索绿色低碳、安全环保的技术，加强与信息化技术融合，尽可能地发展环保型产品，实现清洁生产，并在节约能源和资源方面，鼓励企业采用先进工艺技术，降低原材料消耗；配备废水、废气、废固处理设备，最大限度地降低三废排放量，增加节水措施，提高水的重复利用率，政府要建立政策资金激励保障机制，促使自贡市传统化工企业绿色发展，推进产业的转型升级。

二要以提高质量和效益为中心，促进创新驱动战略实施，推动传统制造业结构优化和转型升级，提升自贡市产业在产业链分工中的地位，促进产业结构从中低端迈向中高端水平。推动创新驱动发展是自贡传统产业转型升级的核心。但当前，自贡创新驱动产业转型的关键问题是企业主体推进创新的作用发挥不足，市场化创新能力还比较薄弱。为此，自贡市要以推动产业转型升级、打造经济增长新动力为目标，从构建激发创新活力的机制环境入手，做好创新驱动的政府层面的制度设计，努力构建增强创新动力的体制机制；坚持企业主体，大力推进市场导向的技术创新；坚持重点突破，着力推进传统优势产业率先实现创新驱动发展；坚持人才为基，加强领军人才、复合人才和专业人才培养，夯实增强创新动力的科技人才基础。积极发挥政府和行业协会作用，加大资金投入支持力度，扶持一批创新能力强的骨干企业，争取构建有利于创新驱动的制度框架，打造一批具有明显竞争力的创新型企业，创新驱动成为自贡产业转型升级的主要动力，创新驱动对经济增长的贡献率明显提高，基本实现由要素驱动向创新驱动的转变。

三要发挥产业园区在自贡传统产业转型升级中的阵地作用。推动自贡传统产业转型升级必须要发挥好产业园区的产业集聚和溢出效应，推动自贡园区产业由传统制造业为主，转向制造业和服务业融合发展，依托自贡老工业基地传统制造业基础，大力推进研发与设计、融资担保、产业引导资金、现代物流等生产性服务业发展，充分发挥生产性服务业对制造业发展的引领、支撑、带动作用，让产业园区成为推动制造业向服务型制造转变的主体，加强产业园区基础设施建设和服务功能完善，努力把自贡产业园区建设成为产城融合、经济繁荣、环境优美、生态美好、和谐宜居、富有活力的现代化城市功能区。

第二节　加大金融支持

　　产业转型升级的主体是企业，创新则是产业转型升级的重要支点，但目前自贡产业转型升级的重要障碍是企业创新动力不足，主体作用发挥不够，创新能力薄弱，主要的制约因素则在于技术创新的难度和需要大量投入资金的市场风险。正如学者金碚提出，所谓工业转型或产业升级，实质上是工业所具有的创新性和革命性的自我彰显，是一个由微观经济主体的自主创新活动所实现的，而不以计划中心的主观意志为转移的经济演化过程，在此过程中，市场发挥资源配置的基础性作用，政府管控和公共政策也应发挥影响未来的重要职能和积极作用。[1]

一、创新金融支持实体经济的模式，为产业转型升级提供金融保障

　　为产业转型升级建立健全更加便利的融资渠道和平台。产业转型升级要通过创新驱动来达成，企业进行技术创新所需大量投入无非是自有资本、直接融资和间接融资。在自有资本有限的条件下，企业只能通过发行证券进行直接融资或通过银行借贷进行间接融资。然而，创新存在较大的风险，属于"高风险、高收益"，虽然能为投资者带来超额利润，但投资者也面临较高的风险，这就导致行业进行的创新无论是直接融资还是间接融资都会受到限制。直接融资方面，通过证券发行融资需要满足一定的条件，比如过去几年要有比较好的经营绩效、未来应具备比较好的经营前景、公司要达到一定的规模等。间接融资方面，为避免不良贷款和坏账，银行制定了各种贷款制度和规则，同时信贷员或信贷审批者为了"卸责"，选择贷款对象时一般会遵循责任最小化的原则，加上许多创新型企业无论在所有制还是规模上可能都无法达到银行放贷的要求，因此这类企业往往很难获得贷款。

---

① 参见金碚：《工业的使命和价值——中国产业转型升级的理论逻辑》，《中国工业经济》2014 年第 9 期。

必须要为企业的创新提供良好的金融环境，为产业升级提供金融助力。在直接融资方面，降低创新型企业证券发行的门槛和条件，为其通过证券市场融资提供更多可能。在间接融资方面，同样需要降低企业信贷的门槛和条件，允许商业银行为创新型、科技型企业投放信贷时存在一定数量和比例的不良贷款。由于这类企业具有高成长性，其不良贷款率未必就比传统产业、传统部门高。可以利用大数据等现代信息技术开拓多种途径的融资平台和融资渠道，在开始阶段，要鼓励探索、鼓励创新，允许以较低门槛进入，但是要加强监管，基本的思路是从事前监管、限制逐渐转向加强事中和事后监管。通过这些措施促进企业创新驱动力，推动产业转型升级加速。

二、提升对中小微企业的金融服务水平，打造促进产业转型升级的产业集群

依靠银行贷款是自贡市制造业企业的重要融资方式。制造业企业的技改项目风险较高，投资无法短期回收，导致了银行流动性风险加剧。而对银行特别是国有银行而言，长期以来一直是以服务国有大中型企业为主，其信贷资金倾向于大企业、大项目，贷款集中。自贡的中小企业数量较多，在自贡制造业领域有较重的地位。但中小企业在获取正规资金支持方面上处于"强位弱势"的状态。导致中小企业的信贷需求无法得到满足，以资金缺口形式表现出来的信贷约束延迟了企业个体的成长计划，也阻碍了中小企业的转型升级。

坚持产业集群发展，积极发展专业化产业集群，提高中小企业集聚度，提高与大型企业的协作配套水平；支持中小企业运用先进适用技术以及新工艺、新设备、新材料进行技术改造，提高产品质量和附加值，形成自贡市战略性新兴产业发展的集群效应。必须要建立建全中小微企业贷款风险补偿机制，支持引导信贷投放向中小微企业倾斜；促进小额贷款公司开展信贷资产证券化业务，鼓励中小微企业与社会资本有效对接；推动银行机构大力发展产业链融资、商业圈融资和企业群融资，开办商业保理、金融租赁和定向信

托等融资服务；引导规范中小微企业周转资金池，为符合续贷要求、资金链紧张的小微企业提供优惠利率周转资金。

三、优化金融生态环境，构建自贡产业转型升级的金融平台

创建政银企对接合作平台，完善重大产业、重大项目、重点企业的金融对接机制；定期向金融机构发布产业政策和行业动态，及时推荐优质重点企业和重点项目；引导金融机构加大对企业技术创新活动的信贷支持力度。搭建企业与金融机构合作平台，为企业提供贴息、担保、质押、增信、投资等服务。鼓励商业银行开展订单融资、应收账款质押融资、存货质押融资、专利权质押融资、保单融资、产业链授信等金融服务，支持企业创新活动。

对为科技型和常规型中小企业提供贷款担保的担保机构，实施差别化的财政补助。推动政府性融资担保机构为创新型中小企业提供融资担保，给予低担保费率待遇。引导再担保公司重点对创新型中小企业提供担保的融资担保机构开展再担保业务。出台《中小企业担保机构贷款担保代偿风险市级财政补助办法》，完善科技型企业知识产权质押担保补偿机制，深化政策性担保体系改革，规范发展融资性担保公司，发展多层次中小企业信用担保体系，充分发挥金融对制造业转型的助推作用,研究建立小微企业政策性金融体系，加快建立覆盖全社会的中小企业信用信息征集与评价体系，完善中小企业信用担保体系，加强信贷产品创新，建立完善中小微企业贷款风险补偿机制。要加大政策引导中小微企业创业（风险）投资发展的力度，切实降低融资成本，多方位满足小微企业金融需求。建立企业数据共建共享平台，构建企业信用档案，完善中小企业信用评价体系；加大对恶意逃废债行为的打击力度，对恶意逃废债企业实施联合惩戒。

建立与全国中小企业股份转让系统的合作机制，为自贡中小企业在"新三板"挂牌提供便利。对自贡的中小微企业在境内主板、中小板、创业板和境外主板、创业板首发上市的，市财政一次性给予补助。引导上市公司通过并购重组等方式对创新创业项目实施产业整合、优化布局。支持上市公司通

过配股、增发、发行公司债等方式再融资投资于创新创业项目。发挥创业投资引导基金作用，引导和支持创业投资机构投资初创期科技型中小企业。探索利用财政资金与金融机构共同出资设立风险补偿基金，专项用于创新创业企业贷款风险补偿。继续做好企业助保金贷款风险补偿工作，加快设立工业企业贷款周转金，支持中小型创新创业工业企业按时还贷续贷。加快培育和规范专利保险市场，优化险种运营模式。

第三节　强化要素保障

产业转型升级是多种因素引起的产业变更和产品更新过程。必须采取多样举措，系统发力才能促进一个地区产业的转型升级。要从体制、机制入手，打造产业转型升级的各种保障举措，为自贡产业转型升级构建体制、机制平台。

一、构建推动自贡产业转型升级的创新驱动平台

产业转型升级的核心是创新驱动。自贡市总体上产业创新驱动力弱，企业创新意愿不强，各种障碍较多，要以推动产业转型升级、打造经济新动能为目标，高度重视技术创新的核心驱动作用，把技术创新、成果产业化和扩散应用作为推动产业升级的主线。技术创新是推动产业升级和经济新动能释放的核心驱动力量，要从构建激发创新活力的机制环境入手，做好创新驱动的制度设计，努力构建增强创新动力的体制机制；坚持以企业为主体，大力推进市场导向的技术创新；坚持重点突破，着力推进新兴产业和重点园区率先实现创新驱动发展；坚持人才为基，加强领军人才、复合人才和专业人才培养，夯实增强创新动力的科技人才基础。建立健全人才培养和流动机制以及劳动力社会保障机制。目前，存在劳动力结构性矛盾，一方面是劳动力短缺，另一方面是劳动力失业。根本原因就在于劳动力的转型存在较长时间的滞后，在技能专业结构方面劳动力的供给满足不了市场需求。为此，政府要强化政策支持，鼓励社会力量投资开办高技能专业劳动力培训机构，促进劳动力转型发展。引导满足不了新兴产业发展需求的劳动力积极参加各种技能培训，并适当给予补贴，帮助其尽快适应新兴产业发展的市场需求。健全社会保障机制，为年龄较大的等不适合新兴产业发展要求的劳动力退出市场提

供保障。积极发挥政府和行业协会作用，加强知识产权交易公共平台或知识产权联盟建设，推动先进技术专利等快速转化，帮助新兴产业解决发展中的技术问题。加快发展科技企业孵化器、大学科技园、众创空间等各类创业孵化平台。支持科技企业孵化器创新服务模式，提升服务水平。支持大学科技园积极依托高校技术、人才优势，推进高新技术成果转化及产业化。大力发展市场化、专业化、集成化、网络化的众创空间。鼓励和推广创业咖啡、创新工场、创业训练营、虚拟孵化器、创业社区等新型孵化模式，注重营造浓厚的创业创新氛围。支持不同形式、不同模式的创业服务平台协同建设发展，为创业者和创业企业提供低成本、便利化、全要素、开放式的综合创业服务。扶持一批创新能力强的骨干企业，争取构建有利于创新驱动的制度框架，一批创新型企业竞争力明显增强，创新驱动成为自贡产业转型升级的主要动力，创新驱动对经济增长的贡献率明显提高，基本实现由要素驱动向创新驱动的转变。实施市级重点新产品开发鼓励计划，通过研发费用补助、科技服务项目补助和间接投入等方式，支持企业自主决策、持续创新，开展重大产业关键共性技术、装备和标准的研发攻关。进一步加大对科技型中小企业支持力度。推动完善中小企业创新服务体系，建立中小企业公共技术服务联盟。整合重点实验室、工程实验室、科研院所实验室、检测中心等技术能力和资源，建立有效服务创新活动的开放共享机制。推动建设一批企业技术中心和工程技术中心，围绕市场、面向社会开展技术服务。

围绕运输机械、发电设备、焊接材料、盐化工等传统优势产业和新材料、生物医药、高端装备制造、商贸物流、文化、旅游、航空等战略新兴产业，采取企业主导、院校协作、多元投资、军民融合、成果分享新模式，大力开展产业创新活动，不断夯实自贡以节能环保装备为主导的国家级新型工业化产业示范基地和国家新材料高新技术产业化基地的成色，不断提高产业竞争力。

二、加快完善产业升级的政策体系，为自贡产业转型升级提供政策支持

改变对产业发展的监管制度，发挥企业的产业发展自主权，消除或减少前置审批，打造有利于产业转型升级、鼓励创新的产业政策指挥棒，建立多层次、常态化企业技术创新对话、咨询制度。在产业政策措施制定、发展规划编制和重大项目论证过程中，注重发挥企业在技术领域和市场信息方面的优势，充分吸纳不同行业、不同规模企业界专家意见建议。以产业技术政策为核心，提升产业升级基础能力，加大对各领域创新和技术改造升级的普惠性支持，持续加大对战略前沿领域的研发支持，完善财政支持关键共性技术研发创新的体制机制。加强科技成果转化中介服务机构和技术市场建设。鼓励企事业单位采取科技成果作价入股、股权期权激励、优先购买股份等方式奖励有突出贡献的科技人员。担任处级以下（含处级）领导职务的科技人员可以参与技术入股，具体事宜由科技人员所在单位自主决定。建立完善国有企业技术创新股权和分红权激励制度，对在创新中作出重要贡献的技术人员给予股权和分红权激励。国有企事业单位以技术作价入股方式合作转化职务科技成果的，所获股权或净收益的 30%～90%可用于奖励有关科技人员。跟踪国家科技型中小企业认定工作，积极落实高新技术企业和科技型中小企业科技人员个人所得税分期缴纳政策。完善事业单位绩效工资制度，赋予高等学校、科研院所等事业单位充分的用人自主权，落实全员聘用制，实行协议工资和绩效工资制，加大对科研人员的绩效考核和分配激励力度。完善科研项目间接费用管理制度，合理补偿项目承担单位间接成本和绩效支出。改革高等学校和科研院所聘用制度，优化工资结构，保证科研人员合理工资待遇水平。完善内部分配机制，重点向关键岗位、业务骨干和做出突出成绩的人员倾斜。加强对企业新技术、新产品、新成果导入阶段的金融支持，加强技术市场与资本市场的深层次互动。落实和完善政府采购促进中小企业创新发展的相关措施，加大对创新产品和服务的采购力度。对于经认定的自主创新产品参与政府采购投标，在采购评审时给予价格 10%～15%的价格扣除。考

虑提高服务效率，降低运输成本，减少运输过程的能源消耗等因素，在政府采购评审时以营业执照注册地为准，依据供货地距离给予相应照顾。鼓励采用首购、订购等非招标采购方式，以及政府购买服务等方式予以支持，促进创新产品的研发和规模化应用。以深化行政管理体制改革为突破口，加快推进面向新兴业态的监管模式改革。完善针对传统领域产业升级的支持政策，加强科技、人才、金融等资源的整合与服务对接。进一步深化简政减税降费的改革，持续降低企业综合性成本。进一步放宽市场准入，为各类经营主体营造平等宽松的市场环境；进一步规范涉企收费并实施普惠性降费。多措并举，实施产业升级导向的降成本措施；深入推进石油、天然气、电力、电信等垄断性行业的改革，加大对公用企业或其他依法具有独占地位经营者的限制竞争行为的查处力度，严格查处电力、信息领域企业垄断行为，加强行政部门规范性文件合法性审查，及时发现和制止垄断协议和滥用市场支配地位等垄断行为，进一步降低企业用油、用电、用气、用网、物流等成本。健全公平竞争、优胜劣汰的市场机制，以制度建设倒逼产业升级。进一步强化竞争政策的基础性地位，落实产业政策公平竞争审查制度，加大反垄断、反不正当竞争执法力度。加大知识产权保护和执法力度，提高侵权的代价和违法成本，为企业持续创新提供透明的、可预期的政策环境。强化标准体系的引导和约束作用，以技术标准、能效标准、质量标准、安全标准、环境标准等倒逼产业提质升级。持续推进僵尸企业退出，完善落后产能退出的市场化、法制化长效机制。

三、重视新观念新模式引入，探索促进自贡产业转型升级的新路径

重视智能化、网络化革命对传统生产方式、产业组织的创新变革和影响，以"互联网+"促进产业质效升级。正如习近平总书记指出的：充分发挥海量数据和丰富应用场景优势，促进数字技术与实体经济深度融合，赋能传统产业转型升级，催生新产业新业态新模式，不断做强做优做大我国数字经

济。①互联网与制造业的深度融合，将进一步促进智能制造的发展，可重构的智能制造系统能够实现原料供应、配送管理、机器运行与市场需求之间更加精准的协同和无缝对接，使得生产更加智能化、柔性化，真正实现优质、高效、灵活、低耗、清洁的生产。互联网创新了产业组织模式，众包设计、网络协同研发、协同制造、个性化定制、工业云服务等产业组织创新，大大提高了资源配置和经济运行的效率，使得供给能够在更高层次上满足客户的需求。要充分发挥服务要素对制造业价值提升的影响，以制造与服务融合，拓展产业价值升级新空间。围绕各行业产品、生产线、供应链及营销服务等环节，开展跨界融合创新，促进农业、旅游、医疗、食品、文化、教育等领域新业态、新商业模式发展，开辟新的市场空间。加快建设城乡商业双向流通网络和物流体系，发展点对点营销、私人定制营销、全生产过程展示营销、网上超市营销、远距离视频体验式营销等多种互联网营销新模式，促进内外贸易、流通与生产、线上线下市场的融合，提高市场对接效率，降低物流成本。服务要素，作为制造业最重要的中间投入，是产业价值提升的重要催化剂。鼓励制造企业通过增加研发、设计、品牌营销等服务要素投入，面向客户需求延伸提供基于产品的全生命周期管理、总集成总承包服务、融资租赁服务、在线诊断和支持服务等创新服务内容，进一步延展产业价值链，拓展价值增值的空间。促进行业龙头企业完成由生产型制造向服务型制造的转型，提升其基于制造的服务收入占全部营收的比重。

---

① 习近平 2021 年 10 月 18 日在十九届中央政治局第三十四次集体学习时的讲话。

后　记

2021年是"十四五"的开局之年，也是自贡市第十三次中国共产党代表大会召开之年，大会坚持以习近平新时代中国特色社会主义思想为指导，指提出解放思想、开拓创新、求真务实、锐意进取，聚力再造产业自贡，走出转型升级新路，加快建设新时代深化改革扩大开放示范城市。大会对未来自贡产业转型升级提出了具体的目标：5年走出转型升级新路，10年重铸盐都辉煌。

在老工业城市自贡产业转型升级的关键时期，对自贡产业特别是工业产业发展脉络的梳理，对产业兴衰经验教训的总结，对当前正在推进的产业转型升级典型作法的剖析研究，都有利于自贡产业转型升级的路径探索，对走出转型升级新路有着积极的促进作用。鉴于以上原因，中共自贡市委党校经济学教研室组织编撰了该书。

本书的提纲拟定后，作者深入产业一线进行了实地调研，得到了四川轻化工大学、中昊晨光化工研究院、中昊黑元化工研究设计院、东方锅炉股份有限公司、自贡硬质合金厂、自贡大西洋焊接材料股份有限公司等企业的大力支持；对多个职能部门进行了广泛意见征求，得到了中共自贡市委宣传部、中共自贡市委组织部、自贡市高新技术产业开发区管理委员会、自贡市发展和改革委员会、自贡市经济和信息化局、自贡市自然资源和规划局、自贡市农业农村局、自贡市政府国有资产监督管理委员会、自贡市统计局、自贡市投资促进局、自贡市地方志办公室等单位的大力配合，收集了不少宝贵意见。在此对所有企事业单位对本书的成稿和出版做出的贡献，表示衷心感谢。

参与本书撰稿的人员分工：肖朝文负责全书的写作部署和编撰工作，并拟定了写作提纲，撰写了前言和第一、二章内容；陈辉负责书稿协调联络及全文统稿工作，撰写了第三章第三、四节，第四、五、六章和后记内容；彭奎撰写了第七、八、九章内容；谢实民撰写了第十、十一、十二章内容；王斯奕撰写了第三章第一、二节内容。

本书从立项到成书不到一年时间，其前期的调研与后期的写作时间都略显仓促，历史性经济数据因年限和统计方法的不同，存在一定差异性，给写作带来了一定影响；加上我们学识水平有限，经验不足，疏漏之处在所难免，诚望读者指正！

作　者

2022 年 3 月

参考文献

[1] 杨建文. 产业经济学[M]. 上海：学林出版社，2003.

[2] 蒋兴明. 产业转型升级内涵路径研究[J]. 经济问题探索，2014（12）：43-49.

[3] 洪银兴. 产业结构转型升级的方向和动力[J]. 求是学刊，2014（1）：57-62.

[4] 张晖. 产业升级面临的困境与路径依赖锁定效应：基于新制度经济学视角的分析[J]. 现代财经，2011（10）：116-122.

[5] 高培亮. 产业结构调整的西方学者研究述评[J]. 中国市场，2015（12）：119-121.

[6] 王川红. 自贡市工业经济结构调整研究[D]. 成都：电子科技大学，2005.

[7] 姜维权，王熙凯，苏婵媛. 老工业城市转型发展的困境与出路[J]. 银行家，2017（8）：113-116.

[8] 张维迎. 产业政策争论背后的经济学问题[J]. 学术界，2017（2）：28-32.

[9] 欧阳觅剑. 老工业城市如何走转型之路?[N]. 21世纪经济报道，2019-09-02.

[10] 谢奇筹. 自贡盐业集团公司贡井盐厂"自流井牌"精制盐荣获国家银质奖[J]. 盐业史研究，1988（2）：81.

[11] 四川省自贡市地方税务局课题组. 振兴自贡老工业基地税收研究报告 2[EB/OL]. 2018-12-09.

[12] 四川省自贡市地方税务局课题组. 自贡盐业税收研究[C]//中国税收文化研究会. 税收一线报告. 银川：宁夏人民出版社，2014：347-350.

[13] 王毅. 四川三线建设企业布局与工业发展刍议[J]. 当代中国史研究，20
　　　20，27（3）：105-114，159.

[14] 申红艳. 国外老工业城市产业转型的经验借鉴[J]. 宏观经济管理，2020
　　　（1）：85-90.

[15] 李悦. 产业经济学[M]. 大连：东北财经大学出版社，2019.

[16] 高洪深. 区域经济学[M]. 北京：中国人民大学出版社，2019.

[17] 郑宝恒. 国民时期政区沿革[M]. 武汉：湖北教育出版社，2000.

[18] 余泳泽，孙鹏博，宣烨. 地方政府环境目标约束是否影响了产业转型升
　　　级[J]. 经济研究，2020（8）：57-72.

[19] 童健，刘伟，薛景. 环境规制、要素投入结构与工业行业转型升级[J]. 经
　　　济研究，2016，51（7）：43-57.

[20] 《自贡解放五十年》编委会. 自贡解放五十年[M]. 成都：四川科学技
　　　术出版社，2019.

[21] 政协自贡市委员会. 因盐设市纪录 [M]. 成都：四川人民出版社，2009.

[22] 政协自贡市委员会. 建设化工城纪略 [M]. 成都：四川人民出版社，
　　　2009.

[23] 政协自贡市委员会. 三线建设纪实[M]. 成都：四川人民出版社，2009.